日治時期臺灣哲學的原點
——真理原理論研究

黃文宏　著

獻給李明輝老師

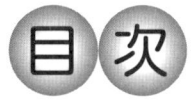

目次

序言：日治時期臺灣哲學的原點　　　　　　　　　　　1
　引用文獻　　　　　　　　　　　　　　　　　　　　　26

第一章　論洪耀勳的真理論的構想　　　　　　　　　29
　壹、問題的提出　　　　　　　　　　　　　　　　　　29
　貳、真理自體的存在的事實性　　　　　　　　　　　　32
　參、努出比徹的前邏輯之物或超邏輯之物　　　　　　　37
　肆、努出比徹真理論的辯證法與洪耀勳的批判　　　　　46
　伍、結語：真理論的絕對辯證法　　　　　　　　　　　55
　引用文獻　　　　　　　　　　　　　　　　　　　　　66

第二章　論曾天從真理自體的「事實存在」與「純粹形相」　67
　壹、真理自體　　　　　　　　　　　　　　　　　　　67
　貳、真理論的差異　　　　　　　　　　　　　　　　　70
　參、笛卡兒與真理自體的事實存在　　　　　　　　　　77
　肆、真理自體的純粹形相　　　　　　　　　　　　　　88
　伍、結語　　　　　　　　　　　　　　　　　　　　102
　引用文獻　　　　　　　　　　　　　　　　　　　　109

第三章　論曾天從「理念的真理認識的難題」　　　111
　壹、理念的真理認識的兩個特色　　　　　　　　　　113
　貳、第一、二個難題與其解決的線索　　　　　　　　121
　參、第三個難題及其解決的線索　　　　　　　　　　130
　肆、結語　　　　　　　　　　　　　　　　　　　　134

引用文獻　　　　　　　　　　　　　　　　　　148

第四章　論曾天從「第一義的擬而真理自體」及其對
　　　　胡塞爾「意向相關物」的批判　　　　　149
　　　壹、第一義的擬而真理自體　　　　　　　　　149
　　　貳、論胡塞爾「所思的全體構造」　　　　　　155
　　　參、曾天從對「意向相關物」的解釋　　　　　167
　　　肆、結語　　　　　　　　　　　　　　　　　176
　　　引用文獻　　　　　　　　　　　　　　　　　186

第五章　論曾天從「第二義的擬而真理自體」及其對
　　　　海德格基本存在論的批判　　　　　　　189
　　　壹、第二義的擬而真理自體　　　　　　　　　189
　　　貳、我們的真理的領域　　　　　　　　　　　193
　　　參、從真理論來看海德格的基本存在論　　　　205
　　　肆、曾天從對現象學的相關主義的批判　　　　214
　　　伍、結語：真理論作為對立的同一的學問　　　224
　　　引用文獻　　　　　　　　　　　　　　　　　230

論文初出一覽表　　　　　　　　　　　　　　　　231
後記　　　　　　　　　　　　　　　　　　　　　233

序言：日治時期臺灣哲學的原點

報答老師最好的辦法，就是不讓自己一直只是個學生。

（Man vergilt es seinen Lehrer schlecht, wenn man immer nur der Schüler bleibt.）

—尼采—

　　本書是以筆者所曾發表過的四篇論文，加上一篇「序言」與新寫的「論文」（第五論文）而成，序言是最後寫的，不外是在顯示筆者所關心的問題性。已發表過的論文，全部都從這個問題性重新改寫過，並增加了一些新的補充與結語。目的在解明臺灣日治時期（1895-1945）的兩位代表性的哲學家，洪耀勳（1903-1986）與曾天從（霄容，1910-2007）所開創的「真理論」的體系相及其可能的發展。日治時期的真理論與戰後的臺灣的新儒家，分別代表了新康德學派在臺灣的兩個不同發展，不僅命運不同，發展的方向也不同，相對於臺灣新儒家對價值（善）、應然、實踐的推崇，曾天從毋寧是站在其對立面，強調真理（真）、現實、理論的優位，然而其目標仍然是一門越出理論與實踐的對立的學問，或許是這一點讓他更傾向於現象學。[1] 然而真理論與新儒家即使在這一點上對立，卻仍有共通的根柢，兩者皆以康德式的「自體存在」為目標。但或許是因為日本哲學的影響，讓曾天從更傾向於從「辯證法的原理」的角度來了解這個自體存在，這導致要從「動性的存在」的角度來觀看這個現實世界，也許在這裡可以也找到我們的關心所在。但不論如何，解明兩者間的對立的同一，想必對臺灣哲學的自我了解，能有

---

[1] 現象學的這個想法，請參閱胡塞爾著，黃文宏譯注/解說，《大英百科全書草稿》（新竹：國立清華大學出版社，2021），頁 188-191。

相當的助益才是。

　　書名採用「原點」這個詞，是取自德文的「Null-punkt」，英文是「null-point」。其中的「Null」一詞源自拉丁文的「*nullus*」，意思是「沒有」或「無」。這當然可以消極地來看，也可以積極地來看。消極地來看，可以說「沒有這個點」或「這個點不存在」，這倒並不是要強調臺灣在日治時期沒有哲學，人既然是形上學的動物，有作為形上學的哲學就是必然的事，只在於它有沒有以學問的方式被體系化地顯示出來而已。誠如西田幾多郎所說，任何文化的底部都存在著形上學，而從形上學的立場所看到的東西方文化形態的差異，就在於西方是「以有（有形）為實在的根柢」，東方則是「以無（無形）為實在的根柢」來進行思考的話，[2] 那麼讀者在這裡可以看到另一種綜合東西方形上學的形態，或者說更深一層地來看，可以看到日治時期臺灣哲學所表現出來的另一種對「無形之形」的觀看的形態。哲學是生活世界的表現，但是它並不直接地就是我們的生活世界，也不止是生活世界的表現，它毋寧是我們的人生觀與生活世界的所在（ありか），所在或場所始終包含著比所表現出來的東西還多。因而了解日治時期的哲學，可以說是為了「自我了解」，這個自我了解雖然不一定是「最近的那一個」（das Näheste），但是可以肯定的是，它就在我們的近側或周遭（in der Nähe），形成我們的周遭世界。

　　但是矛盾的地方就在於，洪耀勳與曾天從的哲學對戰後臺灣的哲學研究者幾乎沒有影響，「原點」在這個意義之下，可以說是一個連自己人也沒

---

[2] 「我認為這〔東西方的文化形態〕可以劃分為以有為實在的根柢來思考，以及以無為實在的根柢來思考的東西。這或者也可以說是有形與無形。」（私はそれを有を実在の根柢と考へるものと無を実在の根柢と考えるものに分つことができるかと思ふ。或はそれを有形と無形といふ樣に云ってもよい。）西田幾多郎，〈從形上學的立場所看到的東西古代的文化形態〉，收於《西田幾多郎全集》，第 6 卷（東京：岩波書店，2003），頁 335。

有發現其重要性的領域。原因當然很多，如果說可以「以史為鑑」的話，那麼臺灣獨特的歷史確實佔據了一個部分，它藉由人為的斷層與研究的轉向，造就出一個事實，讓這個哲學在臺灣沒有後繼者，於是只能被稱為「日治時期臺灣哲學」。但是就哲學來說，歷史的因素並不是那麼具決定性的，或許更為根本的原因，是因為他們對哲學的理解是建立在當時的日本哲學界。而如我們所知，自1911年西田幾多郎的《善的研究》之後，日本哲學就已然建立，在洪耀勳與曾天從的時代，特別是京都學派哲學，已經成熟到將自己置於與西方哲學對決的位置。在這裡，日本哲學已經有自己的概念，自己對歐陸哲學的了解與詮釋。這一點讓洪耀勳與曾天從的哲學，對戰後的我們來說，成為一門陌生的學問，在某種意義上來看，也可以說是一門不合時宜的學問。然而這個斷層可以克服，藉由翻譯、解說、展開其哲學體系的可能性來彌補。這一點倘若借用康德「良心」的比喻，我們可以說「日治時期臺灣哲學」的獨特性，即使沒有人發現它，它也仍然「如寶石般地閃閃發光」。我們的工作單純地就只是去發現並將其揭露出來而已，然而要發現它的第一步是「翻譯」，並「解說」相應的哲學問題與背景，自己的哲學還要翻譯，這在哲學史上應該是很獨特的事。

　　正面地來看「原點」這件事，可以將它視為一個「出發點」，或者也可以說是要確立「主體性」。作為「出發點」，它就不能只停留於過去，還要將其參照到我們所處的時代，並思考其進一步可能的展開。借用胡塞爾的話來說，哲學在這裡來到了一塊新的土地，留給我們的工作是要如何站穩腳步並予以逐步開發的事，這需要共同思索者的參與。[3] 筆者雖然譯注解說了洪耀勳與曾天從的相關著作，但是譯注解說仍然與論文不同，前者重於忠實地解說文字、鋪陳思路，是說文解字的事。本書則著重於共同開發，是筆者作為一個共同思索者的理解的表現。雖然兩者都免不了個人參與的痕跡，但是

3　胡塞爾，黃文宏譯注，《現象學的觀念》（新竹：國立清華大學出版社，2017）。

自覺地參與的程度是不同的。更積極地來看，在本書中所關切的是一個「新的出發點」的獲得，也就是說，在筆者看來，「出發點的獲得」就跟「主體性的獲得」一樣，它對我們的實存來說，是具決定性的東西，因為主體性的迷失就是自我的失去，這就現象學的精神病理學來看，是許多精神疾病的原因。[4] 因為有了「主體」才可以定義問題、定義解釋，混沌才能形成秩序（κόσμος）。但是「主體」或「主體性」這樣的東西，並不是固定現成的，而其獲得也不是沒有根據，在「現在」的視域中總是包含著「過去」與「未來」，在這裡必須參考前輩學者的努力，本書就是以洪耀勳與曾天從為主體來進行這個工作，雖然是想要認識自己，但是只能透過他者才能認識自己，或者更恰當地說，自己只能在與「差異」的關係中獲得存在、發現自己的存在，在筆者看來，日治時期的臺灣哲學發現了一種在哲學的探問中，不應捨去又不能認識的東西，而它的存在又是如此明白、不會是虛構。要讓一門學問成為真正的「原點」，不僅要哲學地解明其所曾經建立起的體系相，也需要在對比於當代哲學之下，思考其當代的意義、未來發展的可能性。在這裡解明其「體系相」是第一步，這也是本書所自我設定的目標。本書所收錄的五篇論文，都是筆者在翻譯解說洪耀勳與曾天從的著作時所遭遇到的問題，以及在解決這些問題的時候所給出的線索。在成書的時候增加了討論的內容，並將其以一個連貫方式重新呈現。在本書的「序言」，筆者就談一下自己對日治時期臺灣哲學的了解，以及在本書中所思考的問題。

　　首先總地來說，二戰前這兩位臺灣哲學家，所引進的哲學是康德式的「實在論傾向」，其中比較獨特的地方在於，不論是洪耀勳或是曾天從，都寄望於透過現象學來解決其所關心的問題，這站在康德式的觀點來看，就是「物自體或物自身（「Ding an sich」以下統一使用「物自體」）」的存在問題。這是認識所指向之物（真理），但卻是在內容上完全空虛的存在，這

---

[4] 請參閱木村敏，《あいだ》（東京：筑摩書房，ちくま学芸文庫，2005）。

個時候「真理認識是什麼（為何）」或者說「認識的本質」就成為問題。這幾乎可以說是與胡塞爾共有的時代問題，現象學的位置（特別是胡塞爾與海德格）也隨之被突顯出來。[5] 就歷史來看，這與日治時期的臺灣有關，當時日本哲學的背景是現象學，也可以說是當時臺灣哲學的背景。對於現象學，雖然無法三言兩語說清楚，不過如我們一般的理解，西方近代哲學開始於笛卡兒，這主要是指笛卡兒的「普遍的懷疑」，也就是說，哲學自近代以後，已經無法單純地回歸中世紀，將一切訴諸於信仰，「經驗」在這裡成為我們唯一可以依靠的地方，因為最終的問題總是在於我們到底有沒有經驗到？或者說究竟經驗到什麼？如我們所知，經驗有直接的、有間接的，間接經驗建立在直接經驗之上，於是「直接經驗」就被突顯出來。現象學接續了這個思想動機，並將其擴張，從其所開啟的思路來看，現象學所給與我們最大的啟發，就在於哲學必須從我們的「直接經驗」為開始，由直接經驗而在認識上形成「直接判斷」，由直接判斷而間接判斷，乃至於一層層地奠基的學問體系。這麼來看的時候哲學體系的根源所在就是「直接經驗」，胡塞爾所給與於我們的就是這麼一個「徹底的經驗論」（胡塞爾自己的措詞是「徹底的實證論」）的想法。[6]

　　哲學地問向「經驗為何」，自然而然地就會導向「直接經驗是什麼？」或者說「最本源的經驗是什麼？」如果我們就曾天從「真理原理論」（Principles of Alethiology）的字面意義來看，如所周知「真理」「aletheia」源自古希臘文的「ἀλήθεια」是「揭示」或「無蔽」的意思，因而「真理原理」指的就是「揭示真理（真實）存在的原理」或者說「真理（真實）存在自我顯示自身的原理」。不論我們怎麼了解真理（真實），在現象學看來，它都必須牽涉到某種「明證」（Evidenz），這是一種讓存在之物「自己來

5　胡塞爾著，黃文宏譯注，《現象學的觀念》。
6　胡塞爾著，黃文宏譯注 / 解說，《大英百科全書草稿》。

到心靈之眼前」的經驗（Es-selbst-geistig-zu-Gesicht-Bekommen）。[7] 至於這是什麼樣的經驗，或許各個哲學家有各有不同的考慮，但是可以肯定的是，相對於近代哲學，作為當代哲學的開端的現象學，對於「經驗」有一種不同於近代哲學的理解，不論是胡塞爾的「本質直觀」、西田幾多郎的「純粹經驗」、中村雄二郎的「共通感覺」等等，都表明了在通常的經驗的底層，還有一個更具決定性的「經驗」或「感覺」在作動著。倘若我們沿著西田幾多郎的想法，認為經驗都是經驗到什麼，而經驗到什麼都是人為加工的結果的話，那麼思考的重點就會導向思惟加工之前的「純粹經驗」。純粹經驗也是一種經驗，這意味著「經驗」的意義是可以擴張的。

就現象學來看，經驗的基本意義在「知覺」或「感覺（感知）」（αἴσθησις），這在胡塞爾現象學特別明白。誠如海德格對亞里斯多德的解釋，「感覺（感知）」牽涉到一種比「邏各斯」（λόγος）更為本源的「真實」，這個真實是「最純粹與最本源的意義上的真實」，它所對應的感覺是「只是揭示而從不隱藏的」先於真偽的叡智的「單純的觀察」或「覺知」（Vernehmen）。[8] 這種覺知「絕不可能隱藏、絕不可能是假的」，在這個

7　Edmund Husserl, *Cartesianische Meditationen und Parischer Vorträge*, hrsg. von S. Strasser. 2. Aufl. Photomechanischer Nachdruck (Den Haag, Netherlands: Martinus Nijhoff, 1973), S. 52.

8　「在希臘文的意義上，『真實』比上述所說的邏各斯（λόγος）更為本源，它是一種『感知』（αἴσθησις），也就是對某物的素樸地、感覺地覺知。[…] 在最純粹與最本源的意義上的『真實』——也就是說，只是揭示，而從不隱藏——這是最純粹的叡智（νοεῖν），它是一種單純觀察的覺知，對存在者之為存在者（譯注：存在者自體）這種最為簡單的存在規定的覺知。這種叡智絕不可能隱藏，即絕不可能是假的[…]」（»Wahr« ist im griechischen Sinne und zwar ursprünglicher als der genannte λόγος die αἴσθησις, das schlichte, sinnliche Vernehmen von etwas. […] Im reinsten und ursprünglichsten Sinne »wahr« - d. h. nur entdeckend, so daß es nie verdecken kann, ist das reine νοεῖν das schlicht hinsehende Vernehmen der einfachsten Seinsbestimmungen des Seienden als solchen. Dieses νοεῖν kann nie verdecken, nie falsch sein […]）Martin Heidegger, *Sein und Zeit*, hrsg. von Friedrich-Wilhelm von Herrmann (Frankfurt am Main: Vittorio Klostermann, 1977), S. 45.

意義下，我們可以說它屬於曾天從所說的「真理論的範圍」。沿著這一點我們也可以說，真理論所直觀到的是一個無關於真偽對錯的「本源的真實領域」。讀者在這裡可以看到「αἴσθησις」（知覺、感覺、感知、覺知、直覺）這個語詞在現象學內部重點的推移，這些都是包含在「Wahrnehmung（知覺）」一詞上的可能性。語言、概念本身究竟是如何變動擴張的，這個問題或許複雜難解，但是可以肯定，它不是死的固執，而是活的變通，在這裡各個哲學家各自的關心一定牽涉其中。然而不論我們自己的關心是什麼，也不論其意義如何變通，「經驗（知覺）」終究是「關於什麼的經驗（知覺）」，或者說它在本質上就是「相關性經驗」，由於「相關」始終只能與「有」相關，不能與「無」相關，如果要保留現象學的「相關主義」，又要讓它與「無」相關的話，那麼「相關」的意義就要有所變動，經驗的意義也要隨之擴張，這是一個可能的方向。

另一個可能的方向，就是承認其在本質上的不可認識性，也就是說，這個時候我們面對的是某種根本無法落入相關性認識中的存在，但又必須承認它與我們相關，要知覺到這種根本無法知覺的東西，一個可能的辦法，就是當它失去的時候，也就是說，如果這個東西失去了，對我們的實存會有重大的影響（例如無法過正常的生活、世界變得混亂顛倒等等）的話，那麼這個時候我們可以反過來肯定它的存在，「自我」或「主體」本身就是一個實例，對象化的自我是自我的物化，並不是真正的自我，執著於此反而是自我的迷失，而如上所說，這牽涉木村敏對精神病理學的診斷，讀者在這裡可以預期，曾天從的真理論對此會有一定的貢獻。

在曾天從的想法中，真理自體是「非（無）相關性的」，於是在說明「真理自體」與「認識的主觀」的關係的時候，他使用了「無關的關係」這樣的措詞，並且稱這種「無關的關係」是一種「特異的無關的關係」（特

異な無関の関係）。⁹在筆者看來，如果我們的認識關係都是一種「相關關係」，都是「關於什麼的認識」的話，那麼對於這種「無關的關係」的研究，就可以有兩種態度，一種是用它「劃定認識的界限」，一種是用它來「擴張相關性的意義」。前者對筆者來說，是理所當然的事，因為在筆者看來，作為人就無法全知，這種必然的無知不是真正的無知，真正的無知唯有在「知的滿溢」之後才能得到，因為這個時候才能領會到真理始終多於我們對它的認識，這是一種「*docta ignorantia*（有知的無知、博學的無知）」，所以其實比較關心的是「相關性意義的擴張」，這也是本書的重心。就這一點來看，它可以更深入地了解我們的「認識的經驗」，主觀地來說會有「無主觀的主觀」或「無我的我」，客觀地來說，就會有「超對立、無內容的對象」的說法產生。根據觀點的不同，「無關的關係」可以是對「相關主義」的一個擴張，「無我的我」、「無對象的對象」也可以視為是「自我」與「對象」的一個更為深刻的認識，對此倘若我們停留於認識的立場，那麼勢必要牽涉到某種「詭譎的說法」（Paradox）。

為討論方便，我們暫且以認為「在認識的相關性之外，還有可以被稱為存在的東西」為「實在論」，而其對立面為「觀念論」，這麼來看的時候，日治時期的這兩位臺灣哲學家，基本上都採取了實在論的立場，或者更恰當地說，都是沿著實在論的方向來建構其哲學。由於透過「相關性」來規定「存在」，並不直接地就是由「存在來規定存在」，因而這兩位臺灣哲學家都認為必須越出相關性，而承認一種無相關的「自體存在」，而「無相關」的自體存在，如果不是空洞的規定的話，它仍然必須通過「相關性」來顯示其存在的事實，於是就認識面來看，就有了「不相關的相關」或「無關的關係」這樣的說法。對筆者來說，這反過來意味著，要解明不相關的真理自

9　曾天從，《真理原理論──純粹現實學序說》（東京：理想社出版部，1937），頁119-120。

體，只能通過相關的真理認識，因為認識就其本質就是相關性的，我們也只能通過「相關」來認識「不相關」。換句話說，日治時期臺灣的這兩位哲學家，皆在各自不同的形式下，遭遇到了某種如西田幾多郎所說的，只能「自己領會」，不能接受「反省、分析」，也不能用「語言」來表現的東西。[10] 然而既然可以領會，它就不會與認識完全無關。而誠如上述，要解明這種經驗，現象學與京都學派哲學扮演了一個重要的角色。在現象學的部分，洪耀勳主要藉由海德格，曾天從則主要透過胡塞爾，而當時臺灣學界的氛圍是京都學派哲學，於是臺灣哲學的建立也必須面對京都學派哲學，因而西田幾多郎、田邊元、山內得立（Yamauchi, Tokuryū 1890-1982）、和辻哲郎等等，都在臺灣哲學的自我探索當中，扮演了一個重要的角色，但是作為哲學家，他們也反過來批判了現象學與京都學派哲學的不足。在這裡就如筆者在《洪耀勳日文哲學著作集》中所說，「Existenz」這個概念扮演了一個主要角色，在對其理解上，洪耀勳的傾向是海德格的，他將「Existenz（實存）」作為「具各自性的自我」，是「在自身的存在中關切著自身存在」的此在的「實存」。[11] 而曾天從的傾向則是胡塞爾的，他將「Existenz」從「現實存在」的角度來理解，這是在時空內部的存在之物，是我們能夠現實地感覺或知覺的東西，但是我們要注意的是，「現實存在」仍然不是「現實自體」或「真理自體」，因為後者是「超時間性」與「超空間性」的。基本上來看，現實自體或真理自體也可以理解為「現實本身」或「真理本身」，用「自體」一詞在強調其所具有的「辯證法的性格」。辯證法所包含的「動性」是洪耀勳與曾天從所共同強調的部分，洪耀勳試圖將辯證法置入海德格哲學，曾天從試圖改造「現象學還原」來回答「真理自體」問題，建立一門「真理論的絕對

---

10 西田幾多郎著，黃文宏譯注，《善的研究》（新竹：國立清華大學出版社，2019），頁114。

11 洪耀勳著，黃文宏譯注／導讀，《洪耀勳日文哲學著作集》（新竹：國立清華大學出版社，2020），頁12-15。

辯證法」可以說是兩者共同的交集。

　　如所周知，洪耀勳留下來的哲學文獻很少，就筆者所知，目前所能尋獲的資料，與日治時期的哲學想法相關的部分，原則上皆已收錄入兩本以日文寫作的選輯與兩本戰後刊行的中文書當中了。[12] 就日文文獻來說，有些文獻現行無法尋獲，只能期待日後有新的發現。在筆者看來，就現行出版的文獻來說，洪耀勳的哲學仍然不足以形成一個體系，但是確實是有其獨特的看法，只是其創見還有待後人的展開。在筆者看來，洪耀勳在日治時期臺灣哲學的地位，就如同古希臘的蘇格拉底一樣，蘇格拉底沒有留下任何著作，但是每個讀哲學的人，都知道蘇格拉底的重要性，之所以如此，是因為柏拉圖從永恆哲學的角度，闡釋了蘇格拉底的思想。就這一點來看，洪耀勳的哲學還在「等待柏拉圖」，但是可以肯定的是，這位柏拉圖需要對京都學派哲學（特別是西田幾多郎、和辻哲郎等）與現象學（特別是海德格、謝勒等）有相當的理解。就作為一個哲學的研究者而言，本書無法突顯其創見，只能將其視為是日治時期真理論的共同創建者，有些地方甚至需要藉由洪耀勳來看出曾天從的創見，然而又隱隱約約地意識到兩者的不同，不能將兩者的差異展開，確實是種遺憾的感覺，對洪耀勳哲學來說，也是不公平的，但這是筆者個人的限制，只能深深期盼那位柏拉圖的到來。

　　曾天從的情況則是不同的，他在日治時期就出版了其戰前的代表作《真理原理論——純粹現實學序說》（1937）（以下簡稱為《真理原理論》），在這個 616 頁的大作中，他不只是提出體系的藍圖，還在具體的分析與批判中給出明確的方向，讓我們不止明白地看到其體系建構的野心，還能把握其邏輯，沿著這個邏輯來解明與展開其體系。就這個意義上來看，稱其為「臺

---

12 兩本戰前選輯所收錄的文獻大同小異，分別為洪耀勳著，黃文宏譯注／導讀，《洪耀勳日文哲學著作集》；洪耀勳著，林暉鈞譯，《洪耀勳文獻選輯》（臺北：國立臺灣大學出版中心，2019）。兩本戰後的中文著作分別是洪耀勳著，《實存哲學論評》（臺北：水牛出版社，1976）；洪耀勳著，《哲學導論對話》（臺北：協志工業叢書，1990）。

灣第一位哲學家」並不為過，因為我們可以參與入他的哲學，對它進行反省、批判、展開。《真理原理論》的主要概念就是「真理自體」（「擬而真理自體」亦同，以下省略）。這個語詞的使用，雖然源自波扎諾（Bernhard Bolzano, 1781-1848）的傳統，但是曾天從也對其相關的思想進行了批判，藉此來釐清、解明其自身的「真理自體」的想法，並積極地引進、改造「現象學還原」，來解決他所面對的問題。而倘若我們站在同時代的立場來看，我們以下的各章節就會看到，真理自體與擬而真理自體的區分，其實對應到胡塞爾對「直觀意識（現實存在）」與「語言意識（理想存在）」的分析，而這兩者（意識與語言）分別構成了二十世紀哲學的主流。換句話說，曾天從的批判造就了一種新的哲學可能性，而且這個哲學是我們可以參與其中的。在實際翻譯其文本的時候，也體會到在某些地方，曾天從在表達上的停滯與迂迴，思考或許仍然在進行中，但是總體來看，其邏輯思惟可以用「清晰明確」來形容，解明其戰前構思的體系，雖有其難度，但仍然可能，然而這些無法三言兩語說清，只能在翻譯中逐步解說。[13]

再者，作為一個「原點」，如果它不局限於只是日治時期的臺灣哲學，也是永恆哲學的一個樣態的話，那麼除了真理論理論本身的解明之外，將其與我們所處的「時代性」的參照也是必要的。就這一點來看，由於以真理自體的「事實存在」作為哲學思考的開端，並且認為它是脫離人類意識的存在的這個想法，我們可以說，曾天從的思想接近於一種實在論，真理自體與擬而真理自體就是其典型的實例，兩者都是脫離主觀的自體存在，就認識上來說，是非相關性的存在，存在之物的真理無法落入相關性的認識當中，而這同時這也是兩人用來批判傳統的實在論與觀念論的主要依據。也就是說，倘若傳統的實在論是以「現實存在」為實在、傳統的觀念論者是以「觀

---

13 該譯注「第一分冊」已出版。曾天從著，黃文宏譯注/解說，《真理原理論——純粹現實學序說》，第一分冊（新竹：國立清華大學出版社，2023）。

念存在」為實在的話,那麼真理自體與擬而真理自體就類似於「多於現實存在」或「多於觀念存在」的東西,這樣來看的話,或者我們也可以用「真理論的實在論」來稱呼這種哲學,因為它認識到了某種既「多於現實存在」,也「多於觀念存在」的東西,而真理自體或擬而真理自體的領域,就是對如此領域的表示。然而我們對這個領域是「無知的」,無法成為「認識的對象」,因為它成為相關性的對象。然而倘若真理自體,對人類的認識而言是完全無知的,而認識又只能是人類的認識的話,那麼我們還可以說有真理認識嗎?如果可以的話,要怎麼樣來進行?

對此,曾天從將真理自體(擬而真理自體亦同,以下略)類比於康德式的「物自體」,或者更確切地用他在《真理原理論》中的措詞來說,我們毋寧應該反過來,將康德式的物自體理解為一種真理自體。「物自體以及與之同格的超驗的理念,對我們的真理論來說,是作為真理自體、作為真理存在本身,而自身自體地存在的現實之物。」[14] 康德式的「物自體」與「真理自體」同為不可知,但是兩者仍然不同,對曾天從而言,真理自體是更為全般性的概念,它是一種不在人類「認識的相關性」或「實有的相關性」中出現的東西,對於人類的認識而言,甚至無法說是「真」或「偽」的東西,然而我們的認識被它所感動、又指向它,或者說倘若沒有真理自體,學問將失去其意義,這是曾天從銜接於波扎諾的出發點。

人類的認識指向真理自體,但是又不能認識它,這是典型的康德式的哲學問題。但是不同於新康德學派的西南學派,曾天從並不將真理自體理解為價值自體,而是將其視為現實的「真理存在」的根據,它「即在」於一切現實存在,保證了它的真理存在。這樣來看的話,曾天從並沒有完全禁止由「現實存在」指向「真理自體」的可能性,也沒有拒絕我們對真理自體有任何感覺,他甚至於認為真理自體是真理認識的感動者。這樣來看的話,

---

14 曾天從,《真理原理論——純粹現實學序說》,頁197。

如果我們可以擴張認識的意義的話，那麼作為認識的感動者的真理自體，對認識而言，就不可能是完全無知，它只是不能以對象、以內容的方式而被認知。對於這個問題，最簡潔的回答，或許可以從曾天從在戰後《哲學體系重建論》中看出來。他說：「總之，物自體的存在是無法否認的，否則認識的質料（內容）亦就無由尋求。物自體的認識並非不可能，亦非絕對可能，我們只得通過其現象的相對的認識而謀求漸近於其絕對的認識。」[15] 什麼樣的經驗是「並非不可能、亦非絕對可能」？在筆者看來，任何「知」都必須牽涉到一種「感覺」或「經驗」，所知之物可能無法成為對象，也儘管在其認識中可能包含著不可解，但仍然必須對它有感覺。如果將現象學理解為一種「徹底的經驗論」，而現象學的回歸實事本身，意味著回歸我們的「直接經驗」的話，那麼解明這個「無法否認的」存在，這個「並非不可能、亦非絕對可能」的感覺或經驗，就會是重點所在。無可否認地，曾天從哲學還有許多有待解明的地方，筆者在本書中所自我設定的目標，就只是想要讓微弱的光能照進黑暗而已，而「相關主義」則是筆者選擇的出發點。

曾天從思路接近於一種獨特的實在論，將其對應到當代歐陸哲學的發展來看，如果我們以德希達（Jacques Derrida, 1930-2004）的去世，作為 20 世紀哲學的結束的話，那麼梅亞蘇（Quentin Meillassoux, 1967-）於 2006 年所出版的《有限性之後——論偶然的必然性》（"*Après la finitude. Essai sur la nécessité de la contingence*"），[16] 可以說是 21 世紀哲學的開始。這是西方哲學在本世紀初所建立、並快速擴散的哲學流派，它可以在更廣泛的意義下理解為是一種「實在論的復興」。比較值得注意的是，這個學派除了對傳統哲學的基本概念（例如主體、客體等）給與顛覆性的挑戰之外，也相當關注於新

---

15 曾天從，《哲學體系重建論》，上卷（臺北：青文出版社，1981），頁 222。
16 Quentin Meillassoux, *After Finitude: An Essay on the Necessity of Contingency*, trans. by Ray Brassier (New York: Continuum, 2011).

近人文、社會、自然科學的發展所引發的哲學問題（例如人工智能、認知科學等），並對其給與了深入的解析與批判，所以在各個不同的學科當中，都可以找到其影響的痕跡。就如同前一世紀初的「現象學運動」一樣，或許我們也可以稱之為「新實在論運動」。對於這個學派，雖然哲學史所給予的評價仍然未定，但仍不失其作為一個參考與對比的範例。

作為一種仍然在發展中的哲學運動，新實在論的理論是相當多樣的。如果我們以作為其開創者之一的梅亞蘇為例的話，其基本的想法就是以「相關主義」（corrélationisme, Korrelationismus）來總括二十世紀以來的哲學。在這個分類之下，胡塞爾、海德格與維根斯坦，以及受到這三位哲學家強烈影響的二十世紀的哲學，都被視為是不同程度的相關主義（例如，強相關與弱相關）而接受新實在論的檢討。也就是說，如果我們以二十世紀為現象學的世紀，那麼誕生於二十一世紀的新實在論，在其理論的建立上，就是將現象學作為主要反省與檢討的對象，來突顯其自身的哲學。用一個名詞來涵蓋多數的哲學家與流派，這樣的做法雖然只是基於討論上的方便，但是在筆者看來，新實在論的這個想法，確實把握到了現象學作為「相關主義」的本質特性。[17] 我們先看看梅亞蘇如何來界定「相關主義」：

> 藉由「相關」一詞，我們所要表達的是，根據這樣的觀念，我們所能通達的（access），唯有思惟與存在（thinking and being）的相關而已，從未能脫離其一而通向另一。接下來我們用**相關主義**（*correlationism*）來稱呼所有當前的思想，這些思想認為我們不可能越出如此所界定的相關特性。[18]

---

[17] 這一點特別表現在胡塞爾的現象學。請參閱胡塞爾著，黃文宏譯注 / 解說，《大英百科全書草稿》。

[18] "By 'correlation' we mean the idea according to which we only ever have access to the correlation between thinking and being, and never to either term considered apart from the

從這個引文，我們可以知道，在梅亞蘇看來，「相關主義」是西方哲學自康德以後（也包括二十世紀的哲學）的一個共同傾向。對梅亞蘇來說，這意味著我們沒有辦法將主觀性與客觀性分離開來思考，因而也在這個意義下，在認識上我們無法把握「客觀自體」與「主觀自體」，因為主觀與客觀必須或者只能在「相關性」之下來把握。這導致無法把握任何「自體存在」，在這個意義之下，哲學的根本問題，就不在於把握傳統哲學中作為自體存在的「實體性」，而致力於更根源地把握「相關性」，而這也同時意味著，現實世界必須成為「相關性的存在」才能被我們所認識。這意味著傳統哲學的「自體」（in itself），不論是對象自體或是主體自體，都是無法被認識的。自我與世界必須在相關性中，才能取得其意義。在這個意義下，誠如梅亞蘇所說「一起給出（co-givenness）」、「相關性」（co-relation）、「共本源」（co-originary）、「共現」（co-presence）等等，這裡的「co-（相關、一起、共）」就成為主宰當代哲學主要概念的前綴詞。[19] 於是相對於康德之前，哲學仍然追求著「實體」，但是在康德之後，問題就轉移向「相關性」的思考，尋找更為「根源的」或「合適的」相關性。

在梅亞蘇的想法中，二十世紀的哲學，以「意識」與「語言」為兩大中心主題，前者形成現象學（胡塞爾、海德格），後者形成分析哲學（維根斯坦）的主流。其中關於胡塞爾與海德格的相關主義，請參閱本書的第三、四章的討論。在這裡我們就以意識與語言為例，簡單地說明梅亞蘇的批判。由於以下關於梅亞蘇的討論，與本書的主題相關，所以筆者在引用英文的同

---

other. We will henceforth call *correlationism* any current of thought which maintains the unsurpassable character of the correlation so defined." Meillassoux, *After Finitude: An Essay on the Necessity of Contingency*, p. 5.

19　Meillassoux, *After Finitude, An Essay on the Necessity of Contingency*, pp. 4-5.

時,也附上其法文原文,翻譯的時候是以英文為主。[20]

在梅亞蘇看來,由於意識始終對某物的意識,而語言也始終是對某物的言表,除此之外無他,這形成二十世紀相關主義的兩大里程碑或環境（deux "milieux"）。[21] 然而梅亞蘇也同時提到,當現象學與分析哲學在以「相關性」來理解世界的時候,似乎也有一種被囚禁的「奇怪的感覺」（a strange feeling, un étrange sentiment）。[22] 在說明這個被囚禁的感覺之前,梅亞蘇引用了 Francis Wolff 在其 1997 年的《言說世界》（Dire le monde）一書中的說法,Wolff 認為不論是現象學、還是分析哲學,都意識到了萬物在意識、言說的內部的同時,也在其外部的這種「相關的外部性所具有的難題的本性（paradoxical nature of correlational exteriority, le caractere paradoxal de l'exteriorite correlationnelle）」（以下簡稱為「相關的外部性的弔詭」）。也就是說,意識與語言都是一種「相關性」,意識是「關於某物的意識」、語言也是「關於某物的語言」,對相關主義而言,意識與語言類似一種世界的窗戶,他們透過意識、語言所要把握的某物,必須既在意識、語言之內,也必須在意識、語言之外。然而梅亞蘇看來,相關主義者所能把握到的,仍然只有在意識、語言之內,因為他們所能把握的外部的對象,並不是實在的對象,而是相關的對象。借用 Wolff 的比喻,我們就如同在意識與語言的這種透明的籠子當中,籠子是透明的,然而真正想要把握的東西都在籠子的外部,但是我們卻無法脫離意識、離開語言,去把握那個在意識、語言的外部的東西。[23]

---

20 筆者所引用的法文,出自 Meillassoux, *Après la finitude. Essai sur la nécessité de la contingence,* Editions du Seuil (Paris: Le Seuil, 2006)。法文版頁碼則表示在英文頁碼之後,以斜線（/）區隔開。

21 英譯為「two principal "media"」,請參閱 Meillassoux, *After Finitude: An Essay on the Necessity of Contingency*, p. 6/20.

22 Meillassoux, *After Finitude: An Essay on the Necessity of Contingency*, p. 7/21.

23 「我們內在於意識與語言,就如同內在於一個透明的籠子。所有的東西都在外部,但

在筆者看來，這是相當傳神的說法。這意味著我們只要停留在相關主義的內部，就會有一種「奇怪的感覺」，梅亞蘇的語詞相當直截了當地表達出了相關主義的這種困境，他使用了「paradox, paradoxal（難題）」這個語詞。也就是說，在他看來，相關主義者勢必有一種「奇怪的感覺」，對其所把握到的外部是不是「真正的外部」感到懷疑。這是因為相關主義者所把握到的外部，是相關於我們的外部，並不就是在其自身的存在自體。事物因為「相關於、相對於我們」，或者「對我們而言」，所以才能獲得存在的意義，而對於「存在自體」就只有奇怪的感覺，然而這個奇怪的感覺也同時暗示出，我們已然發現了相關主義的外部。這樣來看的話，我們（人類之物）就是那個透明的籠子，相關主義所理解的外部，仍然是在相關性的內部，這個時候就會有一種被囚禁的「感覺」（feel, sens），因為我們並沒有越出這個籠子進入真正的外部的世界。[24] 在這裡梅亞蘇使用了「感覺」這個措詞，來形容這種既被囚禁於意識與語言的籠中，卻又隱隱約約感覺哪裡不太對的感覺，在這個段落的最後，他甚至使用了「合理的感覺」（legitimate feeling, sentiment justifié）來形容它。[25] 因為只要感覺停留於感覺，或者更廣泛地來說，只要它停留於「意識樣態」（modi cogitandi），不牽涉到意識樣態的外部的話，它都是真實的，因為很單純地就是感覺到了、意欲到了、想像到

是我們卻又不可能離開。」（We are in consciousness or language as in a transparent cage. Everything is outside, yet it is impossible to get out.）轉引自 Meillassoux, *After Finitude: An Essay on the Necessity of Contingency*, pp. 6-7/21.

24 「但是倘若在我們看來，這個外部是一個與世隔絕的外部〔譯注：相關主義的外部〕，也就是一個人可以合理地感覺到被囚禁在其中的外部，這是因為在實際上，這麼一個外部完全是相對的——而且重點就在於——它是相對於我們的外部。」(But if this outside seems to us to be a cloistered outside, an outside in which one may legitimately feel incarcerated, this is because in actuality such an outside is entirely relative, since it is – and this is precisely the point – relative to us.) Meillassoux, *After Finitude: An Essay on the Necessity of Contingency*, p. 7/21.

25 Meillassoux, *After Finitude: An Essay on the Necessity of Contingency*, p. 7/21.

了，這是我們通常所說的感覺不會出錯，「有感覺」就表示「有」東西，不牽涉到這個東西「是什麼」，前者指出東西的「有無」，後者表達出這個東西的「是什麼」，也就是說，我們只知道在這之外還有「剩餘」或「多於」，但卻無法知道這個「多於」是什麼。在梅亞蘇看來，相關主義者就閉鎖於相關性意識的籠子當中，對於籠子外部的東西不是存而不論、就是一無所知，然而就其意向而言，他又希望在籠子的內部所把握到的東西，是屬於籠子外部的，於是很自然地就會有一種奇怪的感覺。

換言之，梅亞蘇明白地觀察到，當相關主義者試圖內在於意識與語言，來回答一切存在的時候，對於這個奇怪的感覺，用我們熟悉的語言來說，就會是一種「弔詭的感覺」，在主張意識與語言沒有外部的同時，也感覺到它不止於此，因為其透過意識與語言所試圖解明的東西，包含著比所意識、所言說還多的東西，對於這個「多於」的解釋可以是多樣的，但是對它的感覺是真實的。在筆者看來，這應就是梅亞蘇所謂的「相關的外部性的弔詭」所想要表達的東西，他也稱之為「大外部」（great outdoors, Grand Dehors）或「絕對的外部」（the *absolut* outside, le Dehors *absolu*）。對梅亞蘇來說，當代哲學在相關主義的影響之下，已然失去了這個大外部，因為這個大外部是與我們的意識、言說全然「無關的」（indifferent, indifférent）東西。[26] 在相關性的研究之下，我們對它一無所知，它是傳統哲學所說的「實體」或「自體存在」，也是曾天從所說的「真理自體」。也就是說，我們雖然只能在意識與語言的內部，但是也同時隱約地感覺到所意識之物與所言說之物，超越了意識與言說，而能如此主張，意味著我們必須已然越出了意識與語言的限制，而感覺到某種在原本的意識與語言的範圍內所不可知的東西，而既然有這個感覺，那麼它勢必也參與了我們的認識。對於這個「奇怪的感覺」，倘若我們選擇停留在相關主義的內部，那麼我們就會去尋找一個更為根源的相

---

26 Meillassoux, *After Finitude: An Essay on the Necessity of Contingency*, p. 7/22.

關性。誠如梅亞蘇所理解，這是海德格思想的要點，然而尋找更根源的相關仍然沒有逃離相關主義的牢籠。

　　首先我們知道，在這裡的爭論點在「物自體的存在」問題。這是一個我們有真實的感覺，但是卻又看不到的東西，所以它其實有很多種可能性。如我們所知，物自體在康德哲學是「可思而不可知」的，這在梅亞蘇看來，康德並沒有完全禁止，思想具有通向物自體的可能性，也就是說，儘管物自體不可知，但是思惟卻仍然可以通向它，梅亞蘇稱其為「弱相關主義」。康德保留了物自體的可思惟的性格，然而在康德之後的哲學，不是否定其存在，將精神予以絕對化（例如德國觀念論），就是將其存而不論（現象學、維根斯坦），也就是說，對相關主義者來說，我們無法知道物自體的存在與不存在，或者說它的存在與否與人類的認識「無關」。在筆者看來，現象學雖然有不同的形態，但是確實都屬於梅亞蘇分類下的相關主義。這樣來看的話，梅亞蘇的「思惟」是取其廣義，它包含了「意識―存在」（胡塞爾）與「實存（此在）―存在」（海德格）、「語言―存在」（維根斯坦）。換句話說，梅亞蘇是從「思惟與存在的相關性」來界定「相關主義」。我們只能在與意識（實存、語言）的相關性之下來理解「存在」，由於意識、實存、語言都是屬於人類的東西，因而廣義地說，「相關性」可以說就是與「人類相關」的意思，這一點就形成了梅亞蘇與曾天從所共同批判的「人類中心主義」的想法。而基於「人類中心主義」或「相關主義」所獲得的真理，其困難在於沿著這種想法，會得出我們無法認識任何「具自體存在性的東西」（例如物自體、真理自體），我們所能認識的唯有「對我（們）而言的」、「我們的」或「相關性的」存在。這裡的「對我而言」或「我們的」，廣義地來看是「對認識而言」、「對實存而言」等等。曾天從所質疑的地方，就在於如果將「真理」基於此，或基於此所形成的「真理觀」，將無法獲得「真理本身（自體）」。因為任何依存於主觀的真理，它都必須具有時間面與空間面，並受其限定，然而真理自體或真理就其自身而言，卻是獨立於時

間與空間的,它是「超時間性」與「超空間性的」。

這樣來看的話,對曾天從與新實在論者來說,人的認識機能是一種「媒介」,人只能透過其認識機能而媒介地認識到外在世界,但卻又同時認為存在就其自身(存在自體)而言,是獨立於人的認識機能的,於是在「存在」與「認識」之間形成「對立」。就認識來說,「存在自體」只能成為「對立的對象」而被認識,對象作為認識的對象都是完結之物（Abgeschlossenes）,然而就其真理（Wahrheit）而言,它並不是完結之物,不能在對立的對象中獲得其完全的意義,認識所指向的存在的真理,始終比對立的對象還多,比任何有內容還多,這造成現實存在的真理,在「對象的認識」中必須不斷地隱退而去。在這個意義下,我們也可以說它獨立於人類的認識,在「認識的真理」與「存在的真理」之間,必須存在著「差異」,問題在於這兩者之間的差異要怎麼了解？從認識有其極限,是不是能得出根本無法認識？這一點如果就梅亞蘇的計畫來說,他被稱為「思辯實在論」,可以說是試圖透過徹底化相關主義的想法,來突破相關主義的界限,因為我們可以透過「思辯」來回答這種無法直觀的「可思而不可知」的存在。梅亞蘇的問題或可以這樣來了解,我們寓居於感覺的世界中,只能發現「存在」,然而卻似乎一定會遭遇到這麼一種「可思而不可知」的「非存在」,於是問題就在於,哲學應該如何來看待這種「非存在」。對此,曾天從是在現實界與觀念界之上,再放置一個「真理自體」與「擬而真理自體」的領域,並將真理自體與擬而真理自體理解為「絕對同一」。在這裡可以明白地知道他意識到「存在」不能用內在與外在、現實與理想的二分來理解,他所構想的毋寧是一種「超對立的學問」或「絕對同一的哲學」。[27] 也就是說,

---

27 「作為究極原理學的哲學應該是在這個意義下的究極的絕對同一哲學,在這裡關於究極的全體的哲學的本然的全體立場得以被追求,站在這樣的立場上,作為遠遠超出觀念論哲學與實在論哲學的全體哲學的理想,才得以被實現。」曾天從,《真理原理論——純粹現實學序說》,頁 605-606。

當我們要用語言來表示其哲學的時候,勢必要使用到「內在即外在」、「現實即理想」等等,這是因為真理自體超越了這些區別,無法用二分法來解明。

理性的認識在人類發展的過程中扮演著關鍵的角色,藉由理性我們才得以脫離動物性、脫離感覺,進入叡智界與宗教界。作為一個哲學的思索者,我們不能預設感覺之道與思辨之道,哪一條才是正確的道路,但是倘若我們在真理的探求上拔除了感覺,它就必須面對康德的批判。也就是說,我們會不會像康德所說的那隻「形上學的鴿子」那樣,當它飛得愈高,經驗到空氣阻力變得愈小,於是就會導致它誤推,在沒有空氣外太空,將會是無限制的自由翱翔。但是反過來說,如果我們執著地認為「經驗」只能受限於「時空」內部的話,那麼西田幾多郎的「純粹經驗」就不是經驗,因為純粹經驗並沒有受到時間與空間的限制。[28] 其實不論胡塞爾或西田幾多郎,都不認為意識(純粹經驗)是在時間空間內,反而時間空間是在意識(純粹經驗)內。同樣地,如果我們認為「知覺」或「經驗」一定要受限於主觀的時空形式的話,那麼對於不擁有時空形式的真理自體,大概就只能有一種「奇怪的感覺」。同樣地,如果真理存在與真理認識之間全然不同,那真理認識將失去其真理性。人的理念或理想的存在是事實,如果這些不是來自於真理,理想與理念就只能是「彷彿」的,往壞處來看,是自我陶醉乃至於自我欺騙的。這個由康德式的物自體所引起的問題,也根植於曾天從的思想中,筆者將稱其為「真理論的差異」。這樣來看的話,「認識」如果是「真理認識」的話,那麼我們在認識與真理之間,就必須承認一種很獨特的「不相關的相關」。也就是說在筆者看來,「不相關的相關」並不能排除任何意義下的「相關」。相關主義的思考方式,在胡塞爾是明白的,而即使是海德格在

---

[28] 「從嚴密的純粹經驗的立場來看,經驗並不局限於時間、空間與個人等等的形式,這些差別反而是透過超越這些差別的直覺而產生的。」西田幾多郎著,黃文宏譯注,《善的研究》(新竹:國立清華大學出版社,2019),頁91。

以「超越論的構想力」作為感性與知性的「未知而共同的根」的時候，他也仍然將其理解為一種「自發的受容性」（spontane Rezeptivität）。現象學並不在思惟（自發）與感覺（受容）之間作出二分，並不認為只有「感覺（直覺）」或只有「思惟」才能獲得真理，在這裡沒有主動與被動，感覺與思惟的二分，而毋寧就如西田幾多郎所說，「直覺就是直接的判斷」。[29] 這裡的「直覺」是一種感覺，但並不是康德意義下的感覺。同樣地，現象學並沒有放棄作為純粹感性的本質的「受容性」，而是從更根源的地方，解明了「純粹感性」是一種「自發的受容性」、「純粹知性」是一種「受容的自發性」的事實，換句話說，作為感性與知性的共同的「根」，勢必要越出受容性與自發性的對立，因而如何不偏於一方，而遺忘另一方，或許才是我們應該要解明的東西。

這一點我們也可以從梅亞蘇的想法來看，梅亞蘇自稱為「思辯實在論」，可以視為是試圖以「思辯的方式」來解明這種不在相關性當中的「實在」，而這裡的「實在」，用康德哲學的措詞來說就是「物自體」。倘若我們從這個角度來看的話，思辯實在論也是一種實在論，它只是「以思辯的方式」來說明實在，或者更恰當地說，是以思辯的方式來通向實在。在筆者看來，人作為一個形上學的動物，無法滿足於虛幻的世界，也不能滿足現實世界，就其存在而言，必然指向形上之物，而形上之物之為形上之物，偏偏就其自身而言，就無法以對象的方式，落入相關性的認識當中。換句話說，我們也可以這樣來想，某種不能對象相關的東西，總是如影隨形地伴隨著對象相關的東西而出現在感覺中（曾天從所謂的「感動」），在與主觀相關的東西當中，還有某種不落入相關關係的東西參與其中。而曾天從的真理論，就是在相關與不相關之間尋找第三條路，乃至有「無關的關係」或「特異的無關的關係」（特異な無關の關係）這樣的措詞。[30] 如果我們以相關之物為

---

29 西田幾多郎著，黃文宏譯注，《善的研究》，頁 102。
30 曾天從，《真理原理論──純粹現實學序說》，頁 120-121。

有，不相關之物為無的話，那麼曾天從在這裡所牽涉到的是一種「無而有」或「有而無」的上升與下降，前者是「下降之道」（katalogos），後者是「上升之道」（analogos），就其對哲學的貢獻來說，可以說是回歸邏各斯的本然意義，並將其具體地展開。這整個解明的工作，本書只是初步性的，哲學的理解本來就有很多可能性，只是這個可能性並不是模態的可能性，它並不是單純地關連著知性的東西，而是現實的可能性，這是逐步理解所獲得的結果。各個可能意義的展開，因為是跟著論文主題而來，筆者就將其表明在各章的最後並用「結語」來表示。

就曾天從的想法來說，這裡會牽涉到什麼叫做「邏輯（道）」（λόγος）。西田幾多郎在晚年的時候，有一篇名為〈關於我的邏輯〉的短文，這是他在臨終之際，仍然奮力寫下的東西，也可以說是他未完成的「絕筆」，在這裡西田仍然致力於解釋他所謂的「場所邏輯」為何。在筆者看來，上下文只要稍微更改一下，我們也可以這樣來了解他的意思。也就是說，倘若我們從亞里斯多德的角度來看，康德的邏輯不叫邏輯，因為在亞里斯多德看來，邏輯不牽涉經驗，只是思惟的形式原則，然而康德的邏輯是先驗邏輯，是先於經驗而作用於經驗的邏輯，因而只有從康德的角度來看，亞里斯多德的邏輯與康德的邏輯才能都是邏輯。同樣的，從康德的角度來看，黑格爾的邏輯也不是邏輯，因為它是辯證法的邏輯，涉及發展而且容許矛盾，只有從黑格爾的角度來看，亞里斯多德、康德與黑格爾這三種邏輯才能都是邏輯。同樣的，場所邏輯也是如此，我們只有從「場所邏輯」的角度來看，亞里斯多德、康德與黑格爾才能都是邏輯。那這樣的話，究竟什麼叫做「場所邏輯」？於是西田說，「所謂的邏輯就是我們思想的方式。要解明邏輯是什麼，這必須只能通過我們的思惟的本質。」[31] 也就是說，邏輯並不被

---

31 「論理と云ふのは我々の思惟の方式である。論理とは如何なるものなるかを明にするには我々の思惟の本質からでなければなららい。」該文完成於 1945 年，收於《西田

亞里斯多德、康德、黑格爾所決定，也不終結於西田幾多郎。因為它就是我們的思惟的方式，只有在我們自覺我們自己的思惟的本質、了解「自己的邏輯」的時候，才能夠了解什麼叫「邏輯」？比較弔詭的地方在於，唯有在這個時候，我們才能真正了解什麼叫「場所邏輯」，它不外是日本人的思考方式的表現，然而要知道這一點，唯有通過我們自己的邏輯，或許哲學就是如此，忘記自己的思考方式，就跟忘記自己是誰一樣，在顛倒的世界中，無法形成道理、秩序（κόσμος），也無法擁有理解。

　　但是什麼叫做我們的邏輯？什麼叫做我們的思考方式？它是當我們這樣來想的時候，就自然而然地會得到那樣的東西的理路。這原本就是我們要在思考中去發現、甚至去獲得的東西，但是可以肯定的是，它不是給我們執著用的，因為大概沒有人能夠說，我們必須這樣來思想、這樣來理論才是臺灣哲學。在本書中，筆者所進行的工作，不外是通過曾天從的「特異的無關的關係」來解明自己所關心的問題，也是設法理解自己的邏輯是什麼。相關性的基本意義是對象相關，如果將無法對象相關、或者不能完全對象相關的東西，也納入相關性的研究中的話，那麼這個時候，在語言的表達上，勢必遭遇到東方式的詭譎的說法、非分別說等等，這個架構表現出了東方思想的東方性。而日治時期的臺灣哲學與港臺的新儒家，在思想上分別接近於馬堡學派與西南學派這兩個新康德哲學的傳統，並且各自以不同的思惟形式，來解決康德的物自體的問題。我們可以看到這是「永恆哲學」的問題，也可以視為是對「相關性研究」的一個擴張，是對現象學的貢獻，而曾天從的「特異的無關的關係」，或許在這裡可以扮演一個重要的角色。

　　本書雖然是為自己的論文改寫成書而寫，在時間上正逢李明輝老師榮退與七十大壽，在中國廣州中山大學舉辦研討會。於是趁此機會，借用海德格的獻詞來表達自己內心的感激。「報答老師最好的辦法，就是不讓自己一直

幾多郎全集》，第 10 卷（東京：岩波書店，2004），頁 432。

只是個學生。」（Man vergilt es seinen Lehrer schlecht, wenn man immer nur der Schüler bleibt.）。[32] 這是海德格在芬克六十歲生日前夕的慶祝會上，獻給芬克的祝詞。芬克是胡塞爾的學生，也是海德格的學生，但是也開創了自己的哲學。我本身不是研究中國哲學的，也不是康德學者，但是在中央大學哲學所當學生的時候，是李老師忠實的學生，也是他的康德哲學，讓我意識到潛藏於自我中的興趣。「真理將使你們自由」（Die Wahrheit wird euch frei machen.），這是第一次從李老師那裡聽來的，也是李老師讓我在學問面前變得謙虛，他喜歡用「使」，我喜歡用「讓」，或許也標示出了康德與現象學的不同。雖然在現行臺灣哲學的體制中，我屬於現象學、詮釋學、近當代日本哲學、日治時期臺灣哲學，不僅沒有傳承李老師的學問，也沒有遺傳到其專家的基因，反而變成了雜家。從事當代西洋哲學與日本哲學的研究，都背負著沉重的哲學史知識，但是碩士時期從李老師那裡所學到的康德哲學，並沒有因為研究領域的不同，而失去其作用。專家的解答不是唯一的可能，但卻是自由的思考所必須的依據，或許真正的傳承要在批判中才能達成。可以肯定的是，過去從不消失，而是始終長存。想想自己何其幸運，李老師在我學問的生命中扮演了如此重要的角色，將論文集結成書，原本希望在李老師的榮退會議上表示自己的感謝，也是趁此機會，向李老師表明自己仍然是個好學生。但在時機上卻正逢兩岸關係緊張，為避免給大會增添麻煩，就臨時抽換了文稿，少了正文的支持，讓自己的發言不免有點唐突，不過李老師一如往常地接納。在學問上，我一向自由隨性，思想上與新儒家的連結也不那麼明白，但是其「詭譎」與「自我坎陷」的說法，卻始終縈繞，解明其意義，或許是我與新儒家最深的連結，也是本書背後的動機。

---

32 原文出自尼采，轉引自《海德格全集》，第 29/30 卷。Heidegger, *Die Grundbegriffe der Metaphysik. Welt-Endlichkeit-Einsamkeit*, (Frankfurtt am Main: Vittorio Klostermann, 1983), S. 534-542.

引用文獻

西田幾多郎,〈從形上學的立場所看到的東西古代的文化形態〉,收於《西田幾多郎全集》,第 6 卷。東京都,岩波書店,2003。

西田幾多郎,〈關於我的邏輯從〉,收於《西田幾多郎全集》,第 10 卷。東京:岩波書店,2004。

西田幾多郎著,黃文宏譯注,《善的研究》。新竹:國立清華大學出版社,2019。

洪耀勳,《哲學導論對話》。臺北:協志工業叢書,1990。

洪耀勳,《實存哲學論評》。臺北:水牛出版社,1976。

洪耀勳著,黃文宏譯注/導讀,《洪耀勳日文哲學著作集》。新竹:國立清華大學出版社,2020。

洪耀勳著,林暉鈞譯,《洪耀勳文獻選輯》。臺北:國立台灣大學出版社,2019。

胡塞爾著,黃文宏譯注/解說,《大英百科全書草稿》。新竹:國立清華大學出版社,2021。

胡塞爾著,黃文宏譯注,《現象學的觀念》。新竹:國立清華大學出版社,2017。

曾天從,《哲學體系重建論》,上卷。臺北:青文出版社,1981。

曾天從,《真理原理論 ── 純粹現實學序說》。東京:理想社出版部,1937。

曾天從著,黃文宏譯注/解說,《真理原理論──純粹現實學序說》,第一分冊。新竹:國立清華大學出版社,2023。

木村敏,《あいだ》。東京:ちくま学芸文庫,2005。

Heidegger, Martin, *Die Grundbegriffe der Metaphysik. Welt-Endlichkeit-Einsamkeit.* Vittorio Klostermann, Frankfurtt am Main, 1983.

Heidegger, Martin, *Sein und Zeit*, hrsg. von Friedrich-Wilhelm von Herrmann. Frankfurt am Main: Vittorio Klostermann, 1977.

Husserl, Edmund, *Cartesianische Meditationen und Parischer Vorträge*, hrsg. von S. Strasser. 2. Aufl. Photomechanischer Nachdruck. Den Haag, 1973.

Meillassoux, Quentin, *After Finitude: An Essay on the Necessity of Contingency*, trans. by Ray Brassier. London and New York: Continuum, 2011.

Meillassoux, Quentin, *Après la finitude. Essai sur la nécessité de la contingence*. Paris: Editions du Seuil, 2006.

第一章　論洪耀勳的真理論的構想

> 所有的現實，在其根底中都是自我實現的理念（Idee）。而只有對站在追求這樣的理念的自覺的我們人類來說，才可以說存在著理念實現的種種階段與秩序。

壹、問題的提出

「真理論的絕對辯證法」是臺灣日治時期的兩位哲學家——洪耀勳與曾天從——所提出的一個哲學的主張，兩者對此的主要觀點見於洪耀勳（1903-1986）於 1938 年出版的〈存在與真理〉[1]與曾天從（霄容，1910-2007）於 1937 年出版的《真理原理論——純粹現實學序說》（以下簡稱為《真理原理論》）一書。[2] 其中的「真理論」一詞雖然來自喬治亞共和國的哲學家努出比徹（Schalwa Nuzubidse, 1888-1969），但是三位哲學家各自開發出不同的哲學。努出比徹的真理論主要見其兩本以德文出版的書，[3] 其他的哲學著作都是

---

[1] 洪耀勳，〈存在與真理——努出比徹的真理論的一個考察〉（〈存在と真理—ヌツビッゼの真理論の一攷察〉），《哲學科研究年報》第五輯，1938 年（昭和 13 年）9 月號，頁 193-337。中譯收於洪耀勳著，黃文宏譯注 / 導讀，《洪耀勳日文哲學著作集》（新竹：國立清華大學出版社，2020），頁 196-377。以下引用皆出自中譯本。

[2] 曾天從，《真理原理論——純粹現實學序說》（東京：理想社出版部，1937）。

[3] Schalwa Nuzubidse, *Wahrheit und Erkenntnisstruktur. Erste Einleitung in den Aletheiologischen Realismus* (Berlin und Leipzig: De Gruyter, 1926).（《真理與認識的構造——真理論的實在論的第一導論》）; *Philosophie und Weisheit. Spezielle Einleitung in die Aletheiologie* (Berlin: Königsberg, 1931).（《哲學與智慧——真理論的特殊導論》）這兩本德文書，臺大圖書館皆有館藏。關於努出比徹的著作目錄請參閱："Selected Bibliography of Shalva Nutsubidze's Scholarly Works," in *Georgian Christian Thought and Its Cultural Context*.

用俄文或喬治亞文寫成的。關於努出比徹早期的思想重點，我們可以從這兩本德文書，特別是從其中的《真理與認識的構造——真理論的實在論的第一導論》的書名，可以知道「真理論的實在論」是其哲學的基本主張，而包含在其「真理論的實在論」中的「真理論的辯證法」，對我們這兩位遠在臺灣的哲學家有著相當大的影響。然而哲學上的繼承，從來不會是照單全收，兩位臺灣哲學家皆根據自身的想法，對其進行了批判與改造。這個批判與改造是我們要注意的，因為這裡有著「臺灣因素」的介入，臺灣哲學或許也可以在這裡找到一條自我理解的線索。我們在第一章的工作，就集中在洪耀勳在真理論的脈絡下，對努出比徹的辯證法的批判。

我們先注意洪耀勳在其〈存在與真理〉一文結尾的「附記」處的一小段文字：「本論文受到努出比徹的作品，《真理與認識的結構》（*Wahrheit und Erkenntnisstruktur*）（1926）的影響，以及吾友曾天從君的直接與間接的鞭撻影響甚大，在此想要表達我內心深切的感謝。」[4] 從這一段文字，我們可以推測當時洪耀勳與曾天從兩人，曾經多次討論過努出比徹的真理論。洪耀勳的論文於 1938 年 4 月完稿，並於同年 9 月刊登，這個時候曾天從日治時期的代表著作《真理原理論》已於 1937 年出版，其「純粹現實學」的基本構圖已然建立，而在該書中，我們也可以明顯地看到他對努出比徹的批判，其批判集中在努出比徹對真理自體的了解。反之，洪耀勳在其 1938 年的〈存在與真理——努出比徹真理論的一個考察〉當中，雖然並沒有明白地陳述其自身哲學的企圖，也沒有討論曾天從所獨創的「擬而真理自體」的問題，只是作為一個哲學的研究者，在闡釋中轉化努出比徹的真理論，並且在論文的最後提到了其「真理論的絕對辯證法」可以作為「純粹現實學」的「前提」。[5] 如我

Memorial Volume for the 125th Anniversary of Shalva Nutsubidze (1888-1969), ed. by T. Nutsubidze, Cornelia B. Horn, and Basil Lourié (Leiden: Brill, 2014), pp. 3-10.

4 　洪耀勳著，黃文宏譯注/導讀，《洪耀勳日文哲學著作集》，頁 377。

5 　「這麼一來，以形相學或者是理念學為究極目標的作為純粹現實學的哲學，就應該以這

們所知,就完成時間的先後來看,「純粹現實學的體系」的提出應歸屬於曾天從,在這個意義下,或許我們也可以將這篇論文視為是間接地對曾天從的哲學計畫的反省與補強,也可以視為是洪耀勳自己所構思的「純粹現實學」的「預備學」。因為在哲學的關心上,洪耀勳與曾天從仍然是不同的,這一點可以從兩位哲學家對「Existenz」一詞的不同理解看出來。洪耀勳傾向於沿著海德格的想法,將其理解成「實存」,而曾天從則站在康德學派的立場上,將其理解為「現實存在」。[6] 無論如何,兩人在哲學上的關係、洪耀勳的哲學企圖都還有待釐清,仍然在等待一位能將其思想展開的柏拉圖出現。但是可以肯定的是:努出比徹的真理論在這兩位臺灣哲學家的思考中,都扮演了一個舉足輕重的角色。努出比徹這位對當時西方的歐陸、東方的日本學界與中國學界幾乎完全陌生的哲學家,卻是由當時遠離日本本土的南方的兩位臺灣的哲學家,在各自建立或探索自身的哲學體系的時候,作為思想上的主要依據來對待,這可以說是哲學史上一個甚為獨特的事件。

擱置兩者關心的不同,在日治時期的真理論問題上,曾天從與洪耀勳這兩位哲學家原則上可以歸為同一個方向,兩人在論述上皆跟隨著努出比徹的思路,從反省德奧哲學的傳統(波扎諾、拉斯克、胡塞爾……)著手,以尋找一條足以表達自身哲學的道路。但是兩人的進路仍然不同,可以肯定的是,曾天從指向一個純粹現實學的體系的完成,而洪耀勳的哲學仍然處於構想的階段。在本章中,筆者獨立地來探討洪耀勳的構想,看他如何繼承努出

雙重本質的真理存在自體為原理的前提。再者,這個真理存在自體的靜的側面與動的側面的辯證法的轉換的理法的路徑,就是我們所謂的真理論的絕對辯證法。此外,哲學的現實性的問題,則是顯現在隨著這個辯證法的運動的真理存在自體的哲學的絕對主觀當中,這唯有透過超越所有立場性而且又將其包含在內的理觀(*theoria*)才得以獲得釐清,這是我們目前為止所解明的部分。但是因為我對於以理觀跟行為的主體的關係為中心的『形的邏輯學』的問題幾乎沒有接觸過,所以打算改日在其他論稿中來討論這些問題。」洪耀勳著,黃文宏譯注 / 導讀,《洪耀勳日文哲學著作集》,頁 375-337。

6 請參閱洪耀勳著,黃文宏譯注 / 導讀,《洪耀勳日文哲學著作集》,頁 14-16。

比徹的想法,將其轉化為一種「真理論的絕對辯證法」,此外也是作為一個真理論的共同的思索者,目標在解明真理論的領域。[7]

貳、真理自體的存在的事實性

首先洪耀勳跟隨著努出比徹,認為哲學開始於對「存在」的思考,然而要正確地思考這個問題,我們必須區別開「認識論的哲學」以及「實在論的哲學」。前者將「存在」問題置於「對我們來說」(für uns)的這個側面來思考,努出比徹所謂的「對我們來說」是指「顯現」,它的特徵在於其整個研究的領域並沒有越出意識的範圍,或者說它「單純地只在人類的、意識的主觀當中」來解明「存在」。這種哲學包括「心理主義」以及將一切存在純粹化為先驗意識的「先驗哲學」(例如、新康德學派與胡塞爾的超越論的現象學)。在這裡胡塞爾的「transzendentale Phänomenologie」一詞中的「transzendentale」,究竟要譯成「先驗的」,還要譯成「超越論的」這一點其實是解釋觀點不同的結果。筆者是根據胡塞爾所討論的「超越論的問題」,選擇了比較中性的「超越論的」一詞,但是努出比徹的這個批評,或洪耀勳的這個譯法(曾天從也一樣)仍然有效,因為胡塞爾的存而不論所擱置的東西,是所有無法出現於「相關關係」(Korrelation)中的「自體存在」。[8] 這一點倘若用曾天從的措詞來說,「存而不論」其實是將所有的「意識外存在」存而不論,然而保留了「相關關係」或「意識內存在」中的「對象」,如果我們以「在意識內部所能接觸到的東西」為「意識內存在」的

---

7 關於努出比徹的「真理論的實在論」的基本看法,請參閱 Tengiz Iremadze, *Der Aletheiologische Realismus. Schalwa Nuzubidze und seine neuen Denkansätze* (Tbilissi: Nekeri, 2008).
8 請參閱胡塞爾著,黃文宏譯注,《現象學的觀念》的〈譯注者導讀〉。

話，那麼胡塞爾所能討論的對象，就只能是「內在超越的對象」，這一點讀者可以本書的第四章中，看到進一步的討論。

另一方面，實在論的哲學或存在論的哲學則「只是抽象地在存在者或是存在性的領域來探究的實在論的哲學」。[9] 換言之，努出比徹所批判的實在論是素樸地以「存在（之物）」或「存在性」為實在的哲學。在筆者看來，這裡的「存在」是廣泛性地說，指的是素樸實在論的實在，它可能是帶有某種特殊規定性的存在之物（例如泰利斯的「水」），或者是在根本上無任何規定性的存在之物（例如那克西曼德（Anaximander）的「無限定者」（ἄπειρον））。比較重要的是努出比徹的目的，在藉由「真理自體」來超越這兩種哲學（他稱之為「認識論的哲學」與「存在論的哲學」），並提出一種「真理論的實在論」或「真理論的辯證法」的構想。也就是說，在努出比徹的想法裡面當中，他所面對的是以討論「本質」為主的認識論哲學，與以討論「存在」為主的存在論哲學（實在論哲學），並試圖超越對立的雙方。我們以下就會看到，就洪耀勳來看，努出比徹的辯證法所提供的方法，雖然可以視為是一種「相即的辯證法」，但是努出比徹的思考仍然不夠徹底，進一步將其徹底化就會走向洪耀勳所主張的「真理論的絕對辯證法」。在這個意義下，我們也可以用「真正的相即的辯證法」來稱呼洪耀勳的辯證法。當然，努出比徹的辯證法在什麼意義下不夠徹底？洪耀勳修正了哪些概念？引進了哪些新的概念？真理論的絕對辯證法應該具有什麼樣的型態？這些都是值得探討的問題，不過在這之前，我們要先看看洪耀勳如何來理解或詮釋努出比徹的真理論的辯證法。

首先洪耀勳注意到了一種哲學與哲學思考本身的兩難。哲學是以追究真理為目標而產生的純粹知識的學問，而且哲學不能離開哲學思考。在哲學論究的開始，我們往往會詢問哲學是什麼？但是規定哲學是什麼的究極原

---

[9] 洪耀勳著，黃文宏譯注 / 導讀，《洪耀勳日文哲學著作集》，頁 198-201。

理，卻只能在哲學論究的最後行程中才能夠達到。而在這裡其實暗示著，哲學的發問與其解答之間潛伏著的某種共通的根據，這個規定哲學的原理在「存在上」必須先在，但是在「認識上」則只能是在哲學論究的最終結局才能達到。也就是說，在筆者看來，首先「有存在」（存在がある），這是「有無」的問題，還不牽涉到這個「有」的「是什麼」，我們對它是「無知的」或「未知的」，有無的問題先於本質的問題，而哲學思索就開始於「有」這個存在的事實。由於哲學思索的開始與終結是同一的，哲學是在這個「同一的事實」之上成立的緣故，可以說這個「同一的事實」構成了哲學的基本原理。也就是說，在哲學上應該「規定哲學為何的究極原理，卻唯有在通過哲學論究的全部行程、而且在其終點才能夠到達的、才能夠完結地解決。」[10]也就是說，對哲學的探索者來說，對真理自體的無知與已知必須共在，才能開始其哲學思索，這也同時意謂著哲學的一開始就必定會陷入「無知」與「已知」共在的「兩難」，而這種對「無知」的把握（已知）表示了一種「無知之知」。「如此一來，這顯示出了一個**根本的事實**，即應該要被疑問的存在者之所以能夠被疑問，是因為它已然是作為在某個型態下我們所感知的東西而存在。」[11]如果「有」的問題是先在的，那麼這也就是說，懷疑之為懷疑並不是無的放矢，懷疑源自於「有」，並且要在認識上肯定這個「有」，這必須建立在一種「感知」或「感覺」上，問題是這樣的感知是什麼樣的感知？到底「感知到」什麼？

在哲學的開端必須有一種「感知」，洪耀勳跟隨努出比徹的看法，認為

---

10 洪耀勳的日文措詞為「未知之知」。洪耀勳著，黃文宏譯注/導讀，《洪耀勳日文哲學著作集》，頁202-205。努出比徹在其《真理與認識的結構》（*Wahrheit und Erkenntnisstruktur*）一書中，是沿著蘇格拉底的「無知之知」來談哲學的開端，其德文措詞為「Das Wissen des Nicht-Wissens」。Nuzubidse, *Wahrheit und Erkenntnisstruktur*, S. 15-18。

11 洪耀勳著，黃文宏譯注/導讀，《洪耀勳日文哲學著作集》，頁207。

這一點是笛卡兒哲學的貢獻。因為笛卡兒在其懷疑的方法論中認識到了一個事實，即不論透過什麼方法來進行懷疑，都必然地需要預設某個東西的存在的事實性，也就是說，懷疑必須建立在某種確定性之上，在任何哲學研究的開端都「必然有東西存在」的這種確定性，如我們所知，由於笛卡兒的意識的確定性是透過普遍的懷疑而獲得的，所以這種「確定性」並不是胡塞爾所謂的意識的「確然性」（Apodiktizität），我們可以暫且稱之為「真理論的確定性」，這是一種事實的確定性。也就是說，「懷疑」本身其實預設了真理自體的存在，或者反過來說，基於真理自體存在的事實的確定性我們才能進行懷疑，而笛卡兒並沒有解明這個無可懷疑的存在的事實性。我們知道，笛卡兒在其「我思故我在」的我思命題中，所獲得的是一種超越了判斷的真偽的「純粹事實性本身」，並且將它訴諸於「自然之光」（*lumen naturale*）。

　　洪耀勳批評笛卡兒訴諸於自然之光後，就不再思考這個由自然之光所給予的明晰性的來源，因為「判斷的來源」不能來自於「判斷」，而必須是某種「存在於邏輯的對立性的彼岸的東西」。[12] 也就是說，在洪耀勳跟隨著努出比徹的看法，認為自然之光其實指示著某種完全不同於邏輯的對立性的「前邏輯之物」，並且這條「通向存在於真正─謬誤的前邏輯之物的道路，應該是被這個自然之光所指導的」。[13]「自然之光」或「自然的光照」是西方哲學自中世紀以來常用的隱喻，這或許與柏拉圖的洞穴喻有關，如果將它對比於「信仰之光」（*lumen fidei*）的話，那麼它所表示的「理性所直觀的真理」或者「理性所揭示的真理」。對本文比較重要的地方在於，它是「先於判斷的直觀」。在筆者看來也可以理解為一種「真理的揭示（揭諦）」，自然之光所揭示的真理，並不是源自於推論，而是直觀，是「對事實的直觀」。由於自然之光先於判斷而被給與，所以它是判斷的前提，它

---

12 洪耀勳著，黃文宏譯注／導讀，《洪耀勳日文哲學著作集》，頁240-241。
13 洪耀勳著，黃文宏譯注／導讀，《洪耀勳日文哲學著作集》，頁240-241。

所給與的「知」不是判斷的知,而是作為判斷的前提的「先行知」。換言之,真正的問題不在「判斷的明晰性」,而在自然之光所光照出來的「純粹的事實性」。「因而在判斷中,讓被言表的認知成為可能的,換句話說,給予判斷以制約的先行知或自然理性,絕對不是在判斷中被給與的,而應該是作為判斷的前提的基礎的東西。」[14] 對於這種先於判斷的「知」或「自然之光」的觀照,洪耀勳依循著努出比徹的想法,將其理解為一種「理觀」（θεωρία）。如此一來,「真理論的理觀」不是現象學的「本質直觀」,它先於本質直觀而被給與,而在其中所直觀到的是「真理論事物的統一性」,在努出比徹看來,這正是主導真理存在界的兩個真理原理論的契機,也就是「斯有與進展」這兩個真理原理。誠如洪耀勳所說,努出比徹的真理論的立場「並不單單意指著亞里斯多德意義下的對存在的斯有的締觀、它還要將存在的進展存在也一併地予以理觀」。[15]

這樣來看的話,哲學思索可以視為是對「真理自體的存在的事實性」的一個回應。如果我們接受這個看法的話,我們可以說,哲學所追求的真理自體,在某種程度上必須已然顯明,我們的認識活動受到真理自體的感動所引發,然而在意識的層面上,我們對它是無知的。換句話說,客觀地來看,真理自體已然以不顯明的方式告知了自身的存在,主觀地來看,我們必須已然這種擁有無知之知的事實。由於無知之知,哲學的知才能開始,由於無方向的方向,哲學的方向才能確立,而在洪耀勳看來,這個讓我們得以直觀到真理自體的存在的直覺就是「理觀」。換言之,哲學論究是真理自體所觸動,然而這個觸動哲學論究的真理自體,「在哲學的主觀的叡智性中還沒有作為清晰與明辨的本具觀念而被顯現」,除了有這個事實存在之外,我們別

---

14 洪耀勳著,黃文宏譯注/導讀,《洪耀勳日文哲學著作集》,頁 243。
15 洪耀勳著,黃文宏譯注/導讀,《洪耀勳日文哲學著作集》,頁 294-295、318-319。

無所知。[16] 洪耀勳在這裡認同努出比徹的看法，認為哲學論究的根本問題，應該問向引發哲學論究的動力的來源，也就是問向「真理為何」的問題。所以在他看來，「哲學的本質」就是「真理的本質」，因而就如同哲學的本具觀念是作為「哲學的理念」而顯現一樣，真理自體的本具觀念則是以「真理理念」的方式而顯現，因而「真理理念」可以說是真理論的論究的前提。[17] 這樣來看的話，哲學的開端必須指向真理自體，而哲學的理念的解明，終究是真理理念的解明，而哲學探究的首要問題，就在於真理自體所顯現出來的姿態，哲學家的事業就在於對這些在歷史上所出現的真理的姿態進行「純化」。於是接下來，洪耀勳跟隨著努出比徹進行了一長串的哲學史的解構，反省哲學史上所發生過的純化工作。他分別討論了波扎諾的真理自體、拉斯克的超對立的對象、胡塞爾的先驗觀念論，也對努出比徹的真理論進行了批判的工作。[18] 我們在這裡，僅將討論的重點集中於洪耀勳對努出比徹的承接與批判，試著藉此來解明洪耀勳哲學的意圖。

參、努出比徹的前邏輯之物或超邏輯之物

洪耀勳對西方哲學的解構工作，基本上是沿著努出比徹的思路來進行。首先他接受努出比徹的區分，認為哲學的探求必須與各種形式的人類學的研究區別開。然而這並不意謂著我們應該在「超人類」或「外於人類」的領域中來追求，因為這樣的想法也是沿著人類中心主義所建構出來的想法，這種意義下的超人類中心主義，嚴格說來也是另一種形式的人類中心主義。因而

---

16 洪耀勳著，黃文宏譯注／導讀，《洪耀勳日文哲學著作集》，頁 206-207。
17 洪耀勳著，黃文宏譯注／導讀，《洪耀勳日文哲學著作集》，頁 208-209。
18 洪耀勳在這一部分的討論，主要是沿著努出比徹的思路並對其展開批判，其相關的部分，也可以在曾天從的《超現實存在論——形上學基礎論》的第二部「邏輯論」（臺北：青文出版社，1974）一書的頁 565 以下，找到類似的看法。

努出比徹所站立於其上的立場，既不是內在於人類，也不是外在於人類，而是在超越人類與非人類的對立之外的所謂的「超對立」的立場。而其對哲學史的解構的線索，就原則上來看，就在於是不是能夠進入真理自體所具有的與人類認識活動無關的（或者更恰當地說「與人類的認識活動相即的」）「超對立性」的領域。

他批評新康德學派對康德哲學採取一種先驗觀念論式的解讀，將關心的重點置於人類認識的可能性條件，遺忘了經驗的解明，需要將「先驗之物」與「超絕之物」（物自體）皆納入考慮才行。如我們所知，前者形成「認識論」，後者形成「對象論」，而「兩者的深刻的統一的根據」沒有受到應有的重視，因而先驗觀念論式的解讀並不能真正顯示康德哲學的真正態度。[19] 如我們所知，認識論問向「先驗主觀性」，而對象論則指向「超絕之物」。而在努出比徹看來，「先驗之物」不僅指示著「超絕之物」，還必須以之為根底。於是對真理論來說，問題的重心就應集中於「超絕之物」的究明，而且要將它置於超對立的領域中來解明。沿著同樣的想法，先驗現象學時期的胡塞爾也採取了同樣的思路，以「先驗意識」或「純粹意識」為主題，將哲學的根本問題置於思惟的主觀機能的探討上。在努出比徹看來，這仍然是停留在「思惟的主觀領域」，不論胡塞爾如何純粹化我們的意識，只要思惟的重點在主觀性，他所能把握到的對象，就只能是作為與思惟的主觀對立的對象，而在努出比徹看來，這同樣也無法脫離人類中心主義的框架。[20] 然而如我們所知，如此的與主觀對立的對象，或者更恰當地說，如此的與主觀相關的客觀，仍然是一種意識內存在，這是將超絕的存在還原為內在之物，將「意識外存在」往「意識內存在」來還原的結果。就真理論來看，這仍然是

---

19 「康德哲學中，經驗一方面是奠基於先驗之物，另一方面則要將作為經驗的彼岸的超絕之物，也就是說要將物自身也置於考慮中才能夠受到規定。」洪耀勳著，黃文宏譯注/導讀，《洪耀勳日文哲學著作集》，頁218-219。

20 洪耀勳著，黃文宏譯注/導讀，《洪耀勳日文哲學著作集》，頁218-221。

一種人類中心主義,也是任何先驗哲學所必然招致的結果。相對於觀念論往主觀性方向的純化,努出比徹主張一種往客觀性方向的純化,它所指向的目標並不是邏輯學意義下的根源(也就是認識論的根柢),而是「存在的根柢」,也就是超對立的「真理自體」,努出比徹就是站在這種實在論的方向來建構自己的哲學的,[21] 我們看看他如何來進行這個工作。

首先努出比徹認為要達到超對立的真理自體,我們必須跟隨著蘇格拉底的腳步,將哲學的開端置於「無知之知」,而這意謂著,在獲得真正的知識之前,所有的「知」都要被犧牲掉。例如柏拉圖就認為朝向真理的途徑,必須透過對人類的原則的拒絕,亦即唯有透過心靈的潔淨,真理才得以開啟的,朝向真理就意謂著必須斷絕人類的因素,而柏拉圖、亞里斯多德都是這麼來進行他們的工作。這一點在筆者看來,這所謂的「斷絕人類的因素」,並不是說人就不再是人,而是要在人類的「知」中拔除人類因素。也就是說,「在一個知識被交付為止,許多的知要被犧牲掉,所以無知之知其實是以許多的知為前提」。[22] 也就是說,在古代哲學的想法中,我們必須在超越了一切人類的「真理認識」的領域中來追求「真理自體」,例如蘇格拉底的「無知之知」,就是在對「知」的否定中所獲得的「無知」,在這裡「知」是前提,他並不是由「知」去推知「真理」,而是透過「知的否定」來獲得真理。努出比徹在這裡,將這個要被否定的知,理解為「人類的知」。這導致古代的柏拉圖與亞里斯多德的超越論,都認為要通向真理就必須拒絕人類之物,藉此而確定出一個超越的領域,來解明真理的普遍性。於是問題就在於這種從人類的現實中獨立出來的「前認識的認識原理的是什麼」(Was)。真理在這種意義下,是某種超越之物,要把握它只能從人類的現實中超脫出來,於是在古代哲學中,脫離人類就是接近於真理。也就

---

21 洪耀勳著,黃文宏譯注/導讀,《洪耀勳日文哲學著作集》,頁224-225。
22 洪耀勳著,黃文宏譯注/導讀,《洪耀勳日文哲學著作集》,頁220-221。

是說，真理雖然不在彼岸，但卻是獨立於人類認識的東西，並且作為「先於認識」的認識的原理而被討論。而在努出比徹看來，這樣的提問方式在康德或新康德學派的觀念論的解讀之下受到了扭曲，觀念論的方向所關心的，嚴格說來，並不是真理的存在，其所關心的「如何」（Wie）的問題，其實是對「認識的先驗條件」的探討，這嚴格說來，只是「真理的認識方法」而已。[23]

相對於此，努出比徹採取了一種實在論的態度，認為哲學的出發點必須來自於超越對立的自體存在。然而不同於十九、二十世紀的實在論者，在面對觀念論的挑戰的時候，往往採取邏輯或數學的進路（例如波扎諾與拉斯克），努出比徹認為往真理自體的純化的之路不能以「邏輯」為前提。因為當純化的工作，在邏輯之物的考慮之下而進行的時候，這樣的工作仍然不能夠脫離邏輯的形式與規範，仍然要歸屬於傳統的邏輯主義。[24] 因而努出比徹的「純化」過程不預設邏輯，而是以指向邏輯也無法達到的根源為目的。在他看來，以邏輯為前提，就無法脫離邏輯，無法進入連純粹邏輯學也無法達到的「前邏輯之物」（Vor-Logisches）或「超邏輯之物」（Meta-Logisches oder Über-Logisches）。這是因為哲學體系作為一種合理的存在，它其實預設了前邏輯之物。「要談論邏輯之物，就不得不以前邏輯之物為其根本的預設。」[25] 在這個意義之下，洪耀勳跟隨著努出比徹的腳步批判了康德、費希特、黑格爾的哲學，並且贊同努出比徹的看法，認為純化的方法要進入哲學論究的開端，必須指向「前邏輯之物」或「超邏輯之物」。換句話說，這意

---

23 洪耀勳著，黃文宏譯注 / 導讀，《洪耀勳日文哲學著作集》，頁 222-226。
24 洪耀勳著，黃文宏譯注 / 導讀，《洪耀勳日文哲學著作集》，頁 224-225。
25 「前邏輯之物並不意謂著是作為邏輯之物的否定的非邏輯之物（Nicht-Logisches），而是意謂著透過邏輯之物的肯定、否定關係都無法到達的、存在於邏輯的秩序之外的東西。在這個意義下，它應該可以說是超邏輯之物（Meta-Logisches oder Über-Logisches）。」洪耀勳著，黃文宏譯注 / 導讀，《洪耀勳日文哲學著作集》，頁 226-227。

味著哲學論究的開端，不僅「源自於」前邏輯之物並且又「指向」前邏輯之物。

在西方的哲學史上，一方面思考哲學的開端，一方面又類似一種實在論立場的哲學，有波扎諾的「真理自體」與拉斯克所主張的「超對立的對象」。然而在努出比徹看來，波扎諾的真理自體雖然脫離了主觀，但是它仍然不是超對立的，真理自體所擁有的「超對立性」與「無內容性」並沒有被確立。而拉斯克的對象自體雖然屬於超對立的領域，但是仍然無法脫離邏輯的概念。洪耀勳在這裡認同努出比徹的看法，認為波扎諾與拉斯克，都沒有真正地思考到真理自體的「超對立性」與「無內容性」，兩人仍然沒有辦法脫離對立的領域。換句話說，洪耀勳跟隨著努出比徹的看法，認為真正的超對立之物，必須是一種「前邏輯之物」，而這是以邏輯為媒介所無法達到的根源。

在努出比徹看來，「邏輯之物雖然是合理的，但前邏輯之物並不直接地就是非合理的」，[26]也就是說，前邏輯之物並不是作為「合理的否定」的「非合理」。「合理」與「非合理」作為一組對立的概念，仍然屬於對象邏輯的範圍，並沒有脫離邏輯的肯定與否定的關係。「前邏輯之物」並不是作為邏輯之物的否定的「非邏輯之物」（Nicht-Logisches），它並沒有預設邏輯，而是根本沒有辦法透過邏輯之物的肯定、否定關係而達到的存在於邏輯的秩序以外的東西，也就是說，「前邏輯之物」根本不內存於邏輯的領域。這樣來看的時候，「前邏輯之物」也不與「邏輯之物」處於邏輯的對立關係中，它表示的毋寧是對邏輯關係的完全超越。努出比徹認為在這裡，前邏輯的「前」一方面表示「先行於」邏輯，是無法透過邏輯來討論的，一方面也表示出「邏輯的基盤的缺損」。在努出比徹看來，這意謂著前邏輯之物不僅「不適用」或「無關於」邏輯的關係，尚且倘若「邏輯之物」缺少「前邏輯

---

26 洪耀勳著，黃文宏譯注／導讀，《洪耀勳日文哲學著作集》，頁 226-227。

之物」，那麼就會喪失其存在與成立的地盤，而不得不結束在單純抽象的形式當中。[27] 也就是說，兩者分屬於兩個不同的領域，前邏輯之物並不是邏輯之物在邏輯上的前提，但卻是邏輯之物得以產生與成立的條件或根源，而這同時也表示了前邏輯之物無法透過任何邏輯的推論、演繹與法則的論證而獲得。在努出比徹看來，對於這樣的作為邏輯的開端的「超邏輯之物」或「前邏輯之物」，我們只能在真理論的意義下來理解。在這裡我們可以得到努出比徹的「真理自體」或「前邏輯之物」的一個主要特徵：它不是透過對邏輯之物的否定而來的結果，也不是邏輯之物在邏輯上的限制性，而是「無法用邏輯的關係來說明的、對邏輯之物的一種無關性（Gleichgültigkeit）的突顯」。[28] 在這裡與邏輯之物的「無關性」就成為真理自體的一個主要特徵。

再者，除了超對立性、無關性之外，由於屬於邏輯領域的概念，例如判斷、推論與範疇等等，都具有肯定或否定的性質，因而始終處於對立性之中，然而前邏輯之物則是獨立於這些具對立性的東西，而擁有「無對立性」、「超對立性」並且擁有其自身的「自體存在性」。如我們所知，無對立性或超對立性的「無」或「超」並不是相對於對立而說的，也就是說，它其實並不是外於對立的另外一個東西。這樣的話，這個作為「前邏輯之物」或「超邏輯之物」的真理自體與「邏輯之物」的關係是什麼呢？而如我們所知，這是一種「無關性」，於是問題就在這種由「前」或「超」所引生出的「無關性」要怎麼樣來了解？

首先如果我們單從努出比徹《真理與認識的結構》一書的名稱來看，其關心的主要問題在於「真理」與「認識結構」間的關係。這裡的真理是指「真理自體」，而認識的結構則是「人類的認識結構」。他的基本的想法在於，認識都是人類的認識，在這裡「人類的」的特殊性，不論是「人的特殊

---

27 洪耀勳著，黃文宏譯注 / 導讀，《洪耀勳日文哲學著作集》，頁 228-229。
28 洪耀勳著，黃文宏譯注 / 導讀，《洪耀勳日文哲學著作集》，頁 228-229。

性」（spezifisch Menschliches）（例如個人、羣體、種族）的特殊結構，或是「人性」（Menschenspezies）這種人的本質性結構，都必然介入人的認識當中。如果我們以人性為「人的本質性」，而人的特殊性是「人的偶性」的話，那麼兩者都必須超越，才能真正超越人類的限制。於是努出比徹的問題就在於，我們有沒有可能越過這些「人類的限制」，而認識「真理自體（本身）」。在努出比徹看來，認識與真理自體的關係，並不是康德先驗哲學中的「形式與質料的關係」，在這裡我們必須注意康德哲學中所謂的「形上學的超絕之物」（das Metaphysisch-Transzendente）與作為先驗意義下的「先驗之物」（das Transzendentale）的不同。努出比徹認為在西洋哲學史上，人們往往在「先驗」這個意義下來談「超絕」。在康德的先驗哲學中，人們所關心的也往往是「形式」對經驗的有效性，因而「先驗的部分」被突顯，「超絕之物」的意義被遮蔽，甚至被掩蓋。而倘若我們沿著先驗之物的進路，透過形式與質料來了解無關性，那麼這樣所理解的無關性並無法解明真理自體的無關係性。因而努出比徹認為我們必須回到作為「超絕」意義下的「超越」來了解這種「無關的關係」。「我們要將對這種邏輯的內在物、內容物來說是完全無關係的超絕之物（das Transzendente），在前邏輯的領域中作為本來之物而舉出，同時必須論究其不存在於內在──超越（Immanenz-Transzendenz）的關係中，然而內在與超越只能在其之中存立的地盤。」[29] 就這一點來看，努出比徹等於表明了自己的哲學立場與胡塞爾先驗哲學（包括胡塞爾的超越論的現象學）的距離，[30] 而將整個思考的重點置於不落入這種「內在─超越」的關係之中，然而又讓這種「內在─超越」的關係在其中得以成立的「超絕之物」的討論。

---

29 洪耀勳著，黃文宏譯注/導讀，《洪耀勳日文哲學著作集》，頁 232-233。
30 在筆者看來，胡塞爾的「超越論的現象學」是建立在對「內在與超越」的重新理解之上。黃文宏，〈從西田哲學來看現象學的「超越」問題〉，《臺大文史哲學報》第 84 期（2016 年 5 月），頁 143-172。

我們知道，康德的先驗邏輯學是以傳統邏輯作為範本而建立起來的，沿著這一點，努出比徹批判了整個新康德學派的主要觀點，並且認為這樣所建立起來的學說，仍然脫離不了形式邏輯的範圍，而且先驗哲學就算進一步地展開為拉斯克的「超對立的對象的邏輯」也難逃相同的命運。因為真正的「超絕之物」、「前邏輯之物」並不屬於肯定與否定的範疇，而是屬於一個與肯定—否定「無關」的超對立的領域。因而超絕之物「對於所有的內容性、對立性、相關性都必須是無內容的、超對立的，無相關的，在其自體中存在的東西。」[31] 對於這一點，我們在以下對努出比徹的辯證法的討論中，可以明白地看到，這個「超絕之物」就是前邏輯之物，並且與邏輯之物處於「無關的關係」中，因而不能從「先驗」，而必須要從「超絕」的角度來理解。「超絕」是一種「超越」，問題在於這是什麼樣的超越。而讀者在以下的討論中，可以明白地看到，這個進路也是洪耀勳與曾天從的進路，但是我們這兩位日治時期的臺灣哲學家，比努出比徹更突顯了真理自體的「超越而內在」或「即在」的性格。

首先如我們先前所說，笛卡兒暗示出了一個不屬於對立的領域的「事實領域」，而努出比徹稱這個「無對立性」或「超對立性」的領域為「真理自體」，它屬於超越了判斷的事實領域。就判斷的領域來看，一個邏輯命題可以是虛偽的或是真實的，但是判斷所判斷的「事實」則與判斷無關，它一定是真實的。在這裡我們要區別開「邏輯的事實」與「真理論的事實」。

這樣來看的話，判斷的邏輯命題是站在對立性的地盤上，而真理論的命題則站在對立性的彼岸，作為對判斷的斯有事實的說明，真理論的命題與判斷的切中（真）與不切中（偽）是「無關的」。在這裡我們可以明白地看到，首先在努出比徹看來，真理自體的自體性不僅止於波扎諾那樣只是「脫離主觀的」，它還是「脫離對立的」東西。再者不同於拉斯克，努出

---

31 洪耀勳著，黃文宏譯注／導讀，《洪耀勳日文哲學著作集》，頁 232-233。

比徹也不將其屬於一種「邏輯概念」，努出比徹的超對立，它不是邏輯上的超對立，而是邏輯的源頭，是從對立的邏輯所無法獲得的超對立。在努出比徹看來，這樣的自體性概念，「是唯有透過與內容諸契機的結合全然無關係的（全然関係を有たざる）、無內容性的以及超對立性的斯有存在性才得以被表明的概念」。[32] 換句話說，在努出比徹看來，相對於邏輯的命題是在內容性當中成立的，真理自體的無內容除了表示「純粹的斯有事實」之外，不擁有任何其他的內容。由於超對立的事實領域與對立的事實領域分屬於不同的次元，因而邏輯的原理不適用於超對立的領域。這樣來看的話，努出比徹的真理自體，除了純粹的事實性之外，不包含任何內容，是以「無內容性」為其特性。在這裡我們知道，努出比徹的真理自體擁有「無關性」（Gleichgültigkeit）、「無內容性」（Inhaltlosigkeit）、「無相關性」（Irrelationalität）與「超對立性」（Übergegenständlichkeit），而這幾個性質努出比徹也用「完結性」（Geschlossenheit）、「單一性」（Einfachheit）與「統一性」（Einheit）來總稱之。[33]

　　在這裡我們可以總結努出比徹的「自體性」概念，它不同於波扎諾的自體性，它是脫離了「真偽對立」的「超對立」，或者更恰當的說，它與真偽無關。但是這種超對立，也不是像拉斯克所理解，是一種邏輯概念上的超對立，因為它無法透過邏輯而獲得，是一種全然與任何邏輯內容契機無關的無內容、無關係之物，因而我們不僅無法將真偽對立的「對立」歸屬於它，也無法將拉斯克所說的「前邏輯之物」的這種「在先的」歸屬於它，它無關於邏輯上的「對立」或「在先的」，也就是說，只能是一個直觀的事實。

---

32 洪耀勳著，黃文宏譯注／導讀，《洪耀勳日文哲學著作集》，頁 292-293。
33 洪耀勳著，黃文宏譯注／導讀，《洪耀勳日文哲學著作集》，頁 292-293。

肆、努出比徹真理論的辯證法與洪耀勳的批判

如我們所知，真理自體不能透過邏輯上的「對立」或「在先的」來解明，既然邏輯不可行，對其解明的唯一方式就是透過「理觀」。理觀是一種直觀，理觀之所對就是真理自體的「統一性」。然而努出比徹認為，「理觀」所直觀的統一性，並不是透過對對立雜多性的超克所獲得的統一性，不是真理內部相關的契機的統一，更不是透過過渡或推論而來的統一，而是完全超越這些相關性的「統一性自體」（Einheit an sich），它是「非相關性的」，而這一點也正如努出比徹所說，「理觀」並不是「現象學的本質直觀」。它並不是直觀到作為相關性的對象的一，不是與「對象」之間的這種「相關性的直觀」，也就是說，真理自體的統一性並不是「對象性的一」，它不是對「對立之物」（Gegensätzliches）的直觀，而是「對超對立之物（Übergegensätzliches）、超雜多之物（Übermannigfaltiges）、是既不包含任何部分、也不包含任何內容的統一性」。[34] 換句話說，努出比徹的理觀是一種無內容的直觀，因為看不到任何內容，因而也無法提供任何方向，如此所理解的理觀是「無指向性的」或「無方向的」。[35] 這一點在筆者看來，努出比徹的「自體性」的「無關係」是源自於真理自體的「無內容性」，其意思是指與「內容完全沒有任何關係」，而如此所了解的「無內容」的這種「內容上的虛無」，它不可能有洪耀勳或曾天從所謂的「內容全般性」，也就不可能有所謂的「無而有」的問題，也因而無法提供任何方向。也就是說，關鍵在於對「無」或「無內容」的理解。在洪耀勳與曾天從的想法當中，真理自體的無內容其實應理解為「內容全般性」或「全般內容性」，而在筆者看來，沒有認識到這一點，就不認識到真正的真理論的辯證法。[36]

---

34 洪耀勳著，黃文宏譯注/導讀，《洪耀勳日文哲學著作集》，頁 294-295。
35 洪耀勳著，黃文宏譯注/導讀，《洪耀勳日文哲學著作集》，頁 320-321。
36 關於真理自體的「全般內容性」問題。請參閱曾天從著，黃文宏譯注/解說，《真理原

再者，在努出比徹看來，真理自體的統一性也不是像柏拉圖的一者（ἕv）那樣，是與「他者」完全解離的「一者」，真理自體在超離世界的同時，又必須「再次交付給世界全體」，也就是說，真理自體的「一」，一方面超離所有的存在者，並且另一方面也必須「與存在之物即在」（am Seienden da ist），在這裡「與存在之物即在」的事實，言表出了真理自體的本質。[37] 在對真理自體的斯有的事實性的理觀中，必須包含著「與存在之物即在」或「一者與他者的相即」的事實。因而洪耀勳認為，努出比徹的真理論，嚴格說來「重要的事情自始自終都在於，要將一者與他者的相即予以鮮明化」。[38] 也就是說，洪耀勳認為努出比徹的「真理論的辯證法」究其實應該是指向一種「相即的辯證法」，而這種「相即的辯證法」指的是真理自體與存在之物的相即，這在洪耀勳看來，努出比徹的思考仍然不夠徹底，導至內部包含著一些困難，這個困難表現在「一者」與「他者」的關係上，這一點是洪耀勳批評的重點，但在進入洪耀勳的批評之前，我們先看一下努出比徹的說法。

努出比徹認為，在一者與他者的關係的討論上，自古以來就有很多哲學家注意到這個問題（例如：柏拉圖、亞里斯多德、普羅丁），然而這些不同的哲學家的共同的謬誤是因為他們皆採取了「一者」與「他者」的對立來作為出發點，想要從此一到彼一，或是從彼一到此一的相互過渡來說明兩者的關係。而這樣的做法，就努出比徹看來，其實都是透過對立，由對立的相互過渡關係，來討論兩者的統一。反之，在他看來我們必須透過根源的、超對立的、無內容的真理自體的概念的原理的確立來獲得。[39]

對於努出比徹的辯證法，我們注意他的三個概念，即「存在」

理論——純粹現實學序說》，第一分冊。
37 洪耀勳著，黃文宏譯注 / 導讀，《洪耀勳日文哲學著作集》，頁 294-295。
38 洪耀勳著，黃文宏譯注 / 導讀，《洪耀勳日文哲學著作集》，頁 296-297。
39 洪耀勳著，黃文宏譯注 / 導讀，《洪耀勳日文哲學著作集》，頁 296-297。

（Sein）、「斯有」（Sosein）、「多於存在」（Mehr-als-Sein）。努出比徹認為在西方哲學的存在的問題中，所處理的對象主要是「存在」，存在在其自身始終是永劫地存在，這是其「斯有」的表示，斯有是一個存在的「是什麼」。然而在努出比徹看來，真理論的「存在」或「真理存在」，擁有兩個重要的契機，即「斯有存在」（Sosein）與「多於存在」（Mehr-als-Sein）。[40] 這裡的「多於存在」是指「多於斯有存在」，「多於斯有」與「斯有」共在，就意味著「斯有的否定」。相互否定之物的共在，形成一個無常或動性的世界。也就是說，在努出比徹看來，任何存在「就其真理而言」，都包含著「斯有」與「多於斯有」這兩個相互否定的契機，在這裡形成一種「辯證法」。不同於一般的辯證法的由此一到彼一，努出比徹認為在存在者當中的斯有與進展存在，是交錯而不可分地糾纏在一起。在這裡的「斯有存在」指的是一個存在者的「如是而非如彼」的存在，它指出了一個存在者的「是如此存在」，它是「與存在之物即在的存在之物的規定性」。但是存在者不是只有斯有存在，在斯有與存在之物的結合當中，存在之物也透過斯有來「朝向成就」（Zustandekommen）。[41] 在筆者看來，這意味著「斯有」是雙義的，它是一個現實存在的現行的是什麼，但是這個現行的「是什麼」，對這個現實的存在來說，其實是一種「理想存在」，就如同人是理性的動物一樣，理性的動物是人的斯有，但是這個現實的人並不一定是理性的存在。現實是理想的一個可能性，所以理想總是比現實還多，斯有與現實存在的結合，在理想與現實之間就會形成「進展存在」。因而，存在不是只有「斯有存在」，它也是「多於存在」（或「進展存在」），也就是說，它始終是「朝向成就」的存在之物。「這個存在之物與斯有的關係就顯示出了真理論

---

40 關於「Mehr-als-Sein」的翻譯，洪耀勳有時使用「より以上の存在」（多於存在），有時用漢字「進展存在」。請參閱洪耀勳著，黃文宏譯注／導讀，《洪耀勳日文哲學著作集》，〈譯注者導讀〉，頁 57-58。

41 洪耀勳著，黃文宏譯注／導讀，《洪耀勳日文哲學著作集》，頁 300-303。

的辯證法」。[42] 這樣來看,「多於存在」與「斯有存在」並不是兩個東西,而是相互滲透的,這形成了真理論的辯證法的基本構造。努出比徹也稱這個在存在當中的「多於存在」的契機為「他在」(Anders-Sein)。這一點就誠如洪耀勳所說,努出比徹的「他在」,所指的並不是更高的階段的另一種存在,或者是應該戰勝的他者的存在,而就是「進展存在」在辯證法中的另一個表達。[43] 換句話說,在努出比徹看來,真理自體在其自身之中,除了自體存在(「自在」),還包含著「他在」,他者並不是外在於真理自體的另一個東西,而就是真理自體的一個構成項,也就是「進展存在」。

我們知道,真理論的存在概念包含兩者重要的概念,即「斯有」與「進展存在」,這兩者之間的關係,構成了「真理自體的辯證法」,將存在者從這兩方面來把握形成了努出比徹真理論的重點。在努出比徹來看,「斯有」與「進展存在」並不是對立的關係,而是相互滲透的,在觀看到一個存在之物的「如其所是」的同時,也觀看到它還應該「多於其所是」。現在我們可以了解為什麼這樣的直觀並不是「現象學的本質直觀」。這是因為現象學的本質直觀所能觀看到唯有一物之所是,它無法觀看到多於存在。然而就真理論來看,而存在之為真理存在,就其自身而言,就必須包含著進展存在。也就是說,存在之物的「真」或「真理」,表示著它是同時是斯有與進展,是「在斯有存在中的進展存在才是真」,或者說真理存在不外就是斯有與進展存在。[44] 這樣來看的話,斯有與進展並不是對立的兩個東西,而是同一真理存在的兩個契機,洪耀勳也用「相即」來表示。這兩個契機是相即的、相互滲透而超對立的,也正由於此,我們在這裡必須承認一個與邏輯領域完全不同的真理論的領域,在這個領域當中,建立在對立性之上的邏輯並不適用,

---

[42] 洪耀勳著,黃文宏譯注 / 導讀,《洪耀勳日文哲學著作集》,頁 302-303。
[43] 洪耀勳著,黃文宏譯注 / 導讀,《洪耀勳日文哲學著作集》,頁 302-303。
[44] 洪耀勳著,黃文宏譯注 / 導讀,《洪耀勳日文哲學著作集》,頁 304-307。

「與如此的與存在之物即在的真理自體的辯證法的本性,意味著是對對立性,在根本上的超克」。[45] 真理自體所包含的種種契機,諸如上述所說對邏輯原則的無關性、無內容性、無相關性、超對立性等,都應該在真理自體的本性中來了解。

這樣來看的話,與存在之物即在的真理自體包含了兩個契機:「斯有」與「進展存在」,由於兩者的相互滲透,讓所有的斯有的設立也同時意味著斯有的否定,存在之物之「所是」,在其設立的同時,也意謂著這個存在之物「多於它之所是」。存在之物的肯定也同時是其否定,因而任何「設立」皆必須包含著其自我否定。也就是說,在筆者看來,存在之物的世界是個流轉無常的世界,因為斯有之為斯有,在其自身之中就包含著非斯有(進展存在),斯有持續地朝向非斯有的內部,非斯有也持續地朝向斯有的內部,斯有與非斯有在不改變各自的本質的情況下「相互滲透」（Ineinandergehen）,這是建立在真理自體的無內容的。也就是說,就真理論來看,存在之物是某種確定的「斯有」,但是在其確定性中,包含著某種不確定性的「多於存在」,這讓存在之物的內容無法保持為「有內容」,或者說它無法擁有固定不變的內容。這意味著真理自體的領域中,肯定包含著否定,否定包含著肯定,它是在無內容的「相互滲透」中來克服對立性,在這裡對立性並不適用,因為對立性只適用於對立的領域,斯有與進展的共在顯示出真理自體是一個超對立的領域。[46] 在真理論的辯證法當中,對立性的設立的同時也是其揚棄,在存在者的斯有當中,進展存在早已經潛藏在其中,而這是在對立性的邏輯領域中所無法理解的。

相對於真理論的辯證法,努出比徹稱一般的辯證法為「邏輯的辯證法」（das Logisch-Dialektik）,邏輯的辯證法是透過肯定或定立來克服否定或反

---

45 洪耀勳著,黃文宏譯注 / 導讀,《洪耀勳日文哲學著作集》,頁 306-307。
46 洪耀勳著,黃文宏譯注 / 導讀,《洪耀勳日文哲學著作集》,頁 310-311。

定立，透過揚棄的方式，往一個更高的綜合契機的移動或朝向更高的綜合，透過這樣的方式讓定立獲得更豐富的內容。但是在努出比徹看來，這樣的辯證其實嚴格說來，不是對立的揚棄，而是藉由不斷地反覆地設立對立，來執行另一個對立。[47] 反之，真理論的辯證法必須將「對立的原理」完全地揚棄，並且更進一步地，還要將對立的原理建立在「超對立之物」或「無對立性」的原理之上的辯證法，在這裡並無其一克服另一的問題，而是在尋求一個更為根源的辯證法。在努出比徹看來，哲學應該超越所有的立場，並且又是所有的立場的可能性基礎，也就是說，邏輯的辯證法必須建立在真理論的絕對運動的邏輯之上。這樣來看的話，建立在真正的超對立的對象的真理論，應該擁有要求「第一哲學」的權利。[48] 因而哲學所要求的從人類中心主義的解放之道，不應該在延長或擴大對立性的方向上，而應該在超對立性的領域來找尋出路。努出比徹的真理論的辯證法所提供的，正就是往超對立的純化的道路，而這門超對立的學問，同時也是對立性的學問的可能性條件，是「我們的真理」與「對我們而言的真理」的可能性條件。也就是說，超對立一方面超越了對立，一方面又包攝了對立。

這樣來看的話，作為「學問的學問」的第一哲學，應該以超對立或無內容之物為其目標。真理自體的領域不僅超越了一切的立場，也必須是讓一切立場得以可能的立場，對此洪耀勳使用了「包越」一詞，來形容真理自體的「超對立性領域」對「對立性領域」的關係。「這個領域透過**包越**種種對立的契機，反而應該是作為可以理觀對立性的種種領域的、從而內含著從人類中心主義的諸限制中解放出來的、作為一切學問的原理的前提根據的領域而被解明。」[49] 並且同意努出比徹看法，認為這才是真正的真理論的主題。

---

47 洪耀勳著，黃文宏譯注/導讀，《洪耀勳日文哲學著作集》，頁312-313。
48 洪耀勳著，黃文宏譯注/導讀，《洪耀勳日文哲學著作集》，頁316-319。
49 洪耀勳著，黃文宏譯注/導讀，《洪耀勳日文哲學著作集》，頁316-317。在這裡的「包越」一詞，是採取其「包攝並超越」。在日本哲學當中，也有高橋里美提出「包（越）

換言之，真理論的主題不應該如亞里斯多德所思想的那樣，是關於「思想與存在」的同一性問題，而應該是將重點置於解明「能包越思想與存在」的真理自體的原理。然而為什麼超對立的真理自體，同時又具有包越對立的可能性呢？在這裡我們需要重新了解亞里斯多德、努出比徹與洪耀勳對「理觀」（theōria）的不同理解。洪耀勳在翻譯「theōria」一詞的時候，使用了「觀想」與「理觀」這兩個不同的語詞，在解釋的時候也使用了「諦觀」，從「諦觀」一詞來看，可以知道這是對「真理的觀看」。相對於曾天從，洪耀勳對「理觀」的興趣比較大，在這裡「theōria」的翻譯，或許牽涉到亞里斯多德、努出比徹與洪耀勳三人對「真理的理觀」的不同的解釋，因而三種不同的翻譯可能對應到三種不同的「theōria」，這或許是一個問題，但本文無法在此討論其間的差異。為方便起見，我們在本書中就統一使用「理觀」來翻譯洪耀勳的「theōria」一詞。

如所周知，「理觀（theōria）」一詞源自亞里斯多德，在努出比徹看來，理觀的所對是真理自體，因而批評亞里斯多德的理觀，只能是對「斯有存在」的觀想或諦觀，無法觀想「進展存在」。同樣地，如我們所知，真理論的理觀不是現象學的本質直觀，因為斯有與進展是相互否定之物，現象學的本質直觀，只能觀有（斯有）、不能觀無。而在努出比徹看來，真理論的理觀必須是連「進展存在」也一併觀想的理觀，也就是說，努出比徹的理觀其實是一種「無的觀看」，然而由於無內容，因而努出比徹的理觀，雖然也可以說是「包越的」，但卻是「無方向的」。[50] 在這裡的「包越」一詞是洪耀勳的措詞，並無相應的德文，基本上來看，它包含「包攝」與「超越」這兩個意思。也就是說，在洪耀勳看來，「理觀」包越了將認識對象在認識

辯證法」的想法，但其與洪耀勳哲學的關係並不明朗。關於高橋里美的包辯證法，請參閱舩山信一著，服部健二編／解說，《日本哲学者の弁証法》（東京：こぶし書房，1999），頁 117 以下。

50 洪耀勳著，黃文宏譯注／導讀，《洪耀勳日文哲學著作集》，頁 318-321。

的「內部」來領會的認識，這是努出比徹意義下的「我們的真理」（Unsere Wahrheit），它所討論的是內在超越的「先驗的超越」。另一方面它也包越了從邏輯—對象而來的外在超越，這在努出比徹的哲學中屬於「對我們來說的真理」（Wahrheit für uns）。就努出比徹的哲學來看，無論是「我們的真理」或是「對我們來說的真理」都是具有內容的真理。因為具有內容，因而都屬於對立性領域。[51] 換言之，前者是以「意識的對立性」為其本質，而後者則是以「對象的對立性」為其本質。在對立性領域中的認識所進行的工作，不外就是要捕捉對立性。然而沿著對立性來思想，只能落入表象性思惟，而在表象思惟中只能允許「符應」或洪耀勳所謂的「復合」為真理。所以不論是在「我們的真理」或是「對我們來說的真理」的領域中，在這兩種對立的立場中的對真理的言表，都不是關於存在之物（Seiendes）的言表，而只不過是作為認識與被認識之物的復合，或者關於存在之物的遭遇（Begegnen）的狀態的「認識」而已。致力於捕捉對立的認識，其所形成的真理觀終究只能是「符應說」，脫離不了認識與對象的「相關性」。然而，真理論的辯證法所追求的是「立於超對立的、超立場的立腳地而將這些對立的『我們的真理』與『對我們來說的真理』都予以包括的無相關的真理，即是真理自體。」[52] 換句話說，真理自體的「包越的邏輯」是一方面將「我們的真理」與「對我們的真理」作為內部而包攝，並且在另一方面也超越了這兩種真理的邏輯。真理論是用「無相關的真理」來包越「相關性的真理」。但是為什麼真理自體的超對立、無相關，能夠一方面超越對立，一方面又能夠包攝對立？或者說為什麼無內容的真理自體能夠包越內容性的真理？

對於這一點不論是努出比徹或洪耀勳都沒有明確地說明，但是筆者認為其基本的想法可以在曾天從對真理自體的雙重本質的解明中找到，特別是

---

51 洪耀勳著，黃文宏譯注 / 導讀，《洪耀勳日文哲學著作集》，頁 320-323。
52 洪耀勳著，黃文宏譯注 / 導讀，《洪耀勳日文哲學著作集》，頁 320-325。

其中所包含的辯證法。[53] 我們知道，努出比徹的真理論的辯證法並不是建立在定立克服反定立，或是反定立克服定立，然而再將這些予以統合的所謂的「邏輯的辯證法」，而是建立在真理論的「無內容性」或「超對立性」之上的辯證法，或者說是建立在作為辯證法的兩契機的斯有與進展的「相互滲透」的關係上，在這樣的關係中的對立性的設立同時也是它的揚棄，而洪耀勳將其理解為一種「相互滲透的相即的統一」。[54] 換句話說，在洪耀勳看來，努出比徹的辯證法雖然是一種相即的辯證法，但是這種辯證法仍然不是真正的相即的辯證法，真正的辯證法必須「將具有內容之物的領域的辯證法」也包含在內，它必須是將對立與超對立都包含在內，並且又使之為可能的包越的辯證法。也就是說，洪耀勳徹底化努出比徹的想法，認為「真理論的絕對辯證法」必須是將努出比徹的辯證法也包越的辯證法。[55] 換句話說，真理論的理觀必須同時觀看到對立與超對立的「包越性」。對於這種包越性我們可以透過洪耀勳的一段文字來理解，洪耀勳說「辯證法是媒介對立的契機朝向超對立的原理而去的東西，它是在超絕對立、也就是在朝向超絕對立之物的絕對否定的媒介當中成立的。」[56] 雖然努出比徹也同樣地批評拉斯克的超對立的對象，並不是真正的超對立，但是在努出比徹的哲學中並沒有「絕對否定」的媒介，而在洪耀勳所構想的真理論的辯證法當中，超對立與對立之間則是以絕對否定的媒介來統合的，兩者一方面統合，一方面絕對地相互否定，它是在對立與超對立的「高次元的揚棄」中所成立的辯證法。[57] 換句話說，「真正的超對立」必須是連「努出比徹的超對立」也包越的超對

---

53 請參閱曾天從著，黃文宏譯注 / 解說，《真理原理論——純粹現實學序說》，第一分冊，〈譯注者解說〉。
54 洪耀勳著，黃文宏譯注 / 導讀，《洪耀勳日文哲學著作集》，頁 350-351。
55 洪耀勳著，黃文宏譯注 / 導讀，《洪耀勳日文哲學著作集》，頁 350-351。
56 洪耀勳著，黃文宏譯注 / 導讀，《洪耀勳日文哲學著作集》，頁 372-373。
57 洪耀勳著，黃文宏譯注 / 導讀，《洪耀勳日文哲學著作集》，頁 372-375。

立。

　　關於洪耀勳的包越的邏輯，就現行的文獻來看，討論得不多。不過筆者認為基本上可以這樣來了解：首先超對立明顯地不在對立之內，在對立的領域內的東西，必須是對立的。但是倘若超對立在對立之外，那麼超對立與對立之間，必然形成一種對立，這樣的話，超對立就不是真正的超對立，因而真正的超對立必須不在對立之內、也不在對立之外，而是與對立擁有某種「同一」的關係，在這個同一關係當中，超對立與對立仍然有嚴格的分別，兩者是「矛盾」的。換言之，對立與超對立的「同一」是透過絕對否定的媒介，而將相互「矛盾」之物媒介在一起，它是一種「矛盾的同一」。而如果我們這樣來了解洪耀勳的「相即的邏輯學」的話，那麼在其真理論的絕對辯證法當中，超對立性與對立性相即、無內容性與有內容性相即、無相關性與相關性相即等等。「無有相即」表示兩者一方面須臾不離、一方面又截然不同，兩者不可同、也不可異，這是一種以絕對否定為媒介的同一哲學，「真理論的理觀」所理觀到的真理自體，含著讓對立的邏輯與努出比徹的超對立的邏輯得以成立的「真理論的絕對辯證法」。

伍、結語：真理論的絕對辯證法

　　由於真理論哲學思索的可能，在於先行地理觀到真理自體的包越性，因而不論是「我們的真理」或是「對我們來說的真理」皆必須往真理自體來還原，「真理自體的這種無內容性，由於其純粹性的緣故，毋寧是要求著我們的真理、對我們來說的真理朝向〔真理自體〕自身的還原，真理自體的無內容性，作為哲學的理念的達成的原動力，則是讓這些得以可能的根底。」[58]也就是說，真理自體本身就是還原的動力所在。這樣來看的話，洪耀勳所構

---

58 洪耀勳著，黃文宏譯注／導讀，《洪耀勳日文哲學著作集》，頁 326-329。

思的真理論，不只是對立的要素間的認識關係而已，而是將認識與被認識皆包越而讓真理認識得以可能的。在這一點上，曾天從也一樣。而真理自體雖然讓真理認識得以可能，但是由於真理自體的絕對的超越性，這也同時宣告了透過「我們的真理」或「對我們的真理」這兩種認識的型態，都無法真正達到真理自體。真理自體在認識上對我們來說始終是隱蔽的。

我們知道，在西洋哲學的傳統上，哲學是關於存在概念的原理的究極的根本學。在這裡，「存在自體」是就存在者的存在來規定存在者，它是存在者的即自的純粹性，而努出比徹真理論的課題所確立的事情就在於，要透過真理自體來解明存在自體。而努出比徹對此所給出的兩個真理論的契機，就是「斯有存在性」與「進展存在性」。洪耀勳接受了這個看法，又稱「斯有存在性」為真理自體的「最高的形式原理」，稱「進展存在性」為「最高的內容原理」。而由於在洪耀勳看來，理觀之為理觀，必定是在某種「形式」或「形相」下所觀看到的東西，所以洪耀勳認為「真理的邏輯學」其實是一種「形的邏輯學」（形の論理学），並且認為我們可以進一步用「形相」（εἶδος）與「理念」（ἰδέα）來替代努出比徹的斯有與進展存在，因而建立起真理自體的「純粹形相」（reine Eidos）與「純粹理念」（reine Idea）的概念，因而在洪耀勳看來，真正的哲學必須是在「形相學」或「理念學」的原理中才能夠被解明。[59] 如我們所知，前者對應到「斯有」，後者對應到「進展存在」。一切真理認識的原動力，不外都是建立在真理自體的「純粹形相」與「純粹理念」之上。其中與努出比徹最大的不同點，在於洪耀勳（曾天從亦同）將真理自體的「無內容」，理解為「最高的內容原理」，而如我們所知，這是對真理自體的「純粹無」的不同理解。

在這裡，我們可以說，真理論的理觀雖然是無指向性的，但是它並不是完全沒有任何指向，而是任何指向都是來自於這個無指向的理觀，它在意識

---

59 洪耀勳著，黃文宏譯注／導讀，《洪耀勳日文哲學著作集》，頁 340-343。

中的表現就是「理念」。「有指向」就有階段與秩序可說,「所有的現實,在其根底中都是自我實現的理念(Idee)。而只有對站在追求這樣的理念的自覺的我們人類來說,才可以說存在著理念實現的種種階段與秩序。」[60] 自覺的理念雖然源自於真理自體,但不就是真理自體,而唯有自覺地追求這樣的理念的人類,才有所謂理念實現的種種階段和秩序,在這裡有著心理、文化、社會、歷史的規定介入的空間,而理觀就是存在於所有人類活動的根底,並且規定這些活動的原動因。它是人性的種種理念的究極目標與動力,純粹理念雖然無相關於對立,但卻是種種對立的最後判定者,並且是所有的學問的根底,從這裡可以知道,洪耀勳所設想的真理論的辯證法,並不單單只有形上學的部分,所探問的其實就是現實世界的指導原理,或者說至少包含著這麼一個層面。這樣來看的話,真理論中的「真理」,作為「ἀλήθεια」(揭示)的意思,不外就是要揭示出現實世界的原理。

如我們先前所顯示,洪耀勳的真理自體雖然源自於努出比徹,但是在對真理自體的理解上仍然是不同的,它最明白表現在對努出比徹的哲學欠缺「下降之道」的批判上。首先,努出比徹稱自己的真理論為「真理論的實在論」,因為在他看來真理自體是與存在物即在的「最現實之物(最實在的東西)」(das Allerrealste)。但是他又與那些只停留在「存在者的存在性」,而沒有前進到「進展存在」的實在論者有所區別,並且批評這樣的實在論。就其意圖來說,他還想要將觀念論與實在論皆予以包越。對於觀念論,他認為我們必須嚴格地分別開「真理問題」(Wahrheitsproblem)與「真理認識」(Wahrheitserkenntnis),除了必須完全地與「心理學式主觀」區別開來之外,還必須與「先驗觀念論式的主觀」區隔開來。其批判的原理在於對「對立性的超越」,總而言之,真理問題不能在對立性中來探討,因為只要處於對立性當中,就無法脫離人類中心主義。但是要區別真理的認識,努出比徹

---

60 洪耀勳著,黃文宏譯注／導讀,《洪耀勳日文哲學著作集》,頁 344-345。

又不是像柏拉圖那樣，透過截然地區別兩重世界而將「理想存在」與「現實存在」完全地區別開，而是將這兩者皆以「存在」之名置於「真理論的辯證法」下來思考，這一點與洪耀勳、曾天從的方向是一致的。

　　根據努出比徹的說法，真理自體是無內容的，對於內容之物則是無相關、超對立的，反之不論是「對我們而言的真理」或是「我們的真理」都是對立性、與內容相關的真理。但是努出比徹同時也認為這兩種真理都無法從真理自體「導出」，我們只能說它們是往真理自體「歸屬」而已。這是因為努出比徹認為，就邏輯上來看，「無內容」無法導出「有內容」，「邏輯」無法適用於「前邏輯」，因而對前邏輯之物只有理觀，這樣的結論是源自於對真理自體本身的「無內容」的理解。而「無內容」雖然無法導出「有內容」，然而從有內容到無內容的還原之道並沒有被切斷。從有內容到無內容的還原的可能性，如我們先前所說，是建立在對真理自體的無知之知的理觀之上。換句話說，就努出比徹來說，往真理自體的「上升之道」（純化之道）是可能的，而從真理自體「下降之道」則是不可能的。相對於此，洪耀勳認為不僅「上升之道」是可能的，「下降之道」也必須是可能的，但是洪耀勳只是表明其可能的根據就在於「真理自體的本性」，也就是在「真理自體二重本質性」中，並沒有明白地陳述其理由。[61]

　　對此，在筆者看來，這其實隱含在對真理自體的理觀當中。我們先注意洪耀勳的解釋，在他看來，努出比徹之所以認為下降之道是不可能的，是因為「從部分之物朝向全體之物、再者從充全性較少的朝向充全性本身，這樣的論究在原理上本來就是不被允許的」。[62] 這裡的「充全性」是日文漢字的「十全性」的中譯，它可以理解成「完善性（完美性）」。從原理上來看，完善性的理觀是可以引導不完善性的哲學思索，而真理論的可能性就在於對

---

61 洪耀勳著，黃文宏譯注／導讀，《洪耀勳日文哲學著作集》，頁 354-357。
62 洪耀勳著，黃文宏譯注／導讀，《洪耀勳日文哲學著作集》，頁 356-357。

真理自體的理觀必須先在,這意味著「上升之道」不僅是可能的,而且還必須是可能的。這是因為就存在上來看,真理自體的無內容所表示的其實是「內容性全般」,這是作為一切「有內容」的來源的「無內容」,這樣的無內容不是虛無,而是將一切有內容皆包越的無內容,它超越了邏輯。而努出比徹從邏輯的考慮著手,乃至將真理自體的無內容性理解為某種類似虛無的東西。在這裡洪耀勳沒有提到「內容性全般」,但是這個問題就包含在洪耀勳與曾天從所說的「真理自體的二重本質性」當中,也就是說,所直觀的是真理自體的「純粹無(純粹形相)而純粹有(純粹理念)」,這是一切真理認識的原動力。[63]

然而「理觀」的先在並不代表我們在意識的層面上清楚地觀看到真理自體,由於意識是對立的領域,真理自體在意識的層面上必須是無知的。這裡其實隱含兩種不同的確然性,理觀的確定性並不等同於意識的確然性。前者不僅更為根源,而且是以「無方向」而具引導性的,就對象上來看,它是一種無知,或者也可以說是「可感而不可知」的無知之知,而還原的可能性正是建立在這種對真理自體的無知之知。也就是說,在這裡的無知之知並不是毫無所知,只是不以對象(有)的方式而被認知,由於在對象上「無知」,因而認識無法在意識上明確地指向真理自體,頂多只能是「暗示」真理自體,誠示如洪耀勳所說,「不論是真確判斷或是誤謬判斷,只要是關連到如此的純粹事實性,我們都要從這個命題來讀取出這麼一種暗示,即它們都必須被顯明為是存在於超對立、或無對立的真理自體當中的東西。」[64] 換句話說,「真理認識的指向」是源自於「真理自體的無指向」,然而這個「無指向性」指導著「指向性」,或者我們從認識的角度來說,我們必須先行理

---

63 洪耀勳著,黃文宏譯注/導讀,《洪耀勳日文哲學著作集》,頁 344-345。曾天從著,黃文宏譯注/解說,《真理原理論——純粹現實學序說》,第一分冊,〈譯注者解說〉。
64 洪耀勳著,黃文宏譯注/導讀,《洪耀勳日文哲學著作集》,頁 240-241。

觀,意識活動才能指向之。理觀之所對雖然不直接地是真理自體,但是它必須暗示著真理自體,藉此還原或純化所需要的方向與準則才能夠成立。這樣來看的話,「上升之道」與「下降之道」都必須是可能的,而洪耀勳也確實這樣來思考,他同意努出比徹的看法,認為從無內容之物的導出之路愈是被允許,往無內容的還原之路也應該愈是被允許。就存在上來看,兩者並無先後的問題,洪耀勳用「圓環」來形容,是相當恰當的措詞。[65] 在筆者看來,這裡的「圓環」也可以理解為一種「循環」,也就是說,對真理自體的理觀愈是清晰,往真理自體的還原就愈是必然的。還原之路的可能性,就是建立在理觀之上。然而理觀的先在並不代表在意識層面上的清楚,對人類的認識來說,真理自體的知是「無知之知」,所觀看到的是「無形之形」。這意味著真理自體雖然已然下降到歷史世界,在歷史世界中取得一個形,然而歷史世界中的形仍然不是真理自體本身,對意識而言,真理自體保持為無形無聲,無形無聲是一切有形有聲的基礎,是在歷史世界中的「形」的變遷的基礎。這意味著所有建立在人類的立場上的「指向性」,最終都是基於「無指向性」的理觀。

　　這樣來看的話,洪耀勳之所以批判努出比徹的「相即辯證法」不是「真正的相即的辯證法」,其關鍵在於其真理自體,只能觸動上升之道,它並不內含絕對的自我否定於歷史世界的必然性,也就是下降之道的可能性。誠如洪耀勳的理解,在努出比徹的哲學中,「並沒有從真理自體的無內容性的領域、朝向對我們來說的內容性的領域的這種由上而下的導出之道」。[66] 對此,在筆者看來,如果我們徹底化努出比徹的想法,以包越的邏輯來思想的話,那麼我們就會發現真理自體超對立性也不能夠在對立者之外或之內,要

---

65 洪耀勳著,黃文宏譯注/導讀,《洪耀勳日文哲學著作集》,〈譯注者導讀〉,頁54-55。
66 洪耀勳著,黃文宏譯注/導讀,《洪耀勳日文哲學著作集》,頁354-357。

不然在超對立與對立之間會形成對立,而不是真正的超對立者。唯一的可能就是兩者的「即是」而同一,但是在即是而同一的同時,兩者又「即非」而對立。換言之,真理自體必須已然內含絕對的自我否定而下降於歷史世界,超歷史世界與歷史世界的相即是一種即是又即非的關係,而這一點其實隱含在努出比徹的辯證法當中,然而卻沒有被努出比徹所意識到。誠如洪耀勳所指出:「努出比徹透過認識到真理自體與所有存在之物即在的這個真理論的事實,而創建出了他所謂的獨特的真理論的辯證法。我們可以這麼來看,努出比徹透過這個辯證法,暗示出了應該也可以稱為是真理論的演繹的下降之道。」[67] 這樣來看的話,不論是上升之道或下降之道,其可能的根據都存在於真理自體的本性當中。唯有以真理自體為哲學思考的開始與終結,一門完全脫離人類之物的學問才是可能的,而這正是努出比徹哲學的理想。

努出比徹的真理自體包含「斯有」與「進展存在」這兩個契機,對此他用「即自」(an sich)與「在他(或可譯為「即他」)」(an anderem)這兩個辯證法的語詞來表示。「即自」是斯有,「在他」是進展,斯有與進展存在是「相互滲透的」。也就是說,在努出比徹的哲學中的「他者」,其實是與「即自」相互滲透的他者,它並不是外於即自的另一具獨自性的個體,而是真理自體的構成要素。在筆者看來,這意味著在努出比徹的哲學當中,並沒有認識到真正「在他」的「他者」,而是將「他者」理解成真理自體的一個構成項,因而洪耀勳批評努出比徹的「即自」對「他者」的關係,「並不是真正意義下的對於他者的關係,而是在同一個領域中所發現的他者」,這樣的他者與即自,並不是「質的斷絕」,它並不是「在他」的具獨自性的他者,而是內存於「即自且對自」中的他者,這導致努出比徹只能認識到「量的差異中的他者」。[68] 這樣的「他者」並不具有獨自性(獨自個別性)。這

---

[67] 洪耀勳著,黃文宏譯注/導讀,《洪耀勳日文哲學著作集》,頁 356-357。
[68] 洪耀勳著,黃文宏譯注/導讀,《洪耀勳日文哲學著作集》,頁 362-365。

樣來看的話，在洪耀勳的想法中，真正的他者與自我之間，必須存在著「質的差異」，如此的我與他，才能是「獨自的個體」與「獨自的個體」之間的關係。對於這個與自我之間有著「質的差異的他者」，洪耀勳又稱之為「絕對的他者」。因而洪耀勳批評努出比徹所理解「一者與他者的關係」並不是「一者與絕對的他者」關係，因為努出比徹所理解的他者，始終只能是作為「自己的他者」，自己（即自）與自己的他者（對自）的對立，只能是「即自且對自」的關係，而這樣的思考無法接觸到「真實的他者」。[69] 而其中的關鍵在於，在努出比徹的思想中，並沒有「絕對否定」的想法，因而也沒有真正的「相即」，頂多只能建立一種「即物的辯證法」。[70] 也就是說，在洪耀勳的想法中，要思考真正的超對立，就必須透過「絕對否定」的媒介。超對立與對立之間必須互為絕對的他者，以絕對的否定為媒介，才能保證真理自體的無相關性。在這裡「絕對否定」是一個主要的關鍵，不透過絕對否定的媒介就無法思考真正的超對立，也無法達到真正的他者，沒有真正的他者，也就沒有真正的一者。我們先看看努出比徹如何來思考「一者與他者」的關係。

首先洪耀勳認為，就努出比徹哲學來看，倘若我們將一者與他者以相對對立的方式，在對立的領域中來理解的話，就會形成「生成變化的辯證法」，這是一種「過程的辯證法」或「絕對動性的辯證法」。在過程的辯證法當中，一者與他者是「異時繼起」。然而這樣的對立之物的辯證法，並不是努出比徹的超對立的辯證法。斯有與進展作為努出比徹的辯證法的兩個成素，並不是對立，而是「相即的合一」（Ineinander）或「相互滲透」。[71] 也就是說，斯有與進展並不是對立的，而是相互滲透的。也就是說，努出比徹的真理自體的無內容，不僅是「即自」，也同時是「在他」。「在超對立

---

69 洪耀勳著，黃文宏譯注／導讀，《洪耀勳日文哲學著作集》，頁364-365。
70 洪耀勳著，黃文宏譯注／導讀，《洪耀勳日文哲學著作集》，頁370-371。
71 洪耀勳著，黃文宏譯注／導讀，《洪耀勳日文哲學著作集》，頁368-369。

之物的領域當中的即自（an sich），由於其純粹的無內容性的緣故，反倒可以是無媒介地、直接地即在於作為存在之物的他者（an anderem ist），這就是努出比徹的真理論的辯證法的主張。」[72] 如我們所知，前者是斯有、是定立，後者是進展、是多於存在。因而在努出比徹看來，任何存在者的「定立」（斯有）也表示了它的「多於存在」（進展存在），「多於存在」是多於斯有的存在，是對斯有的否定，這樣來看的話，斯有是努出比徹辯證法中的「一者」，而進展則是「他者」。這裡不同於對立的領域中的一者與他者是異時繼起的，以此一來克服彼一，在超對立的領域中的一者與他者，是在「相即地合一」或「相互滲透」中來揚棄對立。然而就洪耀勳來看，努出比徹的真理論的辯證法，由於欠缺「絕對否定的媒介」，是「無媒介的相即」的緣故，因而仍然只能停留在真理自體當中，無法形成「下降之道」，因而努出比徹的「相即」其實是「無指向的相即」。也就是說，努出比徹隱含地站在「有無對立」的視角之下，認為在有內容的領域中，對立的統一是「單一方向性」的，在無內容的領域中，則是「無指向的相即」。因而洪耀勳批評努出比徹，在如此的理解之下的絕對辯證法，雖然不是「異時繼起的辯證法」，但是仍然不是「真實意義下的辯證法的」。在洪耀勳看來，努出比徹的辯證法，嚴格說來只是一種「超生成的」、「絕對靜的」、「即物的辯證法」。[73]

努出比徹的「即物辯證法」意謂著它是與存在之物即在的存在自體，只是表明了它是即在於一切存在之物，並不真的是洪耀勳所想要建立的「相即的辯證法」。洪耀勳認為在「相即的辯證法」中，除了要「正當地」確定「絕對否定的媒介性」之外，我們還必須注意「相對對立之物的積極性」。換句話說，在洪耀勳所構想的真理論的辯證法當中，除了「絕對對立」之

---

[72] 洪耀勳著，黃文宏譯注 / 導讀，《洪耀勳日文哲學著作集》，頁 366-369。
[73] 洪耀勳著，黃文宏譯注 / 導讀，《洪耀勳日文哲學著作集》，頁 368-371。

外，我們還必須考慮「相對對立之物」間的對立關係。[74]而筆者認為洪耀勳的這個批評等於是主張，在其所構想的真理論的絕對的辯證法中，除了「相對者與絕對的他者」的這種「絕對對立」的相即關係之外，還必須將「相對者與相對者」的「相對對立」的相即關係也包含進來。就筆者看來，這意味著我們必須承認相對者的「獨自個別性」。如果承認這一點的話，這意味著，存在之物的真理必須在兩種關係中決定，在洪耀勳所構想的真理論的絕對辯證法中，還必須包含著一個與「絕對的他者」完全不同意義下的相即，也就是與「相對的他者」的「相即」。然而不止於此，在洪耀勳看來，我們反而應該「積極地」來看待這種「相對對立」的關係，以之為媒介，而媒介向「絕對的他者」。[75]這樣來看的話，洪耀勳不僅擴張了真理論的辯證法的範圍，還逆轉了「相對的他者」與「絕對的他者」的位置。從其真理論的絕對辯證法的角度來看，相對者與絕對者（超對立者）的辯證法，必須以相對者與相對者的辯證法為媒介，換句話說，相對於努出比徹的真理論，在洪耀勳的構想中，突顯了「絕對否定的媒介」與「相對的他者」的位置。

這樣來看的話，倘若我們將處理對立之物的辯證法稱為「邏輯的辯證法」（例如黑格爾的辯證法），而處理超對立的無內容的辯證法為「真理論的辯證法」（例如努出比徹的辯證法）的話，那麼洪耀勳認為真正的辯證法，必須將「邏輯的辯證法」與「真理論的辯證法」都包越在內，這形成了他所謂的「真理論的絕對辯證法」。「將這兩種辯證法的相對立，更進一步地透過絕對否定的媒介來將其統合，是我們要主張的真理論的辯證法。」[76]在這裡我們可以知道，洪耀勳的絕對否定的媒介扮演了一個重要的角色，他要將努出比徹的「對立與超對立」再透過「絕對否定的媒介」而統合。相對者在絕對否定中失去自身，而接觸到絕對的他者，絕對者也失去其絕對者的

---

74 洪耀勳著，黃文宏譯注 / 導讀，《洪耀勳日文哲學著作集》，頁 370-371。
75 洪耀勳著，黃文宏譯注 / 導讀，《洪耀勳日文哲學著作集》，頁 370-373。
76 洪耀勳著，黃文宏譯注 / 導讀，《洪耀勳日文哲學著作集》，頁 372-373。

身分,而內存於相對的世界中,在這裡才有洪耀勳所謂的「作為絕對靜即絕對動的全體的、現實的真理論的絕對辯證法」。[77]

　　至此我們可以知道,在初步的構想上,洪耀勳將其辯證法建立在真理自體的二重本質性原理,也就是真理自體的「純粹形相」與「純粹理念」之上,誠如洪耀勳所說,這兩者是「真理論的絕對辯證法的可能性根據」。在這裡內容之物與無內容之物、對立與超對立的統合,則是基於真理自體二重本質原理的「純粹圖式」而被統一。在這篇論文裡面,洪耀勳對其所謂的「純粹圖式」的意義並沒有多做說明,然而提到了這個二重本質性原理是以「形相學」與「理念學」為究極目標的「純粹現實學」的基礎。但是可以肯定的是,洪耀勳的「純粹圖式」的想法與其所了解的「理觀」有關,藉由將其所理解的「理觀」連結到「行為的主體」,洪耀勳認為可以依此而建立一門「形的邏輯學」,乃至認為「真理論的絕對辯證法」與哲學的現實性問題,必須透過隨著這個辯證法而運動的「絕對主觀的理觀」才能夠獲得解明。[78] 然而對於什麼是「形的邏輯學」,如何將它與「行為的直觀」連結在一起來思考,就筆者所知,洪耀勳再也沒有談到「形的邏輯學」的問題。對此,筆者認為倒是可以注意西田幾多郎的學生三木清(1897-1945)的哲學。洪耀勳的〈存在與真理〉出版於1938年,隔年三木清出版了《構想力的邏輯》第一卷(1939)。在這本書中,三木清說「藉由構想力的邏輯,我所想要思想的是行為的哲學」。[79] 原則上來看,三木清將西田的「行為的直觀」具體化為「構想力的邏輯」,並將其連結到相對者的世界而形成「形的邏輯」,在某種意義上與洪耀勳有著相同關切點,對於想要進一步展開洪耀勳「形的邏輯學」的計畫的學者,不妨注意三木清的哲學。

---

77 洪耀勳著,黃文宏譯注/導讀,《洪耀勳日文哲學著作集》,頁372-375。
78 洪耀勳著,黃文宏譯注/導讀,《洪耀勳日文哲學著作集》,頁374-377。
79 三木清,《構想力の邏輯》收於《三木清全集》,第八卷(東京:岩波書店,2010),頁6。

引用文獻

三木清,《構想力の邏輯》,收於《三木清全集》,第八卷。東京:岩波書店,2010。

洪耀勳著,黃文宏譯注/導讀,《洪耀勳日文哲學著作集》。新竹:國立清華大學出版社,2020。

胡塞爾著,黃文宏譯注,《現象學的觀念》。新竹:國立清華大學出版社,2017。

舩山信一著,服部健二編、解說,《日本哲学者の弁証法》。東京:こぶし書房,1999。

曾天從,《真理原理論——純粹現實學序說》。東京:理想社出版部,1937。

曾天從,《論理論(邏輯論)》。臺北:青文出版社,1964。

曾天從著,黃文宏譯注/解說,《真理原理論——純粹現實學序說》,第一分冊。新竹:國立清華大學出版社,2023。

黃文宏,〈從西田哲學來看現象學的「超越」問題〉,《臺大文史哲學報》第84期(2016年5月),頁143-172。

"Selected Bibliography of Shalva Nutsubidze's Scholarly Works," in *Georgian Christian Thought and Its Cultural Context. Memorial Volume for the 125th Anniversary of Shalva Nutsubidze (1888-1969)*, ed. by T. Nutsubidze, Cornelia B. Horn, and Basil Lourié. Leiden: Brill, 2014, pp. 3-10.

Iremadze, Tengiz, *Der Aletheiologische Realismus. Schalwa Nuzubidze und seine neuen Denkansätze*. Tbilissi: Nekeri, 2008.

Nuzubidse, Schalwa, *Philosophie und Weisheit. Spezielle Einleitung in die Aletheiologie*. Berlin: Königsberg, 1931.

Nuzubidse, Schalwa, *Wahrheit und Erkenntnisstruktur. Erste Einleitung in den Aletheiologischen Realismus*. Berlin und Leipzig: De Gruyter, 1926.

第二章　論曾天從真理自體的「事實存在」與「純粹形相」

> 將其〔譯注：笛卡兒的〕命題解釋為如此真理自體概念的發現意義的我們的嘗試，或許恐怕是超出了笛卡兒哲學的解釋範圍 […]，然而看出其真義才是我們的問題所在。

壹、真理自體

　　曾天從（霄容，1910-2007）是日治時期臺灣哲學的代表之一，其思想的代表著作是於 1937 年出版的《真理原理論——純粹現實學序說》，出版當時年僅 27 歲。[1] 這是一部以日文寫成的，由當時日本新康德哲學的代表之一的桑木嚴翼（1874-1946）為之做序，東京都理想社所出版的長達 616 頁的巨著。[2] 因為語言與思想背景的隔閡，長期以來沒有受到臺灣哲學界的重視。在本書中，曾天從提出其「純粹現實學」的構想，試圖藉此一方面解決當時各個主要的哲學問題，一方面將當時各種對立的理論，皆包攝在自身哲學體系的內部並超越之。在建立這麼一個體系的同時，曾天從幾乎批判了當時東

1　該書於 1936 年完成，1937 年出版，關於曾天從的著作，請參閱林谷峰，〈曾教授天從哲學著作之簡介〉，收於林義正、郭博文、趙天儀主編，《曾天從教授百歲冥誕紀念集》（新北：富春文化事業公司，2010），頁 119-120。

2　曾天從，《真理原理論——純粹現實學序說》（東京：理想社出版部，1937）。全書加上〈桑木嚴翼序〉與〈作者序〉，該書總共 630 頁。由於其「序言」與「正文」頁碼皆以阿拉伯數字重新編號，以至於頁 1-14 有頁碼重複的情形。本文在引文的標示上，將〈序言〉的頁碼改為羅馬數字，「正文」的頁碼則保持阿拉伯數字，以示區別。

西方哲學界所有的理論,包括康德與新康德學派、黑格爾與新黑格爾學派、布倫塔諾學派、[3] 胡塞爾現象學、生命哲學與海德格的實存哲學,以及作為當時作為京都學派哲學的代表的西田幾多郎、山內得立（Yamauchi, Tokury 1890-1982）、田邊元等,甚至包括當時鮮為人知的喬治亞的哲學家努出比徹（Schalwa Nuzubidse, 1888-1969）。據筆者的了解,在當時的哲學界能注意到努出比徹哲學的人,可以說是絕無僅有。而曾天從對哲學的最大貢獻所在,就是透過對整個東西方哲學的反省,開啟了一個真理論的領域。其「真理論的領域」是一個超越了所有對立、是一切對立之所從出、並且又與所有對立相即的「超對立的領域」,藉此曾天從安置了所有當時的學問,或者更恰當地說,透過對其批判而將其置於一個體系中,讓其取得其真正的意義。我們可以說其「純粹現實學」的構想,包含著對東西方哲學的總批判,而佔據其哲學體系的核心概念正是「真理自體」。因而解明曾天從所揭示的真理自體的領域,是理解其「純粹現實學」的一個重要的入手點。

曾天從的整個哲學的事業,可以說皆集中在「純粹現實學體系」落實上,而就如同《真理原理論——純粹現實學序說》的副標題所示,該書其實則只是其「預備學」。由於其「純粹現實學體系」仍然是未完成的理想,這一點讓曾天從哲學的可能的洞見、及其許多哲學的概念仍然處於晦暗之中。就當時曾天從的計畫來看,其哲學的目標在建立一門「純粹現實學體系」,而出版的《真理原理論》嚴格說只是其「純粹現實學的預備學」,僅佔原計畫的六分之一。[4] 但是在這六分之一當中,曾天從給出了其哲學的「原理」的

---

3 「布倫塔諾學派」筆者指的主要是布倫塔諾（Franz Brentano, 1838-1917）與邁農（Alexius Meinong, 1853-1920）的哲學。曾天從的討論,主要在其《真理原理論》的第140-141 項。曾天從,《真理原理論——純粹現實學序說》,頁 388-394。

4 曾天從「純粹現實學」的體系沿著三個「理念」（真理理念、認識理念與學問理念）辯證法地展開,分別形成「真理理念論」（即自）、「認識理念論」（對自）、「學問理念論」（即且對自）。每個「理念論」分別再配以「原理論」與「批判論」,而形成六個部門,分別是「真理原理論」、「真理批判論」、「認識原理論」、「認識批判

部分，可以說是其二戰後所從事的龐大的「哲學體系重建論」的原理。如果說日治時期的臺灣哲學以曾天從為開始的話，那麼這本書可以說是其思想的代表，也是臺灣哲學界第一位以體系的方式提出自身思想的哲學家，而其核心的概念即是「真理自體」。

我們知道，曾天從的「真理自體」一詞取自努出比徹的「Wahrheit an sich」。但是就存在性格來看，這裡「自體（an sich）」一詞的意義，不是觀念論式的，也不是實在論式的，不論是曾天從或洪耀勳，在承認它一方面其具「超離」的自體存在的同時，一方面又承認其「即在」於現實存在，於是而形成一種獨特的「真理論的辯證法」。在措詞上，曾天從自己區別開「辨證法」與「辯證法」兩個語詞，以「辯證法」為「詭辯」或「虛偽（假象）的邏輯」（Logik des Scheins）的表示。[5] 筆者在此不採用這個區分，一律使用「辯證法」一詞。就辯證法來看，「真理自體」也可以譯為「即自真理」或「真理的即自態」，這是從其所帶有的「辯證法的性格」的角度來觀看的結果，在這個意義下，真理自體就是其在還未展開狀態下的「即自態」（an sich），或者我們也可以說是「真理原樣（現實原樣）」的即自態。在本章中，我們將討論的重點置於真理自體的「事實存在」與「純粹形相」的解明。在筆者看來，這兩者分別相當於傳統哲學的「*existentia*（現實存在）」與「*essentia*（本質存在）」的區分。然而就如同哲學史上，各個具原創性的哲學，其建立都必須有一個轉義的過程，例如這組概念在胡塞爾現象學中，前者是「事實存在」，後者則是一種「可能存在」。[6] 同樣地在曾天從看來，

論」、「學問原理論」、「學問批判論」。這樣來看的話，「純粹現實學」的計畫應有三部六篇，而「真理原理論」則是其第一部第一篇，佔原始計畫的六分之一。曾天從，《真理原理論——純粹現實學序說》，頁 vii-viii。

5　請參閱曾天從，《真理原理論——純粹現實學序說》，頁 283-284。
6　關於胡塞爾現象學的「本質」的意義，請參閱胡塞爾著，黃文宏譯注 / 解說，《大英百科全書草稿》（新竹：國立清華大學出版社，2021）。

就如同「真理自體」並非「真理存在」一樣,「現實原樣」也不是「現實存在」,它是現實還未分化發展的原型或原樣。所以要將傳統哲學的「事實」與「本質」的區分,適用「真理自體」的時候,就必須要有所轉義,其中對「真理自體的本質的認識」,就形成「真理自體的形相認識」。我們在本章的工作,首先在顯示真理自體的「事實存在」,其次沿著這個事實存在,解明真理自體的「二重本質性」,這是解明其「純粹現實學」的第一步。但是在這之前,我們先看看一個發生在「真理自體」與「真理認識」之間的差異,筆者稱之為「真理論的差異」。

貳、真理論的差異

首先在曾天從看來,所有學問的根本問題,追根究底都可以還原到「真理問題」,而哲學作為最究極的原理的學問,則是在最純粹的型態中來探求「真理為何」的問題。但是哲學作為學問仍然是一種「認識論」、是關於真理的「純粹認識的學問」,也就是說,曾天從將哲學理解為一門「真理認識的學問」。在這裡他從兩個側面來規定哲學的意義:首先從對象面或客觀面來看,哲學是一門賦予一切個別科學以基礎的「本質學」、是涵蓋一切存在之物的最普遍的與最基礎的學問,他稱之為「純粹認識的根本學」,在這個意義下的哲學,是一門以事實全般的「本質」為對象的學問。[7] 其次,從活動面或主觀面來看,曾天從稱哲學為一門「絕對自覺的學問」,它是「對象與活動的合一」,而在這個時候的「自覺」是「與客觀相即的主觀的自覺」,或者說是「主觀客觀的統合的自覺」。[8] 在筆者看來,這種將哲學作為「絕

7　曾天從,《真理原理論——純粹現實學序說》,頁 1-2。
8　「[⋯] 對象與活動的合一本身,不外正是構成哲學思索的徹底的自覺的本質特徵。」曾天從,《真理原理論——純粹現實學序說》,頁 2。

對自覺的學問」說法，其實是針對「真理自體（即自）」與「真理認識（對自）」的統合的「即且對自態」而發，它並不發生在哲學思索的「開端」，毋寧是發生在哲學思索的「終局（最終結局）」當中。也就是說，這一部分並不是《真理原理論》的主要工作，如上所說，《真理原理論》毋寧是其整個體系的導論，我們在本書的其他地方，也沒有看到曾天從更多且詳盡的討論。這可能是因為「絕對自覺意義」之下的哲學，已經不全然是一種認識論，它也是一種存在論。

這一點就誠如曾天從後來在戰後出版的《哲學體系重建論》中所說：「在哲學的領域內，自知識論立場漸次移行於存在論的立場，這在《真理原理論》中已可見端倪。」[9] 在筆者看來，這是因為學問的「概念」（Begriff）本身，必須是對真理自體的把握（begreifen）。如果真理自體本身是辯證法性的存在的話，那麼真理認識也必須是辯證法性的，認識的真理（真理的對自態）只是一個過渡型態，真理的「即且對自態」才是其最終的實現。這意味著真理論的學問型態也是辯證法性的，這自然是黑格爾式的影響。從曾天從「純粹現實學」的體系的學問的劃分來看（例如本章「注解4」），他也確實將真理論的概念視為一種真理自體內部的動性原理，這也造成必須將真理論的概念、乃至於真理的學問，視為一種辯證法發展。也就是說，「概念」雖然是發生在哲學思惟內部的事，但也是對現實自體內部的真理的「把握」。哲學的概念隨著理解而深入，在意義上會形成推移與運動，曾天從的措詞為「升騰」。[10] 單單就這一點來看，曾天從雖然使用「嚴密學」來稱呼自己的本質學，而其「嚴密學」一詞也應是來自於胡塞爾「strenge Wissenschaft」的日譯，臺灣一般熟悉的譯名為「嚴格學」。[11] 但是兩者的意

---

9 曾天從，《哲學體系重建論》，上卷，〈序言〉，頁5。
10 曾天從著，黃文宏譯注/解說，《真理原理論——純粹現實學序說》，第一分冊，〈譯注者解說〉。
11 「作為原理學的哲學在其自身當中，本來就決然不需依賴任何的他者，在自體中

思，有著本質上的不同，因為曾天從的「嚴密學」並不是建立在意識的自我確定性之上，而是以「真理自體的自我顯示自身」為其學問的性格，而真理論作為學問，就其自身而言，也是一種動性的發展。因而筆者保留其「嚴密學」的措詞，其嚴密學是真理自體的自我展開，反過來我們也可以說，真理自體則需要嚴密學來自我表現，它其實真理自體的自我展現。正因如此，嚴密學的開端與終局必須是同一的，但即使如此，真理認識仍然不等同於真理自體。這在曾天從看來，是認識論與形上學的區別。對這個問題的深入討論，牽涉到其哲學體系最終的想法。就本書的範圍來說，我們先暫且稱這個不論是在哲學思索的開端、過程與終局，都必須嚴格地區別開的「真理自體與真理認識的差異」為「真理論的差異」。

首先我們看到，曾天從認為哲學探究的開端必須先於任何的哲學的立場與方法，或者我們也可以說，哲學的思索不能先行預設任何哲學的立場與方法，而是必須由所探問的對象本身來決定哲學所要採取的立場與方法，然而所謂的由「對象本身」來決定，意味著我們必須對所要探究的對象須有某種「感知」，否則無所謂由對象來決定。也就是說，哲學的開端的可能性必須來自於我們對真理自體的某種「感知」。而曾天從確實主張，真理自體必須「作為在某種形態下被我們所感知之物（感知せられたるもの）而存在」。[12] 對於這個「感知」，曾天從有時也使用日文漢字的「感觸」，任何的開端的研究都必然要以某種「存在之物的存在事實性的感觸為前提」。[13] 在筆者看來，不論是「感知」或「感觸」，它都是一種被動的表示，也就是

就具有作為嚴密學的學問的性格。」（曾天從，《真理原理論——純粹現實學序說》，頁71。）胡塞爾的「嚴格學」的想法，請參閱 Husserl, "Philosophie als strenge Wissenschaft," in *Aufsätze und Vorträge. 1911-1921*, ed. By Nenon, Thomas & Sepp, Hans Rainer (Dordrecht: M. Nijhoff, c1987), pp. 3-62.。

12 曾天從，《真理原理論——純粹現實學序說》，頁6。

13 「存在するものの存在事實性の感觸が前提せられていなければならない」。曾天從，《真理原理論——純粹現實學序說》，頁7。

說，初步地來看，哲學思索的開端是被引起的，而且是被「存在之物」（存在するもの）所感動而起，它並不是來自於意識主動的心理作用、不是意向活動的主動面，反而所有的意向活動都被它所引起而指向一個存在之物，也就是說，我們的知性思惟是被一種先在的感知所賦予動機，而且這個先在的感知還必須是關於某個「存在之物的存在事實」的感知。能觸動感知的東西是「有」而不是「無」，如果我們從真理自體的雙重本質來看的話，那麼真理論的差異並不止是發生在認識當中，而是從認識的一開始就存在。

就主觀面來說，我們可以說這種「感知」是一種體驗或直觀。如我們所知，這種體驗並不是對對立者的直觀，而是對超對立者的「理觀」（θεωρία）。在真理自體的純粹形相中來「理觀」真理自體，所理觀到的雖然是純粹真理性的無內容性，但是這樣的無內容必須將真理自體的內容（超形式性）一併理觀進來。[14] 也就是說，理觀雖然觀「有」而不觀「無」，只是這個「有」是「超對立的」、是超越了所有的形式的「超形式」。換句話說，曾天從在這裡承認，我們對真理自體有一種理觀，因為它是超對立的，所以並不是以對立的方式顯現於前，然而卻是被我們所感知的，在這個意義下它是「已知」。然而作為超對立的真理自體，在當它作為被探問的真理、成為認識的主觀之「所對」的同時，它首先必須作為一種「對我們來說的」存在之物，也就是說，真理自體必須「自我變貌（sich modifizieren）」為一種對立之物，才能成為認識的對象。這樣來看的時候，它需要主觀作為媒介來自我顯示自身，我們在本書以下就會看到，這裡的主觀是廣義上的，它不止於認識的、也可以是實存的，如果我們依循學界一般的用法，將實存的認識也包含於廣義下的「實踐的認識」的話，那麼在曾天從看來，只要是認

---

14 「但是將真理自體如此地於其純粹形相中來理觀之際，所顯明出來的純粹真理性的無內容性在這個意義下應該是要與其超形式性一併地總括地來被理解才是。」曾天從，《真理原理論——純粹現實學序說》，頁91。

識，它都是發生在主觀的內部，是與主觀相關的。要作為主觀的相關之物，「真理自體」必須自我變貌為「真理認識的對象」。也就是說，就存在的性格而言，真理自體必須自我變貌為「存在之物」或「真理存在」，才有辦法接受意識的探問。因而在曾天從看來，哲學的思索者首先應該要區別開「真理自體」與「真理認識」的差異，這樣來看的時候，真理論的差異可以說是所有的哲學探究的前提，這也是曾天從在這本書中所一再強調的部分。

從真理論的差異，我們可以知道，由於哲學思索是為真理自體的感知所推動（motivieren），所以就哲學思索者來看，真理自體對他而言，並不是「已知」，也不是「無知」（曾天從的措詞是「未知」），而是處於「已知與無知」的中間狀態，或者如曾天從所說，在「未知」與「已知」之間必須擁有某種共通的基礎。[15] 而在筆者看來，這表明了真理認識雖然不直接地就是真理自體，然而就真理認識而言，它並不一定是一種「扭曲」，而是作為「即自存在」的真理自體自我變貌為「對自存在」、成為「認識的真理」。這中間需要一個因素的介入，也就是說，倘若真理認識可以完全在真理自體的引導下進行，那麼這個時候的真理認識其實就是真理自體的一個表現。也就是說，「對自存在」並不必然是「即自存在」的扭曲，它也可以是即自存在的「自我實現」或「自我表現」。這一點用曾天從的話來說，可以說哲學的活動是一種「與客觀相即的主觀活動」。[16] 也就是說，實事本身必須自我變貌成為思想的所與，但是這並不一定表示是對實事本身的扭曲。因為感性的變動並不會影響到認識所指向的本質，就如同笛卡兒所舉的蜜臘的例子，不論它如何改變其樣貌，它仍然是同一塊蜜臘，倘若樣貌的改變也可以是真理自體的自我實現的話，那麼在這裡，現實的哲學思索者反而必須視為是其

---

15 曾天從，《真理原理論——純粹現實學序說》，頁 133。
16 「哲學則是作為將這種客觀的認識內包於自身，並且伴隨著與客觀相即的主觀的這種自覺的對象活動的綜合學，作為主客觀統一的學問的哲學。」曾天從，《真理原理論——純粹現實學序說》，頁 2。

一個自我實現的必要媒介,而這一點也說明了真理自體所擁有的辯證法的性格。這樣來看的話,哲學的論究雖然終究只是一種「真理認識」,但是這樣真理認識也可以是真理自體的自我實現,而在筆者看來,這個時候我們可以用「真正的真理認識」來表示,這樣的「真理認識」的保證,只能根據真理自體的內部原理(也就是真理自體的「形相原理」),它讓「真正的」或「真理論的」一詞得以恰當地使用。然而即使如此,真理論的差異在一開始仍然要嚴格地遵守,對我們在本書以下的部分會再詳細地討論,在這之前我們先看看這樣的真理觀與西方傳統哲學中的真理觀的不同之處。

　　首先我們看到曾天從這樣主張:真理問題的第一要件在「真理自體」必須要作為「存在之物」而被探問,也就是說,我們必須在某種形式下「已然感知到真理自體」,然而當我們問向真理自體的時候,我們往往會從「存在物的存在性」以及「存在事實的根本事實性」來進行探問。也就是說,當我們將真理自體作為「存在」來探問的時候,我們就會以「存在的存在性」來理解其「真理的真理性」。然而我們知道,真理自體的本質是「絕對無即絕對有」或「純粹無即純粹有」,這形成了真理自體二重本質性。[17]也就是說,西方傳統哲學的「存在為何」的提問方式,並不適用於真理自體的二重本質。雖然從真理論的角度來看,我們應該反過來,從「真理自體」來思考「存在自體」,但是兩者之間仍然有別。從這裡,我們可以明白地看到,曾天從的真理觀並不是西方傳統哲學意義下的「符應的真理觀」。對於「符應觀」,筆者以下根據海德格 1930 年的〈論真理的本質〉(Vom Wesen der Wahrheit)來說明。海德格的真理觀不是「符應觀」,但是在這篇論文中,他對「符應觀」有一個很好的整理,而在筆者看來,這足以代表一般對符應的真理觀的理解。[18]

---

17 曾天從,《真理原理論──純粹現實學序說》,頁 x。
18 請參閱 Heidegger, "Vom Wesen der Wahrheit" in *Wegmarken (1919–1961)*, hrsg. von

如果就海德格的分析來看，一個實事的本質可以是「事實」的描述，也可以是「理念」（ιδέα）的描述，兩者的真理場所是不同的，這對應到兩種不同的符應真理。首先是「實事真理」（Sachwahrheit），它指的是「那個讓一個真實的存在者得以成為真實存在的東西」（was ein Wahres zu einem Wahren macht）。也就是說，一個存有者被稱為「真」，是因為他的「現實性」（Wirklichkeit）與其應該有的「觀念（理念）」一致（so ist, wie es seiner Idee nach ist），例如一個「誠實的人」，這個人「是」誠實的，他不一定知道誠實的意義，擁有誠實的知識，但是他的行為表現出「誠實」，這個時候的「他是誠實的」的真理的場所在這個「實事」（Sache）（「這個人」）上，所以是「實事真理」。在實事真理的表達中，一個存有者是真實的，在於這個「存有者」「符應」於我們的「觀念（理念）」。這個時候，我們是基於「理念」來形成判斷，這樣的真理是一種符應，是存有者與我們心中「觀念（理念）」的一致，所以是「實事與理智的一致」（*adaequatio rei ad intellectum*）（就中世紀哲學來說，這裡的理智是神的 *intellectus*，也就是神造物的理念）。

符應的真理另一種型態是以「語句」或「命題」為真理場所的「語句（命題）真理」（Satzwahrheit）或「邏輯真理」。也就是說，一個語句是真實的，在於這個語句的陳述與其所陳述的東西相一致（wenn die Aussage so sagt, *wie* es ist），這是「理智（觀念）與實事的一致」（*adaequatio intellectus ad rem*）（這裡的理智是人的理智）。例如，天在下雨，而我的這個「天在下雨」的「語句」符應於天在下雨的「事實」，這個時候真理的場所在這個「語句」（Satz）。

如果我們就曾天從的想法來看，這兩種符應的真理觀，不論是以實事

Friedrich-Wilhelm von Herrmann (Frankfurt am Main: Vittorio Klostermann, 1976), S. 178-182.

本身作為真理場所的「實事真理」，或是以「語句（命題）」為真理場所的「語句（命題）真理」，其符應的對象、方向雖然不同，但都是符應的真理，屬於對立界的真理。我們知道，曾天從的「真理自體」或「擬而真理自體」都不屬於對立的領域，它並不是符應的真理觀所追求的「正確性」（Richtigkeit），而是一個更為本源的「超對立的領域」，它包越了一切對立的真實與虛偽、並且又為一切的真實與虛偽之所從出。就其先於一切分別的真理而言，曾天從的真理觀其實比較接近於海德格所說的作為「無蔽」（ἀλήθεια）的「原真理」（Ur-Wahrheit），或西田幾多郎作為先於分別的「純粹經驗」的「真理」，但是三者的型態仍然不同，這可以從曾天從對海德格與西田幾多郎的批判窺知一二。就我們目前的理解，我們知道「真理自體」先於符應的「真偽對錯」，它所標示的不是一個事物，而是一個領域或場所，而這個真理論領域的獲得，曾天從主要是透過一個哲學史的反省，在這裡最重要的人物之一就是笛卡兒。

參、笛卡兒與真理自體的事實存在

曾天從對笛卡兒的反省的範圍很廣泛，幾乎包含了整個《第一哲學的沉思錄》的內容，除了方法的懷疑、我思故我在之外，還反省了笛卡兒的先天觀念、真實與謬誤、心物二元說，作為清晰與明辨的知覺的根源的自然之光等等。在這裡我們只集中在笛卡兒的「我思故我在」（cogito, ergo sum），這個命題曾天從簡稱為「我思命題」，在本書中我們就沿用這樣的說法。

我們知道，笛卡兒從懷疑一切的「普遍懷疑」開始，看似不承認任何「存在事實」，但是在筆者看來，這可以理解為一種「逆說」或「反說」，也就是透過懷疑事實來承認事實的存在，或者也可以說，是透過不承認這個事實來肯定這個事實。因為如我們先前所說，在曾天從看來，任何開端的研

究皆必須以某種「存在之物的存在事實性的感觸為前提」。這樣來看的話，笛卡兒雖然以普遍地懷疑一切作為出發點，但是這個懷疑仍然必須以某種存在的事實為前提、並為其所推動，懷疑不能無的放矢，它必須有所針對。在曾天從看來，笛卡兒其實是透過懷疑存在之物的「存在事實」，來反證其「存在事實」的存在。[19] 也就是說，普遍的懷疑本身必須預先認定有存在之物存在的事實，然而這個在哲學思索的開端、先於普遍的懷疑所遭遇到或感知到的存在的事實性，並不是一種對象性的存在，而是超對立的、先於認識的真理自體，它對真理認識的意識來說，是絕對的他者、也是無法完全落入認識的存在事實。因而在曾天從看來，笛卡兒對這個存在事實的反應，是透過否定（懷疑）其事實性來反證其存在，並不是直接地面對這個「存在的事實性」。由於沒有直接地面對這個事實，所以也無法自覺地且深入地探討這個存在的事實，這樣來看的時候，笛卡兒也就無法真正顯明其哲學所包含的意義，相對於此，曾天從的目標就是要深入這個為笛卡兒所遺忘的事實並揭示其原理。

首先在曾天從看來，笛卡兒的「我思命題」，所真正要表達的並不是一個「判斷」，也就是說，它並不是一個「觀念內容」的真偽的決定，而是要表達一種「純粹事實性」。[20] 我們知道，判斷是對立的雙方、在相互對立中各自主張自身的權利，比如說主張己方為真（偽）、彼方為偽（真）、或是透過相對於對立的雙方來主張第三者。然而不論是二者擇一或是透過第三者的決定，都是屬於對立的領域的事。在曾天從看來，「我思命題」的真正意義所要主張的，是一種與「判斷內容的真偽性質」完全無關的「純粹事實

---

19 「如此的看似是從存在事實性出發的懷疑的探問方式，由於在其根柢中有著想要否定此存在事實性的傾向，因而我認為笛卡兒思索的開端，從而應該可以反過來說（逆說的に），他不是透過探問這個存在事實性而進行的。」曾天從，《真理原理論──純粹現實學序說》，頁 8-9。

20 曾天從，《真理原理論──純粹現實學序說》，頁 32。

的存在」,也就是說,它根本不主張任何權利,因為它自己就是所有權利主張的來源,「權利問題」必須以「事實」為依據。「真理自體是作為純粹事實存在,作為讓論爭中表現的權利主張得以正當地來主張的可能性根據,它應當是作為所有的權利性的獲得的根本的前提」。[21] 因而不同於康德認為「事實問題」(quid facti)不能回答「權利問題」(quid juris),在曾天從看來,事實問題不僅先於權利問題、而且還是權利問題的前提。換句話說,思惟的自我觀念(我思)的正確與否並不是問題所在,更為根本問題在於超越真偽對立的「純粹事實性」本身,也就是說,在曾天從看來,笛卡兒並不是基於自我「判斷」來賦予自我存在以「權利」,而是在自我判斷中發現了自我存在的「事實」。這樣來看的話,笛卡兒的我思命題的正確表達,應是「我思即我在」。但不止於此,曾天從還進一步主張,笛卡兒的「我思的命題並不是關於邏輯判斷的實質問題,而必須被視為是關於讓所有的理論得以成立的根柢的純粹事實性的根源的承認。」[22] 也就是說,「純粹事實性」才是笛卡兒的我思命題所想要表達的東西。這樣來看的話,從真理論的角度,要如何來重新表達這個隱藏在笛卡兒的我思命題中的洞見?

我們知道,曾天從認為笛卡兒的「我思」命題並不是基於「自我判斷」來賦予「自我存在」以權利的表達,不是從自我判斷去推論自我存在,不是邏輯演繹的問題,而是發現了一個先於所有權利問題的「事實領域」,而且這個領域是與所有對立的契機無關的、全然獨立於對立的超對立的領域。因而「我思命題」中推論的「故」(ergo)是不需要的,我思命題可以理解為是直接地在自我判斷中來發現自我存在的事實。[23] 這樣來看的話,曾天從認為笛卡兒的命題,首先應改寫成「cogito, sum」(直譯為「我思、我在」)

---

21 曾天從,《真理原理論——純粹現實學序說》,頁31。
22 曾天從,《真理原理論——純粹現實學序說》,頁32。
23 「思惟的自我觀念的事實存在,是與理論的判斷內容的對立契機完全無關的東西」。曾天從,《真理原理論——純粹現實學序說》,頁32。

並根據意義將其日譯為「我思即我在」。然而對於這個命題,也可能會造成另一種誤讀,即將「我思」直接地視為不可懷疑的第一義的存在,這形成了後來「認識論的觀念論」的本源。[24] 就真理論來看,笛卡兒的其實是透過我思的懷疑來反證我在,也就是說,思惟雖然是直接地自我意識到的事實,然而它仍然是「受到感觸」而起的,不能是第一義的存在,反而意味著必須「有」先於我思的事實存在,因而曾天從認為,笛卡兒的命題在真理論的思考下,應該要改寫成「我在、我思」(sum, cogito)。這意味著比認識論的觀念論更為根源地,我們必須承認存在著一個不同於「我思」的「我在」的事實存在,而在筆者看來,曾天從的如此解說,其實也合於笛卡兒最終的意思。因而不同於認識論的觀念論,著重將「我思」闡釋為「超越論的主體性」,曾天從認為笛卡兒的重點應該放在「我在」。然而不同於笛卡兒的地方在於,曾天從認為「我在」在這裡所表示的,是一種與判斷的對立無關的自體獨立性、超對立性、無關性的領域,這個領域即是曾天從所關心的更為根源的、應先於對立的領域而被解明的真理論的領域。[25] 誠如曾天從所說,「將其〔譯注:笛卡兒〕命題解釋為如此真理自體概念的發現意義的我們的嘗試,或許恐怕是超出了笛卡兒哲學的解釋範圍[…],然而看出其真義才是我們的問題所在」。[26]

首先我們知道,笛卡兒在《第一哲學的沉思錄》(Meditationes de prima philosophia)的「第二沉思」中,在回答「什麼」(quid)是「我在」

---

24 關於曾天從對「認識論的觀念論」的批判,請參閱曾天從,《真理原理論——純粹現實學序說》,頁 12 以下。在筆者看來,這個批評其實也包括以「我思」優先於「我在」的「超越論的觀念論」的現象學。
25 曾天從,《真理原理論——純粹現實學序說》,頁 32。
26 「其命題を斯く真理自體概念の發見的意義に解釋せんとする我々の試みは恐らくデカルト哲學の解釋範圍を超出したるものであらう[…]、寧ろ其真義を見出さんとするのが我々の問題なのである。」曾天從,《真理原理論——純粹現實學序說》,頁 32-33。

（sum）[27] 的時候，笛卡兒的回答是「思惟的東西」（res cogitans）。在這裡笛卡兒將「思惟的東西」中的「思惟」（cogito）理解為一個類概念，用來指稱「懷疑」、「思想」、「肯定」、「否定」、「意欲（想要）」、「無意欲（不想要）」、「想像」、「感覺」等等。[28] 也就是說，「我在」就是「我思」。「這樣的話，我在是什麼？思惟的東西，那是什麼？是那個懷疑的、領會的、肯定的、否定的、意欲的、不意欲的、想像與感覺的」。[29] 由於懷疑、肯定否定等等這些意識活動（能思），都必須有其意識之所對（所思），或者用筆者所熟悉的現象學的語詞來說，在笛卡兒第一、第二沉思中的「我在」其實就是「能思─所思」（我思）。這個時候確實如曾天從所說，我思命題應恰當地表示為「我思即我在」，或者我們反過來也可以說「我在即我思」，「即」在這裡是「等同」的意思。但是也如我們所知，笛卡兒並不停留在「我思」這個意義下的「我在」，而是透過神的誠實無欺（veracitas Dei）保證了心靈存在與物質存在，也就是說，「我在」在笛卡兒後續的沉思中，取得了一個新的意義，「自我存在」不是只有「我思」的這種觀念存在（例如前述的懷疑的、領會的、肯定的等等），它也是「思惟實體」（substantia cogitans）的存在，「我思」與「我在」並不同一。這個

---

[27] 在現象學的傳統內，特別是海德格，在對人的本質的探問上，一般都是使用「誰」（Wer），而不是使用「什麼」（Was）。海德格在《存在與時間》裡面，認為笛卡兒的這個從 Werfage 轉到 Wasfrage，是對人的本質的一個錯誤理解。

[28] 其相應的拉丁文與德文翻譯依序為 *dubitans* (zweifelnd), *intelligens* (einsehend), *affirmans* (bejahend), *negans* (verneinend), *volens* (wollend), *nolens* (nicht wollend), *imaginans* (bildlich vorstellend), *sentiens* (empfindend). René Descartes, *Meditationes de prima philosophia* (Lateinisch-Deutsch), hrsg. von Artur Buchenau (Hamburg: Felix Meiner Verlag, 1992), S. 50-52.

[29] "Sed quid igitur sum? res cogitans; quid est hoc? nempe dubitans, intelligens, affirmans, negans, volens, nolens, imaginans quoque et sentiens." Descartes, *Meditationes de prima philosophia* (Lateinisch-Deutsch), auf Grund der Ausgaben von Artur Buchenau (Hamburg: Felix Meiner Verlag, 1992), S. 50-51.

時候的「我在」是某種超越自我觀念的精神實體,同樣地,在物質觀念之外,還有物質實體,於是就形成了笛卡兒神、物質與精神的三種實體觀。也就是說,笛卡兒其實認識到「觀念存在」不等同於「實體存在」,前者屬於認識的主體,後者屬於被認識的客體。而兩者不僅在存在上不同,「自我觀念(我思)」還是根源自「自我存在(我在)」的。也就是說,倘若我們整體地來看笛卡兒,那麼笛卡兒真正想要主張的,是「我在」先於「我思」的「我在、我思」。但是西方近代哲學在認識論的主導之下,基於「確然的認識」的要求,由於自我觀念(我思)是直接明證地現前的緣故,讓它成為「不可動搖的基礎」(*fundamentum inconcussum*),成為絕對確實的真理,甚至以自我觀念作為整個近代認識論的觀念論的前提。

如果我們從曾天從角度來看,近代這種建立在認識論之上的觀念論,是在根本上混淆了「真理自體」與「真理認識」的差異的結果。以「我思」先於「我在」,無法了解「我思」的這種確定性,其實是來自於一個比意識的確定性更為本源的超對立的領域。這意謂著整個認識論的觀念論所追求的「意識的確定性」,並不是最為根本的,在這裡必須有著另一種「真理論絕對確定性」。這樣來看的話,笛卡兒將真理認識的判準設定在「意識的清淅與明辨」上也不夠徹底。這一點確實就如曾天從所說,作為笛卡兒哲學的起點的「方法的懷疑」是「有意義地被選擇的」,想要透過「排除謬誤」來達到「絕對確實的知識」。[30] 也就是說,笛卡兒的工作是真理認識的工作,而這種真理認識是要在意識的層面上,透過脫離偏見、排除「謬誤判斷」來確認已然存在的事實。然而在曾天從的想法裡面,透過「排除謬誤」並無法達到真理自體這種超對立的領域。

我們知道,笛卡兒在《第一哲學的沉思》的一開始,談到自己長久以來,就受到許多先入為主的成見所誤導,而為了要從這些成見中解放出來,

---

30 曾天從,《真理原理論——純粹現實學序說》,頁9。

笛卡兒想要（cupio）在學問中探尋某種不可動搖的與不變的基礎。[31] 他的目的是要藉由這種「確然性」來取代成見或意見，也就是說，對笛卡兒來說，真理的獲得需要排除謬誤，這也同時意謂著在笛卡兒看來，「真理」是必須排除謬誤的這種「確然性」。這造成笛卡兒的「方法的懷疑」，從一開始就預設了真理與謬誤的對立，如我們先前所說，在曾天從看來，這個預設是來自於一個更為根本的事實。笛卡兒「看似是從存在事實性出發的如此的懷疑的探問方式，在其根柢中有著想要否定此存在事實性的傾向的」，也就是說，笛卡兒的這個傾向，應該可以說想要是透過不探問此存在事實性的「逆說」。[32] 在筆者看來，這裡的「逆說」或「反過來說（反說）」是以一種消極的方式來表達一個積極的存在事實。也就是說，笛卡兒雖然透過懷疑來懷疑一切，然而懷疑都是為了什麼而懷疑，所以我們也可以說，懷疑其實源自於一種「肯定」，而且是一種更為根源的「絕對的確然性」。在這個意義下，笛卡兒的「普遍懷疑」本身就標示著一種「真理論的絕對自覺」。這是真理自體在笛卡兒身上的表現，或者說是笛卡兒的「自覺（覺悟）」。但是在真理論的自覺中所獲得的「絕對的確然性」，仍然不是笛卡兒式的「自我意識的確然性」。這是因為在曾天從的想法裡面，儘管哲學思索的動機與動力皆是來自於真理自體，但是「哲學的真理認識」與「真理自體」之間仍然存在著差異。從真理論的角度來看，笛卡兒運作在意識層面上的「方法論的懷疑」（methodischer Zweifel）因而只能是手段，目的在於獲得「排除謬誤」、「脫離偏見」的「確然的認識」，而這樣所獲得的自我意識的確定性，仍然是屬於對立界的東西。

相對於此，曾天從稱自己的真理論的懷疑是「原理的懷疑」（prinzipieller Zweifel），其目標不在排除謬誤、也不在排除真理認識，而

---

31 Descartes, *Meditationes de prima philosophia* (Lateinisch-Deutsch), ibid., S. 17-18.
32 曾天從，《真理原理論——純粹現實學序說》，頁 8-9。

是在建立比真理認識更為根本的真理論的「懷疑體系原理」。[33]「對於原理的懷疑來說，其課題不外乎為了懷疑而懷疑（懷疑のための懷疑），〔也就是說〕所有的關於真理的體系的懷疑都是其論究的目標，而追求懷疑體系的原理的懷疑本身，則是其自身的目的。」[34] 在筆者看來，它其實是對所有將「真理自體」等同於「真理認識」的懷疑。因而消極地來看，「懷疑體系的原理」是要建立起「懷疑」任何聲稱能獲得對真理自體的認識的體系的原理，而積極地來看，要懷疑任何認識的體系，本身就需要建立起一個「懷疑體系原理」。前者是「真理論差異」的直接表明，後者則是曾天從所要提出的「真理原理論」，在筆者看來，這是基於「真理自體的雙重本質」而來的「純粹無而純粹有」的雙重原理所構成的真理論體系。因而真理論的體系作為「懷疑體系的原理」，是為了取得讓真理論的體系得以成立的「原理」，其目標在於體系的建立，而這個體系本身就表明了我們無法在對立領域獲得真理論的確然認識，或者說任何對立的真理都必須與真理自體保持差異。但是這樣的真理觀並不排斥確然的真理認識，它所追求的是一種不同的意識的確然性的「真理論的確然性」，這反而可以說是一個比「意識的確然性」更為根源的領域。而在筆者看來，曾天從所提示的「對我們來說的真理」與「我們的真理」的這兩個領域，都是屬於「真理認識」的領域。我們在下一章中，會比較明確地看到，這樣的真理認識要成為真理論的認識，它必須受到真理原理的引導。這樣來看的話，「原理的懷疑」並不排除「確然的認識」，而是在尋找能包越真實與謬誤的超對立的原理。換句話說，真理自體的事實包越了真理認識、讓真理認識得以成為真正的真理認識。在這裡我們可以看到，對曾天從來說，真正的問題在笛卡兒所指出的「真理存在的事實」，並不是「真理的判斷」，前者屬於「真理自體」的領域，後者屬於

---

33 曾天從，《真理原理論——純粹現實學序說》，頁 9-10。
34 曾天從，《真理原理論——純粹現實學序說》，頁 9。

「真理認識」的領域。因而在曾天從看來,所有哲學上謬誤的發生的根源,就在於不能認識真理論的差異,混同了「真理自體」與「真理認識」。前者屬於「事實」,後者屬於「判斷內容」,據此曾天從認為我們可以從同一的「謬誤」事態上,解讀出兩種不同型態的意義。

首先第一種謬誤的型態是「謬誤判斷」,這屬於認識論的問題。如我們所知,在判斷領域中的「謬誤判斷(或譯為「錯誤判斷」)」是一種「判斷性質」,是主觀歸屬於判斷的性質,它與「正確」相對立,不論正確與謬誤都屬於「真理認識」的領域。這樣來看的話,真理認識是一種判斷的獲得,它是「主觀的判斷」與「客觀的判斷內容」之間的符應一致,兩者能符應一致是正確判斷、不符應一致則是謬誤判斷,也就是說,「真理認識」就運行在「正確判斷」與「謬誤判斷」的對立之間,它屬於「對立的領域」。曾天從認為就消極面來看,這形成了一種「誘惑」,將「哲學認識的體系」直接地視為「真理自體」本身,也就是直接地將「排除謬誤」視為真理探求的工作,然而這是哲學的工作者所要提防的混淆。[35] 也就是說,在他看來,真理論的問題並不在排除謬誤,而在揭示一個比排除謬誤更為根本的、超越正確與謬誤的對立性的領域。

謬誤的第二個的意義在「謬誤的事實」或「謬誤本身的事實存在」。在筆者看來,這裡的重點在於「事實存在」,在曾天從看來,它不屬於「判斷性質」,也不屬於「判斷內容」,而是將「謬誤」作為一個「客觀的事實存在」來看待。曾天從在這裡所要表達的,我們可以其對照到笛卡兒式觀念論來看。

笛卡兒在其《第一哲學的沉思錄》的「第二沉思」,在說明「我在」是一種「思惟的東西」(*res cogitans*),之後,笛卡兒回答了「什麼」(*quid*, Was)叫做「思惟的東西」,他以一個具體的方式指出它就是「懷

---

35 曾天從,《真理原理論——純粹現實學序說》,頁 25-26。

疑、思想、肯定、否定、意欲、想像、感覺」。笛卡兒在這裡所列舉的這些東西，都是屬於「思惟樣態（意識樣態）」（modi cogitandi）這個類概念之下的東西，也就是說，在第二沉思的「我在」，還不牽涉到「思惟實體」（substantia cogitans）的存在，而是指其「本質」（quidditas, Washeit）。這是對是「什麼」這個問題所給出的回答。然而在這裡的「我思」，其實是一個「類概念」，或者用現象學的措詞，它指的就是現象學的意識活動或能思，比如說「看到（知覺）、想到（想像）、懷疑什麼等等」的這種「思惟樣態」或「意識樣態」，思惟樣態（知覺到、想像到、懷疑什麼…）本身是無可懷疑的，而且思惟樣態之為思惟樣態，它就不只是「能思」（cogito），因為「看到、想到」一定是「看到什麼（所見）」，「想到什麼（所想）」，所以思惟樣態本身，就必須包括著「所思」（cogitatum）。這一點就現象學措詞來說，「思惟樣態」就其自身而言，就是「能思—所思」相關的。因而倘若發生在思惟內部的判斷，只要保留在思惟樣態的內部，不牽涉到思惟樣態的外部的話，或者說不需要考慮思惟外部的存在的話，那麼這個判斷作為思惟樣態的事實，就一定是真實的。也就是說，只要「判斷」作為一種「思惟樣態」（modi cogitandi）、不指涉到思惟或意識以外的事物的時候，它就不可能是虛妄的，這一點也包括意欲與情感。[36] 因而例如不論是在白天、還是在黑夜，倘若「看到太陽」所表示的是這個「意識樣態」本身的話，那麼不論其「判斷內容」是正確的（在白天）或是謬誤的（在夜晚），知覺的「意識樣態」都是真實的，換句話說，作為「意識樣態的知覺」，與作為「所知覺的意義內容」是可以區別出來的。前者無所謂真偽，它是事實的表示（知覺到了），後者的意義內容（知覺到什麼）才有真偽可言。我們

---

[36] 筆者在這裡主要是根據笛卡兒〈第三沉思〉中對「觀念」（ideae）這一類的「思惟樣態」的說明。相關的討論也可以笛卡兒在〈第二沉思〉、〈第四沉思〉的相關部分中找到。請參閱 Descartes, *Meditationes de prima philosophia* (Lateinisch-Deutsch).

通常所說的,感覺(知覺)沒有對錯,就是對感覺作為一種「意識樣態」的說明。

　　在曾天從看來,笛卡兒的這個看法,其實揭示了一個為笛卡兒自己也沒有意識到的「真理論的領域」。然而相對於笛卡兒著重於「意識領域」或判斷的認識活動面,曾天從著重的是「事實領域」。我們在以下第三章中,就會看到曾天從並沒有排斥,將判斷的主觀活動面也歸屬於真理自體的可能性,不過這是另一個問題,我們將其留待第三章再來討論。在這裡我們看到相對於笛卡兒式的觀念論傾向,曾天從是實在論的傾向。也就是說,他著重的是所判斷的「事實」。不同於在「判斷性質」或「判斷內容」當中,有正確與謬誤的對立,在「事實領域」當中,事實都是事實,與判斷性質、內容無關。不論我們對事實的判斷是正確或謬誤,事實都與判斷無關,這意味著不論是正確判斷與謬誤判斷,兩者都內存於一種「絕對的同一性」,而「事實領域」就是這個無關或超然於真偽對錯的領域。在曾天從看來,謬誤判斷的第二個意義,就在於它指示出了這麼一個「超對立性或無對立性的領域」的存在。[37] 這是一個不牽涉到任何「主觀的介入」(正確與謬誤)之前的「事實存在」領域,或者說它標示出了一個超越判斷的對立性領域的存在。因而在這裡我們可以看到「判斷」所具有的雙重性質,同一個判斷就其「性質」與「內容」來看,它可以是正確的或謬誤的、是主觀的,這屬於對立的領域,然而就其「事實」來看的話,它脫離了意識、對立,而屬於事實的、超對立的領域。我們在下一章的討論中,就可以看到,正是因為判斷的這個雙面性,讓判斷得以揚升而成為真理論的判斷。

　　到這裡我們看到曾天從的實在論的傾向,在他看來人類對於對象自體(對象本身),透過感覺與思考形成觀念,藉由觀念進而形成判斷而意識到它,然而如此所形成的觀念、判斷,並不是對象本身。觀念或判斷都是一

---

37 曾天從,《真理原理論──純粹現實學序說》,頁 26-27。

種意識內存在,而「對象自體」則是意識外存在。因而他站在一個實在論的立場,認為「事實」不屬於意識內部的存在,而是一種意識外部的客觀存在。我們可以在以下各章的討論中就可以更明白地看到,在曾天從看來,不止人類的意識經驗,也包括人類的實存經驗,只要是被人類所能經驗到的實在(對象),都不是實在本身(對象本身)。在這一層意義上,我們可以看到曾天從採取了一種實在論的立場,認為真理自體是一種「純粹事實性的存在」的表示,這個單純的事實存在超越了判斷上正確性(真)與不正確性(偽)。而在曾天從看來,笛卡兒的「我思故我在」所真正要表現的,正是這個不屬於對立領域中的存在的事實性,「我在的事實」就存在性格上來看,是一種不屬於內容、對立之物的東西(我思),而是內存於無內容、超對立的領域當中,這才是笛卡兒的「我在、我思」的真理論的命題所要真正要表達的意義。換句話說,曾天從在其對笛卡兒的批判中,發現了一個更為根源的領域。在筆者看來,這一點也誠如曾天從的自述:「倘若想要真正地理解笛卡兒哲學,確實必須要透過對其哲學本身的超越才行。」[38]

肆、真理自體的純粹形相

首先我們注意曾天從所使用的幾個概念,他區別開「形相」與「形式」。據筆者的理解,曾天從這兩個語詞分別對應到希臘文的「εἶδος」(形相)與拉丁文的「*forma*」(形式),這個概念在西方哲學史上原本就是多義的,在不同的文脈下有不同的理解。[39] 原則上來看,曾天從都是其理解為是對所探問之物的「是什麼」(*quidditas*)的回答,就其哲學來看,我們可以暫時將其對應到「斯有」。但是曾天從的使用並不是站在康德學派的立

---

38 曾天從,《真理原理論──純粹現實學序說》,頁 33。
39 其意義可參閱胡塞爾著,黃文宏譯注/解說,《大英百科全書草稿》中的說明。.

場上,認為「形式」與「質料」是可以分離的,而是從胡塞爾現象學的立場,認為「形式」都帶有「質料(實質內容或意向內容)」,或至少是帶著質料的「可見之物」。這一點用現象學的方式來說,它意味著容許一種「直觀」,胡塞爾的「範疇直觀」或是「本質直觀」就是一個實例。從現象學的角度來看,本質的可能性不只是思想的可能性。現象學在肯定本質的純粹性的時候,並沒有否定本質與經驗直觀間的關係,反而認為在經驗直觀中,就包含著本質直觀,現象學的「本質變換」(eidetische Variation)就是開始於一個事實的直觀。也就是說,雖然我們可以說,形相或形式的獲得是建立在經驗直觀之上,但是所獲得的形相並不依賴經驗來表現,因為就存在性格(Seinscharakter)來看,作為某物之「所是」(quidditas)的「形相」,不能是「現實存在」,而是「理念存在」或「觀念存在」,兩者分屬不同的存在樣態。胡塞爾的「本質直觀」(eidetische Intuition)或「本質現象學」(eidetische Phänomenologie)中的「本質」一詞,就是取自希臘文的「εἶδος」(其拉丁文的表示為「*eidos*」),意指一個事物的「外觀」(Aussehen)或「可見的形相」(海德格就典型地將其直譯為「Aussehen」),[40] 日本學界將其譯成日文漢字的「形相」。也正因為現象學的「本質直觀」是一種可見的「形相直觀」,讓現象學得以從意識的可能性領域著手,將現實世界與理念的世界結合在一起,而後者與曾天從的思考有相當大的親和性。

就哲學史來看,我們也可以將「形相」這個概念的使用,往前再追溯到反黑格爾主義者洛徹(Hermann Lotze, 1817-1881)對柏拉圖的解讀,洛徹的這個解讀在當時的德語學界是頗具影響力的,而曾天從雖然《真理原理論》中也討論過洛徹的哲學,但是如果我們從他對胡塞爾現象學的熟悉度來

---

40 Heidegger, *Sein und Zeit*, hrsg. von Friedrich-Wilhelm von Herrmann (Frankfurt am Main: Vittorio Klostermann, 1977), S. 82.

看，他的想法很可能是直接或間接地受到胡塞爾哲學的影響。[41] 也就是說，在「直觀」的傳統下來使用「形相」與「形式」這兩個語詞，可以說是曾天從所隱默地接受的傳統。臺灣的現象學界習慣將「εἶδος」一律翻譯成「本質」，原則上只要分清楚現象學所說的「本質」並不只是一種「邏輯上的必要條件」（conditio sine qua non），它還必須帶有「直觀」的意義就可以。而這一點之所以重要，是因為它標示了現象學與當時的新康德學派的一個主要的分歧點。也就是說，現象學並沒有如康德哲學般地嚴格地區別開感性與知性（理性），而是認為在我們的知覺的內部，就包含著感性與知性的部分，這可以說是現象學相對於康德學派的一個特色。在這個意義下，胡塞爾的「形式」（主要用以表示邏輯、數學對象）一詞，也同樣採取了直觀的立場。當然這個時候，如何了解這種「邏輯」意義下的「存在」，在現象學內部，或許是一個複雜的問題。[42] 就目前而言，倘若我們接受「讓直觀的眼睛來說話」[43] 是胡塞爾現象學的基本原則的話，那麼現象學的本質直觀所直觀的「形相」或「形式」都帶有直觀的內容、或至少是建立在直觀的內容之上的這一點，或許可以獲得一個暫時的解明。[44]

---

41 相對來看，曾天從在《真理原理論》中討論胡塞爾的部分遠比洛徹還多，範圍也相當廣（基本上包括《邏輯研究》、《大觀念》、《哲學作為嚴格學》等等），在《真理原理論》的編號第 92 項曾天從還討論了胡塞爾的「領域存在論」與「形式存在論」等等。曾天從，《真理原理論——純粹現實學序說》，頁 249-250。

42 感興趣的讀者可以參考胡塞爾的《邏輯研究》，特別是「第五研究」，它的標題就是「論意向體驗及其『內容』」（Über intentionale Erlebnisse und ihre "Inhalte"）。Husserl, *Logische Untersuchungen*, hrsg. von Ursula Panzer (The Hague: M. Nijhoff Publishers, 1984), S. 352ff.

43 關於「讓直觀的眼睛來說話」的說明，感興趣的讀者請參閱：胡塞爾著，黃文宏譯注，《現象學的觀念》的〈譯注者導讀〉。

44 胡塞爾在措詞上也有「形相的」與「形式的」（formal）的區分。原則上來看，「形式的」一詞主要用以說明「觀念的對象」，例如數理與幾何對象。對此，誠如谷徹的說明，現象學的「形相」的基本意義是來自於「生活世界」的經驗。請參閱谷徹譯注，《ブリタニカ草稿——現象学の核心》（東京：筑摩書房，2004），頁 230-232。

對此，倘若我們再將其對比到康德學派中的「形式」與「質料」二分的思考方式會更清楚。在康德學派的看法中，「形式」是先天的，是由主觀所提供，而「質料」則是後天的（*a posteriori*），是由各個各別的經驗而來，這只能來自於感性直觀。相對於此，現象學批評了康德式的「形式─質料」的二分，採取了一個更為徹底的經驗論的立場，認為本質（形相）都是在直觀中的所與，因而有「範疇直觀」或「本質直觀」，乃至於有「超越論的經驗」（transzendentale Erfahrung）的說法，而「超越論的經驗」在康德哲學內部則是自相矛盾的構詞。這是因為就康德哲學來看，作為經驗的可能性條件的「先驗條件」，其本身就不可能是「經驗」的。[45] 也就是說，倘若我們沿著現象學來想的話，「εἶδος」規定了一個個物的「是什麼內容」（Wasgehalt），規定了它的「是什麼（什麼存在）」（Was-sein, *quidditas*），也就是「本質（形相）」。而就存在樣態來看，形相（本質）不是個別之物，而是普遍者、全般者，它的存在性是理念性的、不是現實的，並不會因為現實個物的生滅而生滅，也不會隨著時間的流轉而變動。如果本質是一種直觀的形相，而形相都是關連著內容的形相，我們就可以了解「真理自體的形相」為什麼會具有相互否定的「雙重本質」，而且從這個雙重本質出發，還可以進一步討論到，對真理自體的六種認識。[46]

我們知道，在探討存在的「形相」或「本質」的時候，它可以單純地意指著存在之物的「斯有存在」（Sosein），也可以意指其「真理存在」（Wahrsein），前者著眼於這個存在之物的存在性，後者則著眼於其理念存

---

45 關於「超越論的經驗」（transzendentale Erfahrung）一詞，請參閱 Husserl, "Der Encyclopaedia Britannica Artikel," in *Phänomenologische Psychologie. Vorlesungen Sommersemester. 1925*, ed. by Walter Biemel (The Hague, Netherlands: Martinus Nijhoff, 1968), pp. 292-293.
46 對此請參閱曾天從著，黃文宏譯注／解說，《真理原理論──純粹現實學序說》，第一分冊，〈譯注者解說〉。

在的真理性。首先曾天從認為我們在進行存在規定的時候，必須從真理性來取代存在性。「存在的純粹存在性應該要被理解為是真理存在的純粹真理性、或現實存在的純粹現實性」。[47] 這是其真理論的基本立場。而在西方哲學史上，努出比徹就是典型地「將存在之物直接地視為是真理存在的真理論的實在論的立場」。[48] 在這個影響之下，「真理自體的純粹形相」就是「純粹真理性」、也是「純粹存在性」、是一切存在之物的規制或統攝原理。由於真理自體的形相原理統攝了一切存在之物，所以「存在性」必須從「真理性」來理解，「真理性」或「真理存在」一詞表示的是支配存在之物的「存在的原理」。在這裡我們可以知道，存在之物、存在性、真理存在之間的區別。在曾天從的措詞上，「存在」一詞可能指「存在性」，也可能指「存在之物」，這是一般存在論上的基本區別，但是只能根據上下文來區別開曾天從的措詞，同樣地其對「真理存在」一詞的使用也是如此，它可能指「真理存在之物」或「真理存在的原理性」。[49] 就筆者所知，在現行漢語的翻譯上，「○○性」的意義，除了具有「○○性質」之外，還有「讓可能」（例如「人性」是讓人得以成為「人」的，它不一定是現實上是人，例如這隻貓很有人性），沿著「讓可能」就可以了解，「○○性」這一翻譯詞也帶有「原理」的意思。我們在解讀的時候，可以注意「存在」與「真理」的分別，因為真理論就是主張用「真理」來了解「存在」。也就是說，傳統的「存在性」只表示出了存在之物的「斯有存在」，並沒有表現出存在之物的「真理存在（原理）」或「真理性」，而曾天從的真理論所特別強調的，就是我們應該從「真理性」來了解「存在性」。

就真理論的角度來看，「真理存在」表示的是統攝所有存在之物的存

---

47 曾天從，《真理原理論──純粹現實學序說》，頁 83。
48 曾天從，《真理原理論──純粹現實學序說》，頁 61。
49 「［…］真理存在或現實存在應該被理解為是顯示出存在的原理的性格的概念［…］。」曾天從，《真理原理論──純粹現實學序說》，頁 83。

在的原理，其最高統攝的原理，曾天從又稱之為「純粹真理性」。這樣來看的話，要理解或把握一個存在之物，不能單單從這個存在之物作為「某種特定內容」的事實（曾天從稱之為「存在之物的實質內容契機」）來規定這個存在之物，還必須從不具任何特定的內容的「純粹的存在性」，也就是從「真理自體的純粹形相」來「原理地」顯示這個存在之物。[50] 而在曾天從的措詞上，「純粹形相」就是「純粹真理性」，由於純粹真理性統攝了一切存在，因而所有的「存在之物」都必須從其「純粹真理性」來了解。[51] 換句話說，在曾天從看來，存在之物都是作為真理存在而存在的，也因而都受到純粹真理性的規定。而真理自體的超對立的領域所意指的，不外就是如此原理的領域。[52] 在這個意義下，顯示存在的真理性就是顯示規定存在之物的存在原理。存在的真理性就其作為統攝所有存在之物的「形相原理」，曾天從又稱之為「真理自體的純粹形相」，它是所有的真理存在的形相原理的表示，也就是說，在這裡並沒有「現實存在」（das Reale）與「觀念存在」（das Ideale）的差別，只要是存在之物都受到真理性的規定，而這也同時意味著，真理論的領域是一個比現實存在與觀念存在的區別更為根源的領域。

我們知道，透過真理自體，曾天從想要研究的是「規定存在的原理」或「真理原理」。這個原理雖然是「無內容的」，但不是空洞的，而是存在的最高規定原理。「真理自體的純粹形相作為真理存在的最高形式規定概念」構成了「真理形相原理論」的基本概念。[53] 它是規定真理存在的全般概念。而如我們所知，曾天從以「存在」為「真理存在」，這並不是說，存在之物

---

50 曾天從，《真理原理論——純粹現實學序說》，頁71。
51 「所謂的真理自體或現實自體的純粹形相，因而指的就是在真理存在或現實存在的純粹型態中的這種原理性的規定概念，所以它是在純粹真理性或純粹現實性當中存立的，並且是應該透過如此的存在原理來把握的東西[…]」。曾天從，《真理原理論——純粹現實學序說》，頁83。
52 曾天從，《真理原理論——純粹現實學序說》，頁84。
53 曾天從，《真理原理論——純粹現實學序說》，頁84。

先存在，然後才成為真理存在，存在之物也不需要透過意向著真理理念，才能讓現實存在成為真理存在，而是存在之為存在，本身就是真理存在。誠如曾天從所說「真理存在」與「現實存在」必須擁有「絕對同一的意義」，而且與「意欲」無關。[54] 這一點讓真理存在的討論，脫離了人類學的限制，而屬於存在論的範圍。換句話說，從真理論的角度來看，存在、現實存在與真理存在應被視為是「同一」的。對此，曾天從沿著六個「本質究明」的步驟來逐步解明真理自體的純粹形相。

真理自體的本質究明的第一個步驟，如我們先前所見，它屬於「純粹事實」的領域，這個事實性的領域擁有與判斷的對立性無關的「無關性」，或者說它是「超對立的」。「無相關性」在這裡表示真理自體對判斷內容而言是「無相關的」，對判斷主觀來說是「超越的」或「自體獨立的」、對判斷的對立性來說則是「超對立的」或「無對立的」。[55] 這樣的形相原理，曾天從也稱之為真理自體的「無的原理」。但是真理自體所有的「無的原理」並不是虛無，其兩重本質性就表示了它具有「形相原理」，擁有「純粹有」的一面，這表示出了它具有「理觀」的可能性。「理觀」是一種直觀，曾天從用它來表示對最純粹超對立之物的直觀，它是純粹觀想在「人類知性的最高實現」。[56] 也就是說，即使是「理觀」也不可避免地是「人類知性」介入的結果。在最純粹的理觀中，理觀到超越了一切內容的「無內容」，而這樣的無內容，並不是虛無，而是規定了全般內容的無內容。在這個意義下，我們也可以說，理觀所觀看到的「形相」，是超越了一切「形式」的「有」，但是這個「有」不是任何對立形式下的「有」，毋寧可以說是一種「全般

---

54 曾天從，《真理原理論——純粹現實學序說》，頁 84、117-118。
55 在本質解明的第一步驟，曾天從抽取出「其對判斷內容而言的無關性或無相關性、對判斷主觀性而言的純粹超越性與自體的獨立性，進而是對判斷對立性而言的超對立性或無對立性。」曾天從，《真理原理論——純粹現實學序說》，頁 86。
56 曾天從，《真理原理論——純粹現實學序說》，頁 28。

性」。因而從「有」的側面來說，真理自體也可以說是「全般內容性」（純粹有），但也由於是全般內容，我們無法對它建立起任何的「肯定」或「否定」（判斷性質），也不是所肯定或否定之物（判斷內容），它超越了所有的對立性的判斷，超越了主觀之物、也超越了客觀之物。於是由真理自體所統攝的存在物全般（真理存在全般），就可以分析出相互即在的「全般內容性」與「純粹真理性」這二個契機。[57] 這意謂著，任何真理存在都受到兩個本質性原理的支配，「全般內容性」構成「真理自體的實質原理」，而「純粹真理性」則是「真理自體的形相原理」，曾天從稱前者為「絕對有」，後者為「絕對無」，兩者共同形成了真理自體的雙重本質性原理。

　　形相的本質究明的第二個步驟，就在於指出真理自體的「純粹真理性」（無）「即在」於「全般內容性」（有），而這樣的「即在」是一種「內在的超越」。[58] 換句話說，它表示真理自體在超越一切對立的同時，又內在於對立、規制著一切存在之物。因而，一切現實存在之物就其存在而言都是真理存在，並且受到真理自體（純粹真理性）的規制。也就是說，這真理論來看，一切現實存在之物的「純粹現實性」，也可以理解為一種規制的原理，其「存在的原理」同時也是「純粹真理性」。這樣的話，純粹現實性、純粹存在性與純粹真理性，從真理論的角度來看是同一的。「○○性」所具有的「原理性」或「原理的規制性」意義，在真理論中被突顯出來。曾天從的真理論（Aletheiologie）的目的就是要「揭示」規制真理存在的原理。因而作為「原理」的真理自體（純粹真理性）的超越性，一方面與任何內容契機無關，但是在另一方面，任何的內容卻都受到它的規制，任何現實存在的解明都必須關連著真理自體。也就是說，曾天從原則上是從「原理」的角度來理解「純粹現實性（純粹真理性等等）」的「純粹性」的。因而「真理自體

---

57 曾天從，《真理原理論──純粹現實學序說》，頁 86-87。
58 曾天從，《真理原理論──純粹現實學序說》，頁 89。

的純粹形相」或「純粹真理性」,是作為支配的原理而與內容契機全般地即在。這一點顯示了在其第一個解明步驟中,所顯示出來的真理自體的「超越性」,其實是「真理存在的純粹真理性與其內容契機的全般即在」的表明,真理自體的超越性是一種「內在的超越」。[59] 也就是說,真理自體在超越所有的現實存在的同時,又內在地支配著所有的現實存在,而就其超越了所有的內容而言,我們無法透過任何真理存在的內容來把握真理自體,因而就內容上來看,在第二個步驟中所解明的真理自體的「超越」是一種「內在超越」。

真理自體的形相究明的第三個步驟,則是指出其所具有的「獨一性」或「純粹獨立性」,也就是說,是要指出真理自體相當獨特的自體性。這自然是相對於曾天從所批判的波扎諾、拉斯克與努出比徹所理解的「自體性」。在曾天從看來,其真理自體所具有的獨自性在於,真理自體在超越所有的特定內容的同時,也是「包越地含有(包含)」(包越的に含有する)所有的相互對立的存在的特定內容。[60] 在筆者看來,這裡的「包越」意謂著「包攝」並「超越」。也就是說,真理自體由於「超越」了所有特定的內容所以是「無」,由於「包攝」且規制了所有特定內容,所以是所有真理存在的統攝性的原理,作為統攝性原理它是一種相當獨特的「有」,是獨一的、純粹獨立的,是不能從任何「對立性」來理解的「有」或「原理」。由於在筆者看來,「包越」一詞相當能夠表明真理自體的這麼一種「既超越又包攝」的特性,我們以下就據此來使用「包越」一詞,以表示真理自體的「內在超越性」或「包越性」,這意謂著我們不能從任何特定的、相對的內容來規定、理解真理自體,而從對立的角度來看,它是「超對立的」,或者說相對於對立的領域,真理自體保有其「獨自性」或「獨一性」。

---

59 曾天從,《真理原理論——純粹現實學序說》,頁 88-89。
60 曾天從,《真理原理論——純粹現實學序說》,頁 89。

曾天從稱這三個概念——無內容（或無關性）、超對立（無對立）、獨自性（或獨一性），為真理自體最高的形式原理，又稱之為「真理原理的三一性原則」。[61] 在筆者看來，真理自體的這些特徵都是相對於「對立性」而說的，由於認識只能認識相對之物（有內容之物），也可以說是相對於「認識」而言，因而從這個三一性原則，我們可以知道，真理自體的純粹形相沒有辦法透過「具內容之物的形式概念」、沒有辦法透過「對立之物」來解明，就認識而言它是「無」。然而我們仍然對它有理觀，但是所理觀到的純粹形相（純粹真理性），雖然也可以稱為「最高的形式」，但是它仍然是「超形式的」，作為認識的原理的超形式，是在所有的形式的根柢中，規制著一切形式的「形式的形式原理」。[62] 由於其作為一切形式的形式（超形式），所以倘若就存在上來說，它是「不存在的」，或者說是「非存在之物」（Nichtseiendes）。於是作為「非存在之物」的真理自體，雖然是無內容的，但是仍然可以關連到所有真理存在的內容契機。在筆者看來，曾天從在這一點上，接受了拉斯克的「向有效性」（hingelten）的想法，並讓它適用於所有的「形式」與「形相」，包括真理自體與擬而真理自體的純粹形相。如我們所知，對拉斯克來說，「向有效性」是「形式」一個特色，形式之為形式都是「向（對）其質料的有效性」，「有效界的質料」是「存在界」，同樣地「有效界」是「形式的形式」，是以形式為其作用的質料。[63] 有效性是叡智的世界，曾天從或許在京都學派哲學的影響下，並不以「叡智界」為最終極的世界（例如西田幾多郎就是如此），而是超越了叡智界而問向一個超越對立的「真理自體」與「擬而真理自體」的領域。這樣來看的話，曾天從哲學的完全解明，必須涉及其與京都學派哲學的關係，他自己在

---

61 曾天從，《真理原理論——純粹現實學序說》，頁 90。
62 曾天從，《真理原理論——純粹現實學序說》，頁 91。
63 「向有效性」是拉斯克哲學的一個概念，其說明請參閱曾天從著，黃文宏譯注／解說，《真理原理論——純粹現實學序說》，第一分冊，「論項 15.2」的解說。

《真理原理論》中,也有意地與當時日本哲學的西田幾多郎與田邊元的哲學區隔開,並從自身哲學的角度,批判了這兩位哲學家的不足。[64]

這樣來看的話,我們可以說真理自體的「無內容性」,雖然是一種消極性的表示,但是倘若我們積極地來看的話,那麼真理自體的「無內容」也可以說是「超越」(更恰當地說是「包越」)了一切形式、內容、對立的「無內容」,對此曾天從也用「超對立」、「超形式」來表示這個事態。[65] 雖然曾天從在該書中並沒有使用「超內容」一詞,這可能是因為已經使用了「全般內容性」或「內容全般性」的緣故,但是在筆者看來,同樣的原則一樣可以適用。也就是說,真理自體的「無」是包含著「無限的對立」的「無」,它不僅包含著「無限的對立的內容契機」(所以是「超對立」)、「無限的對立的形式契機」(所以是「超形式」)、也超越了所有對立的內容與形式(超內容與超形式),而且與之無關(所以是「無相關」)。[66] 在筆者看來,我們其實也可以從「有」的側面來主張,真理自體的無內容是「超內容」、「超形式」、乃至「超相關」。這裡的「超」是「包越」的「超」,在包攝對立的同時又超越了對立。這樣來看的時候,曾天從的「絕對無」並不是「虛無」,而是在其中包含著統攝一切存在的「有的原理」,但是就其自身而言,又超越了所有的「有的原理」。在這個意義下的真理自體的「純粹真理性」,可以說是無內容而包越一切內容的「絕對的無而有」,「絕對無」表示其「純粹真理性」,絕對有則表示其「全般內容性」。由於純粹無

---

64 曾天從在《真理原理論——純粹現實學序說》的「第 193-194 論項」(頁 589-599)中,批評了西田幾多郎與田邊元的辯證法,他稱西田的辯證法是一種「生命的辯證法」,稱田邊的辯證法為「即物的辯證法」,並從自身的哲學或「絕對的辯證法」的角度(該書,第 200 論項,頁 614-616),重新理解了絕對無與相對無的關係。

65 曾天從,《真理原理論——純粹現實學序說》,頁 91。另外在討論「擬而真理自體」的時候,曾天從也跟隨努出比徹使用了「超邏輯」一詞,請參閱曾天從,《真理原理論——純粹現實學序說》,第 124 論項以下,頁 344 以下。

66 曾天從,《真理原理論——純粹現實學序說》,頁 91。

包越了純粹有,所以「純粹真理性(純粹現實性、純粹無)」是最高的統攝原理,統攝著「全般內容性(純粹有)」。

在討論完真理自體的三一原則之後,曾天從又認為我們可以從真理自體的本質解明中抽取出第四個概念,即真理自體是「無變異、無進展、超時空的完結性」。[67] 這是因為本質的「形相世界」與現實的「歷史世界」是兩個不同的世界的緣故。歷史世界的現實存在之物都是變異的、進展的、時空內的存在、其形式與內容都是未完結的。相對於此,純粹真理性則是無變異、無進展、超時空的、完結的。[68] 我們注意其「完結性」的表示。曾天從的「完結性」一詞應是來自於德文的「Abgeschlossenheit」或「Geschlossenheit」(漢語世界一般譯為「封閉的」)。而就曾天從在這裡使用的脈絡來看,則是對理論對象的說明,特別是指理觀的對象(例如形相)。理觀的對象必須是完結的,不能有剎那生滅的變動或發展,必須是不變的。[69] 在筆者看來,這是就「認識」而言的結果。首先在曾天從看來,就算現實存在就其形式與內容而言,都是變異與進展的,但是真理自體的「形相」,卻必須是「無內容」與「超形式」,也就是說,「形相」卻必須是完結的、無變異且無進展可言,否則無法成為認識之所對。[70] 在筆者看來,對真理自體的本質解明,仍然是一種認識,也就是曾天從所說的六種真理認識中的「形相的真理認識」,而由於認識需要統覺的參與,所以在認識意義下的「完結(完成)」其實是一種「成就」(Leistung),它包括了作為理想狀態的「完成」,而這是主觀參與的結果。因而就認識而言,「完結」與「未

---

67 曾天從,《真理原理論——純粹現實學序說》,頁 92-93。
68 曾天從,《真理原理論——純粹現實學序說》,頁 92-93。
69 曾天從,《真理原理論——純粹現實學序說》,頁 92。
70 西方的「理論之物」與「實踐之物」的區別,自亞里斯多德以來就已建立。感興趣的讀者請參閱《尼各馬科倫理學》第六卷一開頭的說明。亞里斯多德著,苗力田譯,《尼各馬科倫理學》,收於《亞里斯多德全集》第八卷(北京:中國人民大學出版社,1996),頁 120 以下。

完結」必須是同一現實世界的兩個構成要素，可以說沒有預先把握到「完結」的話，就不能把握到「未完結」，這一點我們可以在下一章對「未知之知」的討論中看到曾天從更為明確的說明。因而在他看來，由於空間與時間的變異性（未完結）建立在純粹真理性（超時間、超空間、完結性）之上，所以主張在變動的歷史世界的底部，有著不變動，但指導著變動的歷史世界的「純粹真理性」，它作為歷史世界的真理而與歷史現實即在。

我們知道，就曾天從的想法來看，形式與內容的對立是我們的認識可以把握的，而且「形式」必須與「內容」必須相即不離地來把握。他之所以以「形式」為「有」、以「形相」為「無」，主要是因為真理自體的純粹形相超越了一切對立，無法成為認識對象的緣故。但是形相的真理認識，卻仍然是對某種「不可認識之物的認識」，可認識者在某種意義上，反而是不可認識者的「變樣」（Modifikation）。然而如我們所知，「變樣」並不等於「扭曲」或「失真」（distortion），而曾天從其實意識到這個問題，也視之為哲學思考的一個「難題」（aporia），對此我們留待本書的第三章再來討論。我們回到對真理自體的理觀。如我們所知，形相的真理認識是最純粹的理觀，它理觀到包含一切對立的內容，也就是理觀到「全一」的絕對有，由於理觀作為一種觀看，它並不是現象學的本質直觀，在理觀「純粹真理性（純粹無）」的同時，也必須理觀到「全般內容性（純粹有）」。在這個意義下，我們可以說「真理自體」是「全般內容性」與「純粹真理性」的統合。[71] 而如我們所知，兩者分別構成真理自體的雙重本質，也就是「理念原理（全般內容性）」與「形相原理（純粹真理性）」。這樣所理觀到的「純粹真理性」是包越一切形式的「最高形式」或「純粹形相」。就純粹真理性

---

71 「就如其二重本質性的原理所表明那樣，真理自體是將真理存在之物的『全般內容性』與構成其原理的規定性的『純粹真理性』的這兩個本質性，統合在一起的東西。」曾天從，《真理原理論──純粹現實學序說》，頁93。

包越一切純粹形式而言,它一方面超越了所有的形式(超形式),一方面又是所有的形式的規定原理。作為超形式且無內容的「純粹規定性」,是曾天從對真理自體的純粹形相的解明的第五個步驟。[72]

這樣來看的話,真理自體的純粹形相作為純粹真理性是一切形式的基礎。相對於「形式」是未完結的、進展的,「形相」則是完結的、完全的、無變異、無進展的、是純粹的能規定而不為所規定,換句話說,只要存在之物存在,必然地內存於真理自體而為真理存在,受到純粹真理性的規制,存在之物所具有的未完結的形式契機,也必然地要往具有完結形相的真理存在而去,因而要揭示存在之物的存在就必須透過其真理存在性。換句話說,對真理論來說,一切都必須在真理自體的純粹形相的統攝之下,它規定了一切的形式、也帶領一切未完結的形式,往其完結的形式而去。在筆者看來,純粹真理性在這裡其實也可以說是內存於真理存在的「動機」(Motivation),它帶領現實存在往其真理存在而去,而一個現實物的完成態,並不直接地就是真理自體本身,在這裡我們仍然不能忘記真理論的差異。

第六個也是最後一個本質解明的步驟在於指出,真理自體的絕對的單一性,是包含著對立的多的單一性,它不只是一種單純獨立的「一」而已,真理自體的「一」其實是「全」的「一」、是遍及所有的真理存在的「全般的普遍性」、遍及「形式內容全般的全部範圍」。[73] 而這意味著曾天從所構思的「真理原理論」其實是一種存在論,是統攝一切存在之物的真理原理的學說。因而曾天從認為先前第三個步驟的解明中的「純粹獨一性」,在這裡要再進一步地理解為「絕對全一性」,它表示了是「真理存在」的「形式內容全般」規定了所有的「存在的存在性」。「絕對的全一性」構成了真理自

---

[72] 曾天從,《真理原理論——純粹現實學序說》,頁 93-94。
[73] 曾天從,《真理原理論——純粹現實學序說》,頁 95。

體的第六個本質解明。[74] 到這裡我們可以知道，這六個本質解明其實是在逐步地說明真理自體的「絕對無而絕對有」的雙重本質，而這六個步驟也是對「真理的形相認識」或「形相的真理認識」的解明。

伍、結語

就我們到目前為止的結論來看，曾天從的真理論不只是一門認識的真理論，它也是一門「存在論」，或者說他的存在論就是「真理論」，它的出發點在一種先於「我思」的確信。這是先於所有對立的出發點。原則上來看，曾天從的哲學並不是先以實踐、理論為對立之物，然後再尋求其統一，而是直接從超對立的真理自體開始。以真理自體為開端，意味著我們應該將思想的焦點置於「真理」問題上，讓真理問題取回存在論的核心位置，而這表示了一種哲學重心的轉移，在這裡我們要面對的不是符應（adaequatio），而是更為根源的真理（ἀλήϑεια）問題，或者更恰當地說，我們必須從真理論的角度來重新了解一切存在與真理的意義，真理原理論的目標就在解明一切真理存在的原理。

再者，這門真理論一方面將真理自體與真理認識連結在一起，一方面又嚴格地劃分真理自體與真理認識，將真理認識歸屬於對立界，將真理自體歸屬於超對立界，並且以超對立界來包越、統制對立界。真理論的領域是連邏輯的矛盾也包越的地方，哲學思索者在這裡只能為其所感動，但無法邏輯地認識，即使最純粹的理觀也無能為力，理觀所理觀到的「純粹形相」仍然不是真理自體，而是我們對真理自體的「形相認識」，這樣來看的話，我們也可以說，曾天從是將「形相」訴諸於真理自體的規定，而「形式」則屬於人類認識的規定，這個時候的「形相」是指「εἶδος」，而「形

---

74 曾天從，《真理原理論──純粹現實學序說》，頁 95-96

式」則是「Form」，前者是超對立的，後者則是對立的，「形相」超越了「形式」的把握。於是對「真理自體的形相的認識」這個措辭毋寧是「借用」，或者我們也可以說，這樣所把握到「形相」，仍然是一種「變樣」（Modifikation）。筆者傾向於從「變樣」的角度來理解曾天從的想法，在下一章（本書第三章）中，也試著將這個解釋，實際地落實在其文本的討論上。也就是說，曾天從並不是像胡塞爾那樣，將作為真理論的認識對象的真理自體還原到意識內部，並且透過超越論的主觀所自我構成的「有效性」（Geltung）來解釋「存在」的問題。而誠如胡塞爾的自我理解，在徹底地存而不論之後，一切「存在」都沒改變，然而都成為「存在現象」（Seinsphänomen）或「存在的有效性」（Seinsgeltung）。[75] 曾天從保留了一種不同於有效性的存在，或者更為恰當地說，他將保留了一個連「有效性」也超越的領域，於是相對於現象學對「超越論的主觀性」，他可以問向作為「有效性世界」的存在論根源，如我們以下所討論，這就是「擬而真理自體的領域」。在筆者看來，這是因為曾天從對斯有的理解，主要是沿著對新康德哲學的批判而來，而沿著新康德學派來看，「斯有」就是一種「有效性」。[76] 這樣來看的話，曾天從認識到「真理存在」不止是「斯有」，它也同於是「多於斯有」，或者更恰當地說，他認識到某種超越人的認識能力的存在原理，它是超對立的、無對象性、無內容的，或者說始終是多於我們在

---

75 「世界對我來說，根本不外就是在如此的*我思*中所意識到的存在，並且是在如此的我思中為我所接受。世界的整體、普遍與特殊的意義，以及其存在有效性，不外只能是從如此的*我思*中獲得。」 ("Die Welt ist für mich überhaupt gar nichts anderes als die in solchem *cogito* bewußt seiende und mir geltende. Ihren ganzen, ihren universalen und spezialen Sinn und ihre Seinsgeltung hat sie ausschließlich aus solchen *cogitationes*.") Husserl, *Cartesianische Meditationen und Parisher Vorträge*, hrsg. von S. Strasser. 2. Aufl. Photomechanischer Nachdruck. (Den Haag, 1973), S. 60.

76 請參閱曾天從著，黃文宏譯註／解說，《真理原理論──純粹現實學序說》，第一分冊，〈譯注者解說〉。

對立、對象、內容中所把握到的東西，我們受其感動，才得以進行哲學思索、取得哲學思索的動機。

　　隨之而來的哲學思索的意義在建立一門本質學。哲學的本質學不同於個別學問的本質學，它是建立在對超對立的真理自體的理觀，在這裡我們可以談「真理自體的純粹形相」。超對立的真理自體一方面是真理認識的基礎，一方面又超越了真理認識，這一點用曾天從的話來說，就是真理自體即在並且規定了一切存在之物的存在，換句話說，「真理認識」不全然只是「認識的主觀」與「認識的客觀」的問題，這裡還需要考慮到一種無法落入認識當中的真理自體。真理自體在認識上是以「理念」（ιδέα）的方式，表現在哲學思索當中，這一點讓「真理理念」在曾天從哲學當中，佔據了一個重要的位置，從「真理自體」來了解「存在自體」，就「理念（原理）」來了解「本質」。在這個意義下，「本質學」成為「原理學」或「理念學」，則是其思想的一個特色。

　　我們知道，「真理存在」與「現實存在」原本是不同格或不同位階的概念，在回答一個事物的「是什麼（形相）」的時候，可以從其事實上的現實存在、也可以從其理念上的真理存在著手。從理念的角度來看的時候，一個事物的是什麼，也可以說是這個事物的真理、真實或實現（ἐνέργεια）。在曾天從的想法裡面，一個事物的本質是這個事物的理念的一個表現或實現，對此我們可以借用他在《哲學體系重建論》上的話來說，「當初（筆者注：在建構「現實學序說」之初）在我看來，現實概念與真理概念是結成緊密的連關，幾乎成為相契合的同格概念。」[77] 在筆者看來，這意味著要了解現實存在，我們必須透過它的真理存在，兩者是「同格的」。在這個意義下，我們可以說，對曾天從的真理論而言，任何存在都是「在真理中存在」（in Wahrheit sein），都要從其「真理存在」（Wahrsein）來了解。真理自體成為

---

[77] 曾天從，《哲學體系重建論》，上卷，〈序言〉，頁4。

統攝性與包越性的場所概念。然而這並不是混淆「存在」與「真理存在」，而是表示真理自體即在於存在之物，它在存在之物的存在當中，作為其「真理原理」而顯現、規定著這個存在之物的存在，而《真理原理論》一書所要揭示的就是這個真理存在的原理。這樣來看的話，我們就可以了解，為什麼現實存在作為真理存在，它必須同時受到「無」與「有」兩個原理的支配，沿著「純粹無（最高的形相原理）」與「純粹有（最高的內容原理）」，而有「相對無、現實有（相對有）」的原理的提出。[78]

在進行真理認識的時候，曾天從所一再強調的是真理論的差異。也就是說，真理自體無法像柏拉圖那樣，能被「思惟」（νοεῖν）所把握，它只能被感知，然而當它作為被感知之物而交付給認識主觀的時候，真理自體在這裡取得一個「形相」（εἶδος），成為理觀的對象。理觀所得的「純粹形相」不是感性的圖相（Bild），而是讓這些圖相得以可能的形相，它是無內容、超形式、超對立等等。作為如此的存在，在存在的性格上它與現象界的事物有別。因而曾天從也用超時空的「絕對同一性」來形容真理自體的純粹形相，在這裡真理自體的「無內容性」與「全般內容性」處於絕對的同一之中，兩者共同形成真理自體的二重本質性。但是這樣的「絕對同一性」，並不是觀念論式的精神內容或意識內容，也不是素樸實在論式的與主觀毫不相關的實體。在筆者看來，曾天從在《真理原理論》中的「絕對的」一詞，都必須以超對立的方式來理解。從這個角度來看，真理自體與認識的主觀之間的「無關的關係」，並不是兩者之間毫無關係，而是說明兩者之間的關係並不是與「對象」之間的關係，或者更恰當地來說，是認識到除了「對立（對象）」的關係之外，還有某種「多於」。於是如何去理解這種「多於」，就有很多種可能性，而這些都可以視為是真理論的可能範圍。

---

78 關於「相對無」與「現實有」的原理，請參閱曾天從，《真理原理論——純粹現實學序說》，「論項40」的討論。

曾天從所開啟的真理論的領域，雖然源自於笛卡兒，但卻是笛卡兒哲學所忽視或無法揭示的領域。如我們所知，笛卡兒之所以進行「普遍的懷疑」，是因為有「謬誤的存在」，然而謬誤之為謬誤，其前提是必須有真理，因為謬誤是消極性的（negativ）表示。也就是說，笛卡兒必然是在某種程度上感知到真理，才會進行懷疑，懷疑不會無的放矢，而是為了真理而懷疑。而笛卡兒在其追求真理的途徑上，最終訴諸於理性的「自然之光」。這在曾天從看來，「清晰與明辨」只能為自我意識的對象提供「判準」，作為真理的根源的真理自體，並不只是判準，也不能完全解消為對象，也因而不能在意識的層面上獲得確然的知覺。在筆者看來，這意味著，在這裡必須有另一種不同於意識的「確然性」的「真理論的確信」存在。因而笛卡兒雖然認識到「謬誤」是促使我們朝向而去真理的「動機」，但是不能認識到真理就其自體而言，是超越真偽對立的，笛卡兒對謬誤的理解，只是將其視為是一個能夠達到具確然性的真理認識的一個方法上的媒介，然而如筆者上述所主張，意識的確然性並不是真理論的確信。這一點倘若我們從曾天從觀點來看的話，那麼謬誤作為一個存在事實，也必須被視為是真理自體的表現。這意謂著曾天從的真理論所開啟的領域是超對立或無對立的領域、是先於判斷的真偽並且讓真偽的判斷得以成立的領域。倘若允許我們借用海德格的措詞來說的話，那麼在筆者看來，這樣的真理觀是比符應觀更為根源的「無蔽」（ἀλήθεια）的真理觀。在這裡我們也可以看到，不同於笛卡兒，曾天從並不局限在「清晰與明辨」的這種「自我意識的確定性」上，其透過「原理的懷疑」所要解明的，是更為根源的「絕對的確定性」或「真理論的確信」，而這是笛卡兒的「方法論的懷疑」所無法觸及的更為根源的超對立的領域。

　　就這一點來看，曾天從與胡塞爾一樣，都可以說是笛卡兒意圖的真正完成者。不同的地方在於，「自體存在」對胡塞爾的現象學來說，在認識上必須被存而不論，但是胡塞爾並不是說它不存在，而是認為「自體存在」這個想法，在認識論的開端，不能扮演任何角色。反之曾天從在這一點上則

認為，在認識上我們必須肯定真理自體的事實存在，雖然真理認識是在理性的觀看（理觀）中成立，但是真理認識與真理自體之間始終保持為一種「無關的關係」。意識受其感動而指向它，它是認識的活動之所指向，然而它卻始終對我們的意向的意識保持隱蔽，無法化約為自我意識的真理，而這其實意味著真理自體是意向性的來源，也是意識的真理的來源，意向性不能被主觀化，不能單單從意識的活動面來理解，因為它的開端毋寧是被意向的（Gerichtetsein），是一種被指向某物的意向（auf etwas·gerichtet sein），認識的主觀反而是屬於意向性的，是在意向性中的自我構成。這一點讓曾天從的哲學很難單純地用傳統實在論的一元論、二元論的方式來定性。其超對立的想法雖然接近於中後期的謝林，[79] 然而否定意識的絕對性與自律性，讓曾天從在思考上又遠離了德國觀念論與胡塞爾式的現象學，如何來定性其哲學仍然是學界的一個任務。

由於真理自體的即在與包攝性，因而解明現實存在的真理，就是解明真理自體的原理，這也是其《真理原理論》所自我設定的目標。在本章中所解明的「真理自體的純粹形相」，雖然表示了其具可直觀的性質，但是這仍然屬於真理的形相認識，並不直接地就是真理自體本身。最後，我們知道曾天從的哲學問題，一開始就問向哲學思索的開端與終結，並且認為哲學的開端與終結共同源自於超對立的真理自體，解明其「事實存在」可以說是其第一步。在哲學的開端，我們對真理自體的知是一種已知、也是未知，在這裡曾天從傾向於柏拉圖式的回憶說，受到真理所驅動的靈魂的愛智活動，其開始與終結皆必須內存於真理的限定之下，為真理自體的原理所統攝，真理自體統攝著整個哲學思索，然而即使在哲學探問的終結，真理自體仍然超越我們對它的認識，而保持為一種「無知」。換言之，真理自體所具有的「無而

---

79 關於謝林式的「超對立」的想法。請參閱黃文宏，〈論謝林在其《自由論》中對觀念論與實在論的超越〉，《臺大文史哲學報》第 91 期（2019 年 5 月），頁 149-172。

有」的性格，限定了哲學思索的開始與終結，而作為哲學思索的中間者的我們，對它卻始終處於「無知」當中，然而即使在「無知」中，我們卻仍然必須承認真理自體的存在的事實。對於這一點，我們會在下一章中，再進一步地來討論這個問題。

引用文獻

エトムント・フッサール,谷徹（訳）,《ブリタニカ草稿——現象学の核心》。東京：筑摩書房,2004。

亞里斯多德著,苗力田譯,《尼各馬科倫理學》,《亞里斯多德全集》,第八卷。北京：中國人民大學出版社,1996。

林谷峰,〈曾教授天從哲學著作之簡介〉,收於林義正、郭博文、趙天儀主編,《曾天從教授百歲冥誕紀念集》。新北：富春文化事業公司,2010,頁 108-132。

胡塞爾著,黃文宏譯注,《現象學的觀念》。新竹：國立清華大學出版社,2017。

胡塞爾著,黃文宏譯注/解說,《大英百科全書草稿》。新竹：國立清華大學出版社,2021。

曾天從,《哲學體系重建論》,上卷。臺北：青文出版社,1981。

曾天從,《真理原理論—純粹現實學序說》。東京：理想社出版部,1937。

曾天從著,黃文宏譯注/解說,《真理原理論——純粹現實學序說》,第一分冊。新竹：國立清華大學出版社,2023。

黃文宏,〈論謝林在其《自由論》中對觀念論與實在論的超越〉,《臺大文史哲學報》第 91 期（2019 年 5 月）,頁 149-172。

Descartes, René, *Meditationes de prima philosophia (Lateinisch-Deutsch)*, auf Grund der Ausgaben von Artur Buchenau. Hamburg: Felix Meiner Verlag, 1992.

Heidegger, Martin, "Vom Wesen der Wahrheit" in *Wegmarken (1919–1961)*, hrsg. von Friedrich-Wilhelm von Herrmann. Frankfurt am Main: Vittorio Klostermann, 1976, S. 177-202.

Heidegger, Martin, *Sein und Zeit*, hrsg. von Friedrich-Wilhelm von Herrmann.

Frankfurt am Main: Vittorio Klostermann, 1977.

Husserl, Edmund, "Der Encyclopaedia Britannica Artikel," in *Phänomenologische Psychologie. Vorlesungen Sommersemester, 1925*, ed. by Walter Biemel. The Hague. Netherlands: Martinus Nijhoff, 1968, pp. 237-301, 517-526.

Husserl, Edmund, "Philosophie als strenge Wissenschaft," in *Aufsätze und Vorträge. 1911-1921,* ed. by Thomas Nenon & Hans Rainer Sepp. Dordrecht: M. Nijhoff, c1987, pp. 3-62.

Husserl, Edmund, *Cartesianische Meditationen und Parischer Vorträge*, hrsg. von S. Strasser, 2. Aufl., Photomechanischer Nachdruck. Den Haag, 1973.

Husserl, Edmund, *Logische Untersuchungen,* hrsg. von Ursula Panzer. The Hague: M. Nijhoff Publishers, 1984.

第三章　論曾天從「理念的真理認識的難題」

　　　　　　　　　　　　　　　哲學論究必須致力於讓死路變活路。

　　在本章中，我們將討論的重心放在曾天從在其所謂的「理念的真理認識」或「哲學認識」中所提到的三個難題。「難題」就字面上來看，曾天從的措詞是「アポリア」，這是拉丁文「aporia」的音譯，應是源自希臘文的「ἀπορεία」，在字面上的意思就是「沒有出路」（a-poria），表示一種「無路可走」的困境、或根本「不可解」的難題，直譯的話就是「死路」。其中前置的「a-」是否定詞，去掉這個否定詞的話，就成「活路」（ポリア），在筆者看來這三個難題都是沿著真理論的差異而來的難題。

　　如我們所知，曾天從嚴格地區別開「真理認識」與「真理自體」，我們稱之為「真理論的差異」。首先我們知道，曾天從將所有的「真理認識」區分為六種，其中「形相的真理認識」與「理念的真理認識」屬於「超對立的真理認識」，而「形質」、「理質」、「現象」與「實質」的真理認識則屬於對立的領域的認識。「形相的真理認識」是對真理自體的「形相」或「形相原理」的認識，如我們在上一章中所顯示，曾天從將其總結為「真理自體的雙重本質」（形相原理與理念原理）與「三一原則」（無關性、超對立性、獨一性）。從我們上一章的討論中可以知道，真理自體的雙重本質可以再進一步展開為兩個原理：「純粹真理性原理」與「全般內容原理」。前者是真理自體「最高的形相原理」，後者則是其「最高的內容原理」，而「形相的真理認識」，簡單地來說，就是對真理自體的「純粹形相」或「純粹真

理性」的認識或「概念上的把握」。[1]對於認識的主觀在概念上究竟「把握到什麼」，感興趣的讀者可以從第二章中，獲得簡明的認識。本章在這裡所要處理的是第二種「真理認識」，也就是「理念的真理認識」及其所衍生的一些問題。

在曾天從看來，作為「理念的真理認識」的代表性學問是「哲學」。哲學屬於「對我們來說的真理」，是一種「真理認識」的學問。然而如我們所知，「真理自體」與「真理認識」的這種「真理論的差異」是曾天從在其書中所一再強調的地方。在他的想法裡面，哲學致力於追求真理自體，所獲得的哲學認識也要求是一種超對立的真理認識，但是儘管如此，我們所能獲得的認識，或者說最高層次的「對我們來說的真理」，作為一種「真理認識」，其與真理自體之間仍然必須保持著「差異」。換句話說，「哲學」即使作為「超對立的真理認識」的學問，其與真理自體之間仍然必須保持「差異」。於是這麼一來就會形成一個問題，倘若真理論的差異必須保持的話，那麼「哲學的認識」的意義到底在哪裡？這會不會形成曾天從自己所批評的，「就好像是在暗夜中射擊，卻又期待命中靶心一樣」。[2]也就是說，相對於形相的真理認識是對認識的「把握到什麼」的解明，理念的真理認識比較偏向對「應該把握到什麼」的解明。對此，在筆者看來，曾天從其實給出了一個方向式的「解答」，並提供了解決的「線索」與「保證」。既然如此，就代表這些難題並不是真的是死路。而筆者在本章的工作，就在致力於從曾天從的想法來回答這個問題，並且藉由對這個問題的解明，來進一步地了解曾天從所構想的「真理論」的基本形態。我們先看看曾天從所謂的「理念的真理認識」的特色，這在他看來就是從「真理論」的角度來看的「哲學」。

---

1 「真理自體的純粹真理性，在根本上是絕對同一的、超對立的，而在其純粹型態中的概念的把握即是純粹形相的真理認識。」曾天從，《真理原理論──純粹現實學序說》，頁167。
2 曾天從，《真理原理論──純粹現實學序說》，頁165。

壹、理念的真理認識的兩個特色

首先,曾天從先根據一般的理解,將「哲學」理解為一門「被究極原理所規制的純粹知識的原理學」,而哲學的原理是存在於一切事物的根柢的「根本原理」或「第一原理」,在這個意義它是「根本學」或「原理學」,也是「學問的學問」。[3] 在這個意義下,哲學也是一門關於讓事實作為事實而成立的「本質學」。在這裡「本質」一詞意味著一種「形相」(εἶδος),在曾天從的理解上,它不單單意味著邏輯上「不可或缺的條件」(conditio sine qua non),同時也是規定這個事物、讓這個事物得以成立的「原理」,這是哲學作為事實的本質學的意義。[4] 由於從真理論來看,「存在的存在性」必須從「真理的真理性」來了解,所以也可以說讓某物得以成為某物的「形式」或「本質」就是規定這個某物的「原理」。如我們在上一章中所說,從「原理」來了解「本質」可以說是真理論的一個特色。這樣來看的時候,哲學的目標就在於從認識的角度,而且是從應該把握到什麼的角度,來解明作為「一切原理的原理」的「第一原理」。這個第一原理在曾天從看來就是作為「理念原理」的「真理自體」,這是其「理念的真理認識」所要處理的部分。如我們所知,由於真理自體的超對立性,所以其相對應的「理念的真理認識」也必須是「超對立的認識」。

如我們所知,真理論意義下的「哲學」,也可以稱為「究極的原理學」,而曾天從所謂的「究極的原理」應是哲學所謂的「ἀρχή, principium」(本源、原理),它也是一切原理的來源與根據。這樣來看的話,真理論其實是將「本質」或「形相」視為某種存在於一切事物中的「原理」,是遍在於一切事物、支配一切事物的原理,因而其所探究的原理是對一切事物都

---

3 曾天從,《真理原理論——純粹現實學序說》,頁100。
4 曾天從,《真理原理論——純粹現實學序說》,頁102。

有效的東西。[5] 在筆者看來，這屬於真理自體的「絕對有」或「純粹有」的部分。在這個理解之下，「本質學」就是「原理學」，因而當真理論問向一個存在者的「是什麼」的時候，其所真正關心並不是這個「存在者的存在性」，而是它的「真理性」。也正就是在這個意義下，「本質」在客觀上可以說是「形相（是什麼）」（ιδέα），是一切事物本身的原形（Urbild），在主觀上可以說是「理念（應該是什麼）」（Idee），它是統制著一切存在者的存在的原理。對此，我們也可以從曾天從大量地使用「形相原理」與「理念原理」這樣的構詞就可以知道，他傾向於從「原理」的角度，來思考「本質」或「形相」所包含的種種意義。在筆者看來，這一點讓他脫離了素樸的實在論。從這個角度來看的話，真理自體的「本質（形相）」，雖然超越了經驗界，然而它卻是與現實存在即在的「理念」，這個理念就是「真理理念」。如我們所知，真理自體無法成為認識的對象，是超對立的、無內容的、無對象（不具有任何對象的構造）的，但是它是一切的對象性的來源，或者更恰當地說，它必須在對象的構造中才能完成自身，「真理自體」就具有這種「絕對無而絕對有」的雙重本質。也就是說，就其作為「形相原理」來看，它是純然超越認識的「絕對無」，就其作為「內容原理」來看，則是統攝著一切存在之物的「絕對有」。

我們再回顧一下我們的問題。在曾天從看來，哲學是一門認識的學問，它指向「超對立的真理自體」，然而所獲得的卻仍然是「對我們來說的真理」，在真理自體與真理認識之間必須保持著一種「真理論的差異」。於是在這裡就會形成一個問題：如果要保持真理論差異的話，我們要怎麼樣來了解「哲學認識」的意義。如果不是對真理自體的認識的話，它與真理自體的關係是什麼？如我們先前所示，它是一種「無關係的關係」。在了解這種關係之前，我們需要先了解曾天從如何來看待「哲學（真理認識）」這一門

5　曾天從，《真理原理論——純粹現實學序說》，頁 100-101。

學問的性格,特別是哲學在相對於其他的學問之時所顯現出來的特徵,對於這些哲學以外的學問,(我們以下依照曾天從措詞,用「科學」或「實證科學」來稱呼之。

首先如我們所知,哲學是「學問的學問」或「純粹知識的根本學」,它是所有的學問的前提的「根本學」或「原理學」,而這門學問所要探究的東西,是統攝一切事物、對一切事物都有效的「原理」。換句話說,哲學的原理所支配領域必須是「事物全般」。因而相對於「個別科學」是「現象的學問」或「事實的學問」,「哲學」則是「現象以上(或譯為「超越現象」)」或「經驗以上(或譯為「超越經驗」)」的本質學或原理學,是以構成所有的事實與現象的根本原理為其研究對象的學問。在這裡我們可以看到,曾天從遵從胡塞爾的區分,將一切學問大分「事實學」與「本質學」,並且認為相對於「科學」是關於「事實的事實學」,「哲學」則是關於事實的本質的「本質學」。也就是說,哲學是探究先於事實,並且作為事實的根本原理的「本質」或「本質原理」。在這個意義下,相對於各個各別學問,哲學並不局限在各個各別事實的本質原理,而是在其論究的一開始就要面對「事實全體」並且以「一切原理的原理」或「原理中的原理」為探究的目標。這樣來看的話,相對於事實科學局限在各自相應的事實領域,哲學面對的是全體之物、究極之物,並且給與一個原理的、體系的解決。因而曾天從認為,哲學或真理論的哲學,所應探求的是一門「全體的純粹知識學」。[6]

這樣來看的話,哲學雖然以「全體」為其目標,然而在這裡的「全體」是一個「理念」,它不是各個事實的總和、也不是一種對象存在,也就是說,它不是一個能夠作為理論的完結之物而被對象化的東西。在曾天從看來,哲學探究無論如何仍然是理論的工作,理論只能面對「完結之物」,這是理論的限制,也是其強項。因而哲學探究所面對的「全體」並不是「通常

---

6 曾天從,《真理原理論──純粹現實學序說》,頁103。

意義下的無終極、無完結的全體」，而必須是「自體絕對地完結的全體」，但是這樣的全體是將「無終極、無完結全體」也包含在內的全體。[7]而如我們所知，能將通常意義下的「完結」與「無完結」皆包含在內的全體，是超對立的全體，它超越了對立意義下的「終極與無終極」、「完結與未完結」、「有限與無限」。對於這樣的超對立的全體，曾天從也稱之為「絕對全體」或「絕對自體完結的全體」。[8]如我們所知，「理論」面對「完結之物」，「實踐」面對「非完結之物」，這樣來看的話，真理論的「理論」並不是與「實踐」對立下的理論，它是超對立的，超越了理論與實踐的二分，並將兩者包越。如筆者在《真理原理論——純粹現實學序說》，第一分冊的「解說」中所說，曾天從的「絕對」一詞必須在真理論內部來理解，它表示一種「超對立」下的絕對，是一種超越了對立、與對立「即在」、並且讓對立得以成為真正的對立的領域或場所，或者說只有在「超對立」的立場上，我們才能真正地了解「絕對」，因而「真正的絕對」並不與「相對」相對，而是「包攝相對」的絕對，然而兩者之間仍然保持著「對立」的關係。[9]本文以下就依循著曾天從的用法來使用「絕對」一詞。

　　如我們所知，哲學的理念所要求的是一門「超對立的哲學」、所探究的全體必須是「絕對的全體」。這在曾天從看來，唯有在哲學實現了內含於自身的「理念」要求的時候，這樣的哲學才得以完全自我實現。或者我們也可以說，哲學本身必須作為如此的全體體系的自我實現，這個時候才能成為「真正意義下（真の意味）的全體知」、「真正意義下的普遍學」。[10]從這

7　曾天從，《真理原理論——純粹現實學序說》，頁103-104。
8　曾天從，《真理原理論——純粹現實學序說》，頁104。
9　曾天從著，黃文宏譯注/解說，《真理原理論——純粹現實學序說》，第一分冊，〈譯注者解說〉。
10　「在哲學實現了內含在其自身之中的如此的理念要求的時候，哲學作為真實意義下的全體知的究極原理的知識體系才得以確立、也唯有如此它也才有可能成為真正意義下的普遍學。」曾天從，《真理原理論——純粹現實學序說》，頁104。

裡，我們也可以知道，曾天從的「真正的」一詞的意義，意謂著是「真理論的意義下」。這樣來看的話，真理論的認識所要面對的全體，並不是作為對象的全體，而是作為超對立的全體理念，它是一種統制所有的真理存在的原理。再者，哲學的認識並不是抽象的認識，哲學原理所要求的「全體知」必須對應到一種「全體觀」，而為如此的「全體觀」所理觀的「全體」才是「真實的全體」（真実の全体），它是一種「具體的普遍之物」。[11] 換句話說，哲學理觀的全體是具體的普遍的全體，它所要求的是一種具體的全體觀。在這裡我們也可以看到，曾天從的「具體」一詞是關連著「可理觀性」來說。而這樣的全體一方面不脫離部分，不能從部分中抽離開來，另一方面它也是能讓部分得以成為真正部分的全體。真正的全體無法脫離部分，真正的部分也無法脫離全體，部分與全體是「相互依存」的。同樣地，曾天從也用這種「全體與部分」的相互依存，來說明「哲學與科學」的關係。[12]

在筆者看來，曾天從的這種「相互依存」思考方式貫徹了其哲學的全部，其他例如像「絕對與相對」、「哲學與科學」、「超對立與對立」、「無限與有限」、「普遍與特殊」、或「全體與部分」等等，他都用同樣的方式來說明，可以說是其真理論的一種思考方式。也就是說，唯有在哲學的全體觀當中，作為「部分」的科學才能成為「真正的部分」、才能將部分作為「全體的部分」而被真實地理解。或者我們也可以說，任何個別科學（部分）都必須關連著哲學（全體），才能把握其真實的意義。而就哲學來說，這是哲學得以與其他個別科學區別開來的一個特點，它就顯示在哲學所追求的「全體知」上。在這個「全體知」當中，部分作為部分，是意向著全體的部分，它是與全體有著連關的部分，或者說真正的部分雖然不是全體，但

---

11 曾天從，《真理原理論──純粹現實學序說》，頁 105-106。
12 「哲學原理所要求的全體知，在這個意義下，應該可以說始終是將部分作為全體的部分，並且在全體的普遍相之下真實地理解部分的這種情況的全體觀。」曾天從，《真理原理論──純粹現實學序說》，頁 105。

是由於全體即在於部分，部分就如同一扇通向全體的窗，我們透過部分而窺向全體、透過相對而窺向絕對、透過有限而窺向無限、透過可對象化而窺向不可對象化，而這個「窺向」之所以可能，是因為真理自體「即在」於所有的存在之物的緣故。在這裡我們可以看到，曾天從將傳統哲學中的哲學作為「學問的學問」的特色，詮釋為一種「全體知」或「全體觀」，而全體知與部分知之間，並不是截然不同的兩個向度。這是他對哲學認識的第一個特徵的理解。

除此之外，曾天從認為哲學認識的第二個特徵在於：「哲學的認識必須是被究極原理所統制的全體包括的知識體系」。[13] 也就是說，這個具體的「全體知」或「全體觀」是一種窺見，它觀看到有著全體的原理統制著各個部分，而哲學的基礎賦予的工作（Grundlegung），就在於最高的統制原理的意義下，來對各個各別科學賦予基礎。[14] 在這裡我們可以看到，曾天從的這個想法，是沿著一般哲學上所謂的「奠基─被奠基」的關係所獲得的結論。也就是說，任何學問的認識都是以「確實性」與「真正性」為其根本條件，而這需要從「認識論的基礎」來賦予權利與保證。這意謂著任何實證的學問或科學的主張，都必須預想著一種認識論的基礎。然而科學與哲學在面對自身認識的確實性與真正性的態度是不同的，科學的認識並不需要透過回溯到其前提的基礎、也不需要對其前提進行批判，來保證其認識的確實性與真正性，然而哲學作為「認識原理的批判學」卻是必須回到其認識原理來進行批判，並且從究極的原理來給予保證。[15] 就這一點來看，對於「認識原理的認識論的探究」就成為真理論的主要工作之一，這是哲學對哲學自身的思索。在這個意義下的哲學，是一門「哲學的哲學」，或者可以說是哲學的主觀

---

13 曾天從，《真理原理論──純粹現實學序說》，頁 109。
14 曾天從，《真理原理論──純粹現實學序說》，頁 106。
15 曾天從，《真理原理論──純粹現實學序說》，頁 107-108。

「對哲學認識的主觀」進行徹底地反省的學問,也可以說是「哲學主觀的絕對自覺的學問」。[16] 換句話說,相對於其他的科學並不需要進行如此徹底的自我批判,對哲學來說,「絕對自覺」或「自我批判」則是必要的,並且構成哲學之為哲學的一個特徵。

至此,我們獲得哲學認識的兩個本質特徵,首先哲學是「被究極原理所統制的全體包括的知識體系」,其次哲學是透過原理的批判「來對其真正性給與究極的保證」的學問。這兩個特徵都是基於「哲學理念」的要求、是包含在哲學理念中的兩個要素。對應於哲學的這兩個要求,曾天從也稱之為「究極全體知」與「究極真理知」,也就是說,哲學在要求「全體知」的同時,也要求這個知識必須是「真正的且究極的」。[17] 這樣來看的話,「真正的」一詞並不能理解為一般認識論上所謂的「符應的知」。因為「符應的知」屬於對立領域中的「知」,不論是「實事與理智的一致」(adaequatio rei ad intelletum),還是「理智與實事的一致」(adaequatio intellectus ad rem),兩者都預設了對立,因為有「對立」才有所謂的「比較而一致」(adaequatio)。但是在真理論當中,曾天從所關心的是認識的「真正性」,它是在真理論內部的「知」。也就是說,哲學雖然作為一門認識的學問,是屬於「對我們來說的真理」,然而在「對我們來說的真理」中,仍然有所謂的「真正的」認識。在這裡我們可以明白地看到,曾天從雖然討論的是「超對立的認識」,但是超對立的認識並不是與對立的認識無關,而是保證對立的認識為「真正的認識」的根源的真理。這個意義下的「真正的認識」並不是「符應的知」,而是符應的、對立的知的來源與保證,我們暫且可以稱之為「根源的知」。如我們所知,哲學認識作為「超對立的知」,它必須基於「真理自體」或者更恰當地說,奠基於「真理自體的純粹形相」。也就是

---

16 曾天從,《真理原理論——純粹現實學序說》,頁108。
17 曾天從,《真理原理論——純粹現實學序說》,頁109。

說，在曾天從看來，真理自體的純粹形相是統攝的一切存在的原理，而其所對應的學問就是哲學。所以哲學作為一門全體知，也要求其認識體系的「真正性」的究極保證，而獲得如此究極保證的認識，曾天從就稱之為「真理知」。[18] 換言之，哲學必須作為真理論意義下的哲學，才能是真正的哲學，才是關於「真理知」的學問，而由於「真理必須必然地要在其自身當中包含朝向全體的關係」，所以「真正性」最終是建立在「究極的真實」之上的，而其保證就在真理自體的純粹形相。[19]

在這裡我們可以明白地看，建立在真理自體的純粹形相的「真正性」，並不是通常認識論上所說的「符應」（Korrespondenz），「符應」是屬於對立的領域的事。哲學的「全體知」作為超對立的知，並無所謂「符應」的問題。這樣來看的話，真理的認識必須保有一種指向全體的關係，以及被這個全體所奠基的要求。在這裡，僅僅涉及部分與部分間的「比較而一致」的符應真理，只是一種「部分知」，並且這種「知」唯有關連著「全體知」，才能取得其「真理性」。

從以上的論述，我們可以知道，哲學認識是被「哲學的理念」所推動，它是哲學認識的規制原理，其最終指向一種究極的統一，而這種指向究極的統一的要求的知，曾天從用「全體真理知」一詞來表示。換言之，「全體知」與「究極真理知」是關連在一起的，前者關連著「哲學的認識體系」，後者關連著「哲學認識的自我批判」，曾天從將兩者合稱為「究極全體真理知」。[20] 其中哲學的「認識的批判」指向哲學主觀的「深度」，而「全體知」則指向認識體系的客觀內容的「廣度」。誠如曾天從所說：「在哲學

---

18 「在究極全體知的體系的要求當中，就必須同時地包含其認識體系的真正性的究極的保證的要求。我們在這裡，先將後者〔認識體系的真正性的究極的保證〕的要求，賦與究極的真理知的要求的名稱。」曾天從，《真理原理論——純粹現實學序說》，頁110。
19 曾天從，《真理原理論——純粹現實學序說》，頁110。
20 曾天從，《真理原理論——純粹現實學序說》，頁110-111。

所追求廣度當中，同時也必須存在著深度。沒有深度的廣度，不過只是單純的淺薄。沒有廣度的深度、沒有深度實存於其中的廣度，都只是空虛而已。」[21] 哲學必須同時保有「認識的廣度」與「真理的深度」這兩個側面，曾天從又稱之為「廣泛性」與「深奧性」。如果容許筆者用同樣具有「廣度量」與「深度量」的雙義性的拉丁文「*magnitudo*」來表示的話，那麼我們可以說，其中「究極的全體知」牽涉認識的客觀面的廣度量，「究極的真理知」則牽涉到認識的主觀面的自我批判的深度量，而這兩者都是基於哲學理念的要求。[22]

如我們所知，對曾天從來說，所有的哲學問題，都必須回歸到「真理為何」的問題。而所謂的真理問題，不外就是問向「真理全體」或「全體中的真理」，即使是部分真理也包含著全體真理，究極而言，哲學問題必須是以真理全體為問題。[23] 在這裡曾天從使用了「真理全體」與「全體真理」這兩個語詞，在筆者看來，兩者的意思並無分別。[24] 在這裡我們看到曾天從的一個主張，不僅「哲學為何」的問題，必須透過「真理為何」來回答，而且「真理為何」的問題，還必須歸著於「真理全體」的問題。這樣來看的話，曾天從認為在這種以「真理自體」為目標的哲學探究中，也就是「理念的真理認識」當中，就會形成三個難題。

貳、第一、二個難題與其解決的線索

我們知道，哲學作為「真理認識」指向「真理自體」，這一點是就真

---

21 曾天從，《真理原理論──純粹現實學序說》，頁157。
22 曾天從，《真理原理論──純粹現實學序說》，頁110-111。
23 曾天從，《真理原理論──純粹現實學序說》，頁113。
24 曾天從，《真理原理論──純粹現實學序說》，頁112。

理論的角度來說的。由於真理自體的超對立性,所以「哲學的理念要求哲學的認識,也必須是超對立的」。[25] 在真理論中的哲學認識,就是曾天從所說的「理念的真理認識」。在他看來,這樣的哲學認識,會在哲學上形成三個難題。對於這三個難題,曾天從在論述上,先鋪陳前兩個難題,然後再將這兩個難題合而為第三個難題,並分別給出兩個解決的「端緒」。由於日文的「端緒」一詞可以是「線索」、「開端」的意思,而曾天從在實際的討論中,又使用漢字的「前提」與「保證」來說明這兩個「端緒」。這雖然讓「端緒」一詞的意義變得豐富,但是筆者無法在此討論其間語義的轉折,只能就意義上來看。在筆者看來,這「兩個端緒」的意義,比較接近於中文的「線索」與「保證」,所以在本書,我們就分別用「線索」與「保證」來取代之。一方面這兩者也是曾天從自己使用的措詞,一方面則是由於整個問題的解決,牽涉到真理論體系的最終建立,其意義只有在哲學思索的最後才能圓滿地解明。筆者在這裡只能在跟隨著曾天從的思想的同時,也針對這些難題的解決,給出一些個人的暫時性思考。

　　首先曾天從認為,學問探究的第一個困難發生在哲學論究的開端。因為在哲學的論究的開端,哲學的本質必須在某種意義上先「被知」,「在這裡,哲學為何必須是已然清楚地被知道的。」[26] 也就是說,「哲學的是什麼」這個問題,雖然必須通過哲學的論究的過程,在思想的最後才能獲得其完全的解決,但是這個在哲學論究的一開始,應該是「未知」的哲學的本質,卻必須已然「已知」地被把握了,否則哲學論究無法開始。而這意味著,作為哲學思索的開始的「未知」、與作為其最終結局或終局的「已知」,必須在某種意義上是「同一」的東西。[27] 於是問題就在於,這裡的

---

25 曾天從,《真理原理論——純粹現實學序說》,頁 124。
26 曾天從,《真理原理論——純粹現實學序說》,頁 132。
27 曾天從,《真理原理論——純粹現實學序說》,頁 132。

「同一」的意思是什麼？這種「未知的已知」或「未知之知」要怎麼樣來理解。

　　從這裡我們可以知道幾個事情，哲學思索者對於哲學的「是什麼」，必須先有一種「知」。「在對未知之物提出問題的事態當中，在某種意義下就必須有已知之物附著，這個事態必須要被哲學的疑問在根底上所預想著。」[28]。在筆者看來，曾天從在這裡所謂的「附著」（附着する）的意義其實是「即在」。哲學的「未知」必須「附著於」或「即在於」「已知」（曾天從使用的是日文漢字的「既知」）。這個困難是針對哲學思索本身的困難，我們可以稱之為「未知之知」，也就是說，哲學所要探究的真理自體必須「已然開顯」且「附著」於哲學思索當中，而這裡的附著其實暗示著「引導」，或者我們也可以說，真理論意義下的「哲學思索」本身必須被「真理自體的理念」所引導，指向一個超對立的哲學，而這個超對立的理念，從一開始就已然在作用著了。在這個意義下，真理理念可以說是一種「本具概念」，只是它沒有或根本沒有辦法被意識所現前，無法現前為對象，也就無法被明確地概念化，然而在可現前的概念中，仍然包含著一種意向，指向這個不可現前的本具概念。這樣來看的話，在哲學思索的開端，我們雖然是未知的，然而對於仍然未知的解答，我們必須已然有一種「知」，藉由這種「知」，我們才能夠區別開哲學與非哲學，才能提出真正的哲學問題。換句話說，真理論的哲學思索，在「發問」之際，就必須已然認知到「解答」，解答從一開始就已然在作用著，並且引導著哲學的探究。這也同時意謂著哲學的「發問」與「解答」，必須在某種意義上是「同一的」，因為兩者如果不同一，就不會形成「解答」。或者說，倘若在「未知」與「已知」之間、在發問與解答之間，不存在著任何共通的根據的話，哲學的發問

---

28 曾天從，《真理原理論——純粹現實學序說》，頁133。

與解答都是不可能的。[29] 我們暫且稱這種知是「未知之知」，因而這個困難等於是在探問作為哲學開端的「未知之知」如何可能？

　　基於上述所說，我們在這裡必須區別開兩種知，一種是在意識中被對象化之前的知、一種是對象化之後的知，前者是未知，後者是已知。前者是未知的，因為它無法現前，並不是因為它不存在。而哲學的探究的可能，就在於「未知之物與已知之物必須要同時且合一地（合一的に）被把握」。[30]「未知」與「已知」必須在哲學的開端是「合一」的，於是問題就在於，這裡的「合一」是什麼意思？這一點在筆者看來，這裡的「合一」，暫時地來看，可以說是一種「合致」，這是因為真理論的差異的緣故，作為真理認識的哲學與真理自體之間的「無差異的同一」是不可能的，兩者的「一」必須保持為一種「對立的一」，如果不保持對立，將混淆真理論的差異，導至認識論上的錯誤。因而真理自體的理念仍然必須保持對真理認識的超越性，而在筆者看來，這個以「合致」的方式而出現的認識，就是「理念的真理認識」。「合致」一詞是日文漢字「合致」的直譯，這是曾天從在談論「真理理念與哲學理念」的關係的一個措詞，它可以理解為「一致」，但是兩者在意義之間，仍然有細微的差別，我們先借用其措詞，再逐步地解明其意義。

　　哲學論究的第二個困難是就哲學知識的性質來說。我們知道，哲學的知識是普遍有效的。然而哲學體系一定要有哲學思索的主觀的參與，「沒有預想哲學的主觀，哲學體系之物是不可能成立的」。[31] 這是因為就曾天從看來，哲學的體系是「純粹知識的體系」，而就曾天從的措詞來看，「純粹」一詞的意思意味著「脫離主觀」，因而哲學要達到「純粹哲學」，它就必須「完全地從哲學的主觀的制約中解離開來」。換句話說，哲學的思索無論如

29　曾天從，《真理原理論——純粹現實學序說》，頁133。
30　曾天從，《真理原理論——純粹現實學序說》，頁134。
31　曾天從，《真理原理論——純粹現實學序說》，頁135。

何是主觀的、哲學的體系也是被哲學的主觀所制約,但是哲學的體系作為「純粹學問的體系」又要求脫離主觀,因為學問之為學問,不能是主觀的,它並不依存於主觀,於是「哲學體系合一地擁有在必須被哲學的主觀所制約的同時,仍有著不可被制約的根本要求」。[32] 在筆者看來,這表示就真正的哲學的體系而言,「主觀」與「無主觀」必須是合而為一的。換句話說,雖然哲學思索脫離不了思想的主觀,哲學的認識也都是哲學思索者的認識,但是這並不意謂著哲學的認識都是「主觀的」。哲學作為一門純粹學問的體系,其認識必然接受主觀的制約,然而同時它也要求一種成為「脫離主觀的」或「無主觀」的認識,在這裡主觀與無主觀必須「合而為一」。在筆者看來,這第二個困難是就哲學認識的客觀面來說,這裡的合而為一,也一樣是「合致」的意思,我們可以暫且稱之為學問所要求的「無主觀的主觀」如何可能。

　　至此我們將這兩個困難再整理一下。在筆者看來,第一個困難是就哲學思索的「開端」來說的,哲學思索者在其思索的開端,對於哲學為何,雖然是「未知」的,但是也必須在某種程度上是「已知」的,如此才能對其進行研究。所以對於這個「未知之知」的問題,在於要如何保證「未知」與「已知」的「合一」。或者說,在這裡我們必須承認「哲學的知」是一種「未知之知(或譯為「無知之知」)」。其次,第二個困難是就哲學思索的「終局」或「最終結局」而言,哲學思索的目的在獲得哲學的知識,而哲學的知識雖然是主觀思想的結果,它必須是「主觀的」,然而就性質而言,卻要求著「脫離主觀的制約」或「無主觀的」,哲學問題是問向「認識的客觀性」。對此倘若我們沿著「主觀面」來說的話,那麼這等於是在問,在哲學上「無主觀」如何必須與「主觀」合一?換句話說,哲學知識的客觀性必須是「無主觀的知識」,於是第二個難題就在於如何保證,「哲學的主觀」所

---

32 曾天從,《真理原理論——純粹現實學序說》,頁135。

獲得的知識是「無主觀的客觀性」。在筆者看來，這個問題我們也可以這樣來想，哲學的真正主觀必須是「無主觀的主觀」，而這樣的「主觀」要如何獲得？

對於第一個問題的解決，曾天從給出了如下的線索。首先如我們上述所顯示，哲學的本質概念在某種意義上必須是已知的，曾天從稱之為「哲學的本具觀念」，但是它對我們的意識來說，在哲學思索的開端，我們不能夠明白地把握它，但是對它卻也不是完全沒有把握，因為倘若「不將如此的哲學的本具觀念設想為前提的話，那麼哲學論究所論究的問題，是不是哲學的問題，其論究本身是不是哲學性的，這些就沒有辦法判明了。」[33] 這意味著要讓論究成為「真正的」哲學論究，哲學的思索就必須以哲學的本具觀念為前提。而哲學的本具觀念對意識而言，是以一種「理念」的方式顯現而東西。也就是說，哲學的思索者受到真理自體的感動或觸動，而取得「哲學的本具觀念」，這個本具觀念以「哲學的理念」的方式，表示出哲學的真理，設定哲學最終追求的目標，並將哲學思索提升到絕對自覺的地步。這樣來看的話，第一個難題的解答的線索就在於，要讓哲學的理念成為哲學論究的發動因與目的因，讓哲學的思索開始於哲學的理念，也終結於哲學的理念。這一點如我們所知，對真理論來說，就意味著「哲學的問題」必須轉變成「真理的問題」，以真理問題為導引，換句話說，在這裡所說的「哲學的理念」必須是「哲學的真理」，「關於哲學的本質概念的問題，也必須轉變為真理本質的問題。」[34] 哲學必須以「真理為何」的問題來提問，而如我們所知，這是曾天從的真理論的一貫的看法。

這樣來看的話，在曾天從想法中，「本質」是一種「本具概念」，除了作為「規制的原理」之外，在意識的層面上它也作為「理念」而存在。「就

---

33 曾天從，《真理原理論——純粹現實學序說》，頁 137。
34 曾天從，《真理原理論——純粹現實學序說》，頁 138。

如同關於哲學的本質概念的本具概念,可以作為哲學的理念而顯現一樣,關於真理的本質概念的基本觀念,也能夠作為真理的理念而被確立。」[35] 也就是說,如同「哲學的本質」是作為「哲學的理念」而顯現,「真理的本質」也是作為「真理的理念」而顯現的。因而在筆者看來,就如同「哲學的理念」主導了哲學的開端與終局,「真理的理念」也應該主導哲學的開端與終局,而這正是其真理論的基本主張。這樣來看的時候,哲學的論究必須是真理的探究。「真理問題的解決的同時,哲學的問題也應可以伴隨地獲得解決。」[36] 因而「真理理念」的究明必須先在於「哲學理念」的究明。確定了這一點之後,曾天從認為在這裡我們可以看到第一、二個難題的解決的曙光。

首先關於第一個困難,或者我們所謂的「未知」與「已知」的「合致」問題。這個問題的解決的線索,就在哲學的開端作為未知的發動因的「哲學的本質」,必須作為「哲學的理念」而發動哲學的思索。就哲學本身而言,我們也可以說,這是哲學理念的絕對自覺,而這種自覺是階段性的,這個絕對自覺表現在「真理理念為何」的探索上。對真理論來說,哲學的理念必須就是真理理念,在這個意義下,「真理理念」是哲學思索的推動因,也是哲學論究的最終目標,它讓「哲學理念」通過種種不同的階段而被自覺,並開示了一種「哲學的理念的由低次元的階段往高次元的自覺的階段的提升的必然性」路程。[37] 也就是說,在真理問題的探求中,真理自體的純粹形相是以認識中的「哲學理念」的身分而表現自身,由此而形成「理念的真理認識」,然而理念的真理認識與真理自體的理念原理之間,仍然保持著真理論的差異。這樣來看的話,真理自體規定了哲學思索的開始與終局,兩者必

---

35 曾天從,《真理原理論——純粹現實學序說》,頁138。
36 曾天從,《真理原理論——純粹現實學序說》,頁137。
37 曾天從,《真理原理論——純粹現實學序說》,頁140。

須在某種意義下保持「同一」，但是兩者仍然「不同」。這樣來看的話，哲學探究的第一個困難，或哲學思索的「未知之知」的難題，其解決的線索在於讓「哲學思索」成為真理自體的「理念原理」的自覺或自我限定。在曾天從看來，由於「哲學理念」是哲學思索者對「真理理念」的表象，所以有不同的自覺階段的提昇，這個提升的可能性的基礎，在於這個表象的背後，必須有真理理念的引導。由哲學的理念的自我提升，我們可以知道它是未完結的，而真理理念則由於其超對立性，曾天從也用「全體」來說明它，於是他也用「部分」與「全體」來比喻「哲學理念」與「真理理念」的關係。[38] 因而在筆者看來，這個難題的解決線索，就在於要讓「真理的理念原理」來作為哲學思索的發動者與完成者，因為唯有如此，才能讓「部分」成為「真正的部分」，而這會讓我們接觸到第二個難題。

哲學思索的第二個難題在於指出，哲學的知識一方面受到主觀的制約，一方面又要求脫離主觀，而這個要求是基於哲學認識體系的「全般有效性（或譯為「普遍有效性」）」而來。在曾天從看來，哲學的知識必須是一種「純粹知識」，而哲學的體系則必須是一種「純粹學」，讓「純粹學」得以純粹的東西，就在於如此的學問必須具有「全般有效性」。[39] 他先接受通常的看法，認為「全般有效性」必須排除所有的主觀性因素。哲學的純粹知識是概念性的知識，這屬於悟性（知性）的範圍。由於概念的純粹性是透過否定「感性」的個別性而獲得，因而「概念的全般性」的保證，並不在感性而在「理性的全般性」。換句話說，在他看來，哲學的體系是被理性所要求的純粹認識的體系，它的全般有效性是為「理性的全般性」所保證。對此曾天從更進一步地問，賦予理性以全般性的根據的東西又是什麼？這牽涉到曾天從對「理性」的看法。在筆者看來，他的看法表現在「理性是透過概念來媒

---

38 曾天從，《真理原理論──純粹現實學序說》，頁 205。
39 曾天從，《真理原理論──純粹現實學序說》，頁 141。

介地、間接地認識直接的對象自體」這個說法上。[40] 如我們所知，曾天從基本上對主觀採取了不信任的立場，這也包括他對理性的看法。[41] 也就是說，在他看來，理性的把握本身也是一種媒介，是以「概念」為媒介來把握在理性之外的「對象自體」，它是一種以概念為媒介的「間接認識」，這也同樣表現在「哲學理念」與「真理理念」之間。

然而曾天從也同時注意到，「概念」並不單單只是主觀的，「概念是介在於主觀的思惟與客觀的存在之間，並且是扮演著媒介其間的統一的角色的東西」，因為概念的媒介性之所以可能，必須以對象自體或真理自體的存在為前提，而哲學概念作為純粹知識的概念，雖然是在「認識的主觀」中所建立的，但是其在本質上則是超越了認識的主觀性而屬於「客觀的自體存在」。[42] 在筆者看來，這意味著，概念的媒介性表示它是處於主觀與客觀的中間，並同時具有雙方的身分，這讓曾天從的「概念」類似黑格爾的理解，是一種動態的存在。然而與觀念論式的黑格爾的思考相當不同的地方在於，曾天從認為我們應將「認識」區分為「內容面」與「活動面」，前者應再歸屬於認識的「對象面」，後者歸屬於認識的「主觀面」，並且認為倘若區別開這兩者，或許就能夠找到問題解決的線索。[43] 換句話說，這隱含著第二個難題是來自於「活動」與「對象」的混同。因為哲學所追求的「純粹知識」是屬於「認識的內容面」的，而在曾天從看來，認識的內容面還要再歸屬於「對象自體」的存在。在認識當中，「活動面」是主觀的，「內容面」或「對象面」則是客觀的，這是兩種不同的「客觀性」，對於這兩種不同的客觀性，我們會以下第四、五章的部分再詳細討論。[44] 這意味著在曾天從看

---

40 曾天從，《真理原理論——純粹現實學序說》，頁 142-143。
41 曾天從著，黃文宏譯注 / 解說，《真理原理論——純粹現實學序說》，第一分冊。
42 曾天從，《真理原理論——純粹現實學序說》，頁 143。
43 曾天從，《真理原理論——純粹現實學序說》，頁 143-144。
44 對於這兩種不同的「客觀性」的說明，請參閱曾天從著，黃文宏譯注 / 解說，《真理原

來，學問的體系的全般有效性形式的基礎，要在「對象面」或「超越的自體存在」上來尋找。就誠如曾天從所說，「這表明了在要求純粹哲學的學問體系，是應在原理上歸屬於獨立的、超越的自體存在的這個要求當中，其自身也類似於如此的自體存在，而應可以獲得獨立的、超越的性格。」[45]真理認識的保證在於如此的認識必須在原理上歸屬於真理自體，問題在於如此原理地歸屬的可能性的保證是什麼？曾天從對此的回答在「形相的真理認識」，也就是當哲學是作為「被形相的真理認識的認識原理所規制的純粹知識體系」的時候。[46]

在這裡，我們看到哲學的兩個難題，分別是對應到哲學思索開端、與哲學認識的客觀性的困難。這兩個困難的解決的線索與保證，都在於要讓「真理認識」成為「真理自體」所規定的認識。這個時候的哲學的認識是被真理自體的理念原理所主導的，這讓作為「真理理念」的「表象」的「哲學理念」，成為哲學思索的推動因。在這個意義之下，哲學所追求的究極的全體知，必須是「究極全體真理知」，這就是哲學理念的要求。而在筆者看來，這兩個問題其實都可以歸結到要讓整個「真理認識」為「真理自體」所規定，或者更恰當地說，哲學應「成為被形相的真理認識原理所規制的純粹知識體系」。在曾天從看來，這兩個難題，還可以再進一步地合為第三個難題。

參、第三個難題及其解決的線索

第三個難題是關於「哲學理念」與「真理理念」的關係，筆者將其譯出

理論——純粹現實學序說》，第一分冊，〈譯注者解說〉。
45 曾天從，《真理原理論——純粹現實學序說》，頁144。
46 曾天從，《真理原理論——純粹現實學序說》，頁144。

如下:「第三個困難,與其說是關於真理理念作為哲學理念、是不是可以在人類理性當中被表示出來的問題,不如說是關於意識內在部分的哲學理念,要如何才能夠將意識外在的全體的真理理念、在其全體性中來把握,也就是說,是關於我們要如何才能夠將真理自體本身全體地來考究的問題。」[47] 首先我們知道,「真理理念」是真理存在全體的統制性原理,當它作為在人類的知性中所顯現出來的概念的時候,是以「超驗的純粹理性概念」而被把握到的「哲學理念」,換句話說,「哲學理念」是「真理理念」在人類的知性中的表現。[48] 曾天從認為在人類的存在當中,內在且先天地具有「哲學的理念」,這是一個事實。這樣來看的話,「真理理念」作為真理自體的「絕對有」的側面,是統攝一切存在(有)的理念,而「哲學的理念」則是「真理理念」在人類知性中的一個表現,它必須要能夠「真正表示這種真理的理念」。[49]

筆者看來,這第三個問題等於是在問,我們應如何來進行真理論的研究。要解明這個問題,我們首先要區別開三個概念:真理自體、真理理念、哲學理念。首先真理自體是「獨立且超越」人類的智能的,它完全越出了理智的能力所能把握的範圍。[50] 如我們先前所說,它與人類理智的認識之間形成「真理論的差異」,然而人受其「感觸」而進行哲學思索,並對它建立起「哲學理念」,這樣的「哲學理念」作為一種「本具概念」是「內在的」,或者說是「意識內在的」。然而對知性來說,真理自體是作為一種「真理理念」、作為「超越的超驗之物」而顯現,在這個意義下,「真理理念」是「超絕的」與「意識外在的」。而如我們所知,真理自體的雙重本質是「絕對無而絕對有」,其中的「形相原理」是其「絕對無的原理」,而「理念原

---

47 曾天從,《真理原理論——純粹現實學序說》,頁206。
48 曾天從,《真理原理論——純粹現實學序說》,頁204。
49 曾天從,《真理原理論——純粹現實學序說》,頁204。
50 曾天從,《真理原理論——純粹現實學序說》,頁204。

理」或「真理理念」則是其「絕對有的原理」。依此，首先我們知道，就真理自體的純粹形相來說，它是超越而內在的，也就是說，由於真理自體的超對立性，作為其絕對有的原理的「真理理念」相當於在「意識的外部」、是「外在的」，反之「哲學理念」則是我們對真理自體的表象，它相當於在「意識的內部」、是「內在的」。[51] 雖然我們可以說，意識的內部表象了意識的外部，但是由於真理自體的超對立性，內部與外部的區別並不真的適用於說明真理理念與哲學理念的關係，這些都是隱喻性的使用，都是表示真理理念「包攝」（包摂する）了哲學理念，在措詞上曾天從也用「部分」與「全體」來稱呼「哲學理念」與「真理理念」的關係。[52] 由於這是就內容來說的緣故，所以在筆者看來，用概念的「內涵」（intensio）來說，或許會比較容易了解，也就是說，哲學理念作為真理理念在內容（內涵）上的一個可能性的表現，從這一點來看「真理理念」包攝了「哲學理念」，於是問題就在於，在內涵的「量」（magitudo）上比較小的「哲學理念」，能不能如實地、全體地且確實地來表象在內涵「量」上比較大的「真理理念」？

對於這個問題的解決，曾天從認為我們首先要認識到兩個前提。第一個前提在於，所有的真理存在都是被真理理念所統制的存在，而這自然也包含了人類的精神。[53] 也就是說，問題解決的第一個線索在於：人類的精神應被這個高次元的真理理念所統制。在筆者看來，這意味著客觀地來說，高次元的真理理念可以自我具體化自身而表現在人類的精神上。或者主觀地來說，人類的精神可以自我提升到一個程度，讓真理理念與哲學理念得以「合致」，或者說人類的精神，藉由提升而成為「真理存在的高次元的顯現」，

---

51 曾天從，《真理原理論──純粹現實學序說》，頁205。
52 曾天從，《真理原理論──純粹現實學序說》，頁205。
53 「第一個前提是，真理的理念是在真理存在的全體當中所顯示的東西，而我們的人類精神，也是作為這種真理存在的一部分，〔它〕當然就應必須是被如此的真理理念所統制的東西。」曾天從，《真理原理論──純粹現實學序說》，頁206-207。

透過讓真理存在與哲學思索者的合致，這個時候「真理理念與哲學理念，在原理上就成為自我同一之物」。[54] 換句話說，這意味著人類的精神要被真理理念所完全地統制，作為真理存在的自我實現的一部分，而在這個時候，人類精神的哲學思索同時也是真理理念的自我思索、是其自我實現，這是問題解決的第一個基本前提。曾天從稱此為「真理理念的高次元的具體的現實化」。也就是說，當「哲學理念」成為「真理理念」的具體化的實現的時候，哲學的理念就能夠與真理理念「合致」，「真理理念與哲學理念，在原理上就成為自我同一之物」。[55]

而如我們所知，「哲學理念」與「真理理念」可以藉由精神的提升，讓原本「不同一」的理念之間，可以「同一」或「合致」。這裡的「同一」並不是完全的合而為「一」，而是表示「哲學的理念」可以全體地表象「真理理念」，但是兩者仍然不等同。在筆者看來，這是「合致」所要表示的關係，也就是說，即使在「合致的一」中，「真理論的差異」仍然必須存在，「對立」並沒有消失，對立的雙方仍然對立，是在對立中的合致。而合致的獲得需要一個「保證」，而就曾天從的真理論來說，這個保證就在於「真理的形相原理」。[56] 這是第二個前提或保證，也就是說，當我們的哲學思惟完全地依據真理自體形相原理來進行的時候，思惟可以視為是真理自體的一個實現，這個時候哲學思索雖然是主觀的，但是卻是被超越的真理自體所引導、所貫徹的主觀，這種意義下的「思惟的主觀」毋寧是忘我的主觀，它其實是真理自體在人類身上的自我表現。

在筆者看來，前兩個難題確實是可以歸納到第三個難題，而其解決的「兩個線索（曾天從的措詞是漢字的「端緒」）」或者說「線索」與「保

---

54 曾天從，《真理原理論——純粹現實學序說》，頁 207。
55 曾天從，《真理原理論——純粹現實學序說》，頁 207。
56 曾天從，《真理原理論——純粹現實學序說》，頁 207。

證」,也可以說是沿著「主觀地說」與「客觀地說」,這兩個方向的區別,簡單地說,不外就是就讓真理自體來主導我們的哲學思索。哲學思索者作為一個現實的存在,主導其哲學思索的「哲學理念」,當它成為「真理理念」的自我表現的一種方式的時候,它並不是隨意的、主觀的制定或虛構,而是「真理理念」在哲學思索者身上的自我表現。這樣來看的話,我們可以總結這三個哲學認識的難題的解決之道,就在於「哲學理念」必須從哲學思索的一開始就被「真理理念」所統制,以「真理問題」為哲學思考的開端與線索,並以「真理理念」的自我實現為最終結局,在這個時候「哲學理念」與「真理理念」是統合在一起的,但兩者仍然有別,而如我們所主張,「統合」並不是合而為一,而是「合致」的意義。這樣來看的話,「合致」或「一致」是對立的雙方在各自保持自身的同時所形成的「一」,或者也可以說是「對立的自我同一」。而當我們讓真理的形相原理來主導哲學思索的時候,這意味著所有的概念、範疇等等,都必須要相應地有一個真理論的理解,因為這個時候的概念、範疇不再是主觀的,而是客觀的表現,這讓曾天從的認識論與存在論之間,無法完全地分割開來。

肆、結語

「哲學論究必須要致力於讓死路變活路」[57]在曾天從看來,這是哲學論究的目的,而「死路」在這裡指的就是這三個難題。這三個難題都是源自於他的哲學,其解決貫穿了其哲學的全體體系,其他體系內部的問題形成都是源自於體系必然結果,在這裡筆者也試著從這個角度來思考其哲學體系。

從上述的討論中,我們可以知道,曾天從先沿著一般的看法,認為「認識」是主觀的、屬於意識內部的,而所要認識的「真理自體」則是客

---

57 曾天從,《真理原理論──純粹現實學序說》,頁 134-135。

觀的、屬於意識外部的，於是問題就集中在兩者之間的關係。就通常的想法來看，主客觀的符應一致就是「真」。但是如果以「真理自體」為某種「自體存在」，並且其「自體存在」又是超對立的、無內容、並且與意識現象無相關的話，它如何與「作為意識現象的認識」一致，就會形成問題。如我們所見，曾天從先將「認識」所形成的「判斷」，區分為「活動面」與「內容面」，判斷活動是主觀的，判斷內容則是客觀的，也就是說，我們的「知」並不全然是主觀的，它也有客觀的一面。如我們所知，這形成觀念論式的解釋，特別是現象學的想法，將意識的客觀面理解成意識活動的構成，這種客觀性是內在於意識的，也是超越於意識的，是「互為主觀的」（intersubjektiv），是屬於共同的「生活世界的」。我們在下兩章的討論中，就會比較明白地看到，這並不是曾天從的想法。

在曾天從看來，在判斷的「活動」與「內容」之外，我們還必須區別開某種「自體存在」。作為客觀面的「自體」存在，並不是意識的對象，我們不能用任何「對象」或「存在（性）」的方式來理解它，由於它是真理之所在，所以稱之為「真理自體」。因而認為我們應該反過來，從「真理自體」出發來理解「存在」，乃至於必須從真理自體來規制一切，包括作為真理認識的哲學。這一點在筆者看來，意味著我們要區別開兩種客觀，一種是與主觀相關的客觀（內容面），一種是與主觀不相關的客觀（對象面）。對此，我會在本書的第四章中，根據胡塞爾的「意義」與「對象」的區分，再詳細地討論這個問題。就我們目前的結論來看，我們可以說，「認識」雖然是哲學主觀的活動，但是其內容並不必然屬於這個哲學主觀，不同於胡塞爾現象學的看法，曾天從甚至認為「認識的客觀性」的，必須完全排除意識主觀。換句話說，相對於胡塞爾的現象學，用意識乃至互為主觀的意識的構成來說明客觀性，在曾天從看來，在意識的構成的客觀性之外，還有另一種客觀性，他稱之為「真理自體」。於是決定「認識」的東西，就不只是只有意識上的主客相關，某種超越了主客相關的超對立之物也參與其中。如我們所

知，這在曾天從來看，就是「真理自體」。而曾天從的想法，我們也可以從他對「理念的真理認識」的三個難題的解決中看出端倪。

首先我們知道，真理論作為哲學的認識，必須超越所有的主觀的制約、也包括理性的制約，而當主觀面為客觀面的對象自體所完全地引導的時候，主觀的哲學思索就是建立在客觀的「真理自體」上的思考。所以恰當地來說，曾天從應該是透過這三個「難題」的思考來引出一個結論，即哲學的問題與哲學的思索者都應該被真理自體所引導。也就是說，「哲學理念」必須以「真理理念」為準據，「真理問題」必須先在於「存在問題」。這意味著傳統哲學的「存在問題」必須讓位給「真理問題」。但是，真理問題所問向的「真理自體」，卻越出人類的理解之外，「真理自體」與「真理認識」必須保持嚴格的區別，這是曾天從式的「真理論的差異」的基本想法。兩者雖然必須保持差異，但是人類卻還是可以對真理自體建立起兩種「超對立的認識」，即「形相的真理認識」與「理念的真理認識」，它們分別對應到對真理自體的「二重本質性」的認識。所以相應地就存在上來看，我們可以得出兩種不同的規制原理，即「真理形相原理（純粹形相、絕對無）」與「真理理念原理（純粹理念、絕對有）」，這分別代表了真理自體的「絕對無而絕對有」的兩個側面。也就是說，真理自體本身雖然在其自身是超越認識的，但是透過它對人類的「感動」，哲學思索者仍然可以對它建立起「認識」，即「形相的真理認識」與「理念的真理認識」。而由於真理自體的超對立性，這兩種認識就其真理而言，也相應地要求成為「超對立的認識」，其中「理念的真理認識」或者「真理論的哲學認識」的關係，就是本文的重點。

就曾天從看來，在面對「理念」的真理認識的時候，我們必須區別開「真理理念」與「哲學理念」，前者屬於真理自體，是其絕對有的原理，後者屬於哲學思索者所有的「本具（本質）概念」，它是「本具的」並且以「理念」的方式而被我們所表象，是在人類的意識中作為「理念」而表象並且被追尋的東西，而沿著這個「哲學理念」的要求所建立的哲學，就是曾

天從所謂的「理念哲學」。如我們上述所指出，理念哲學要求哲學的認識成為「究極全體真理知」。這種「知」並不是關於對立的對象的知，而是對於超對立的「真理理念」的「知」。由如此的理念，而形成曾天從所謂的「究極真理學」。[58] 而就我們到目前為止的結論來看，這樣的一門學問的建立，不僅「哲學認識的動因」必須來自於真理自體、「哲學問題」必須以「真理認識」的獲得為目標，而且必須依據真理自體的「純粹形相」或「純粹真理性」來思考。在這裡，真理自體的「純粹真理性」作為一切存在之物的規制原理，一方面全般地「內在於」存在之物，一方面又「超越」之，這是其所具有的「內在超越」的特性。[59]

這樣來看的話，「真理理念」與「哲學理念」並不在同一位階，「哲學理念」是哲學思索者對「真理理念」的一個表象，是「意識內在」的，反之，真理理念則是超越了意識表象的範圍而是「意識外在」的。於是曾天從問了一個相當有意思問題，「哲學理念」與「真理理念」有沒有辦法合致？這即是哲學思索的第三個難題，也可以說是前兩者難題的統合。這一點在筆者看來，「真理理念」與「哲學理念」的「合致」是可能的，但是根據真理論的差異，這並不意味著兩者的「同一」，兩者之間仍然必須保持著「對立」。於是在這裡就有兩個問題，我們要怎麼樣來了解兩者的「合致」？其次，要讓兩者「合致」的話，我們應如何來進行哲學思索？

首先如我們所知，真理論的差異是曾天從所堅持的部分，也就是說，

---

58 曾天從原則上將其哲學區分為「純粹哲學」（向上哲學）、「理念哲學」（向下哲學）、將統括兩者的學問稱為「存在論哲學」，然而這三大學問又各自保持自身的獨立性，而指向一種「絕對同一哲學」。曾天從，《真理原理論——純粹現實學序說》，頁 xiv、168。

59 「而真理的真理原理，之所以作為真理的純粹真理性或純粹真理形相而被表明的理由，則是因為它是存在於全般地內在於真理本身的實質內容全般，並且同時又超越之的、內容無規定的、無內容的純粹性當中[…]」。曾天從，《真理原理論——純粹現實學序說》，頁169。

「超對立的真理自體」與「超對立的真理認識」之間必須保持差異。倘若我們將兩者混同為一的話，不僅哲學探究將失去其動力，也會產生諸多哲學上的混淆，我們可以稱這個事情是「真理論的差異」的消極意義。也就是說，「真理認識」雖然都是在某種特定的意義下來把握「真理自體」，例如透過哲學提問的追究來達到「形相的真理認識」與「理念的真理認識」。但是即使如此，真體自體仍然必須保持其超越性，它始終多於所認識到的東西，基於這個超越性，真理認識才能保有其「動力」，才有所謂哲學思索的「動因」。哲學在這個意義下，保持為一種愛智的追求。反之如果我們混淆了兩者，不僅會產生認識的謬誤，也將錯認「真理自體的本質」與「認識的本質」。[60]

這樣的話，「認識」的本質是什麼呢？曾天從先沿著一般的區分，認為認識的領域是「內在的」，它是「意識內在」對「意識外在」的真理自體的研究，真理論的差異在這裡防止了認識領域的無限擴大、防止了將超越與內在視為同一物的混淆。[61] 從這個角度來看，所有的「認識」（包括判斷活動與判斷內容）都是屬於人類的東西，都是發生在意識內部中的認識，並不就是真理本身。「謬誤」就發生在將「意識內在」所把握的判斷的真實與明證的意識，理解為「意識外在」的真理自體。這是因為真理自體的「超越性」，無法完全化約為「意識內在」。但是如此的不落入意識的超越之物，與認識之間並不是沒有關係。在筆者看來，由於真理自體統攝了所有的存在物的存在，這其實也意謂著，在我們的「認識」的內部，必須牽涉到某種不能化約為認識內在的東西，或所謂的「超越之物」的參與。這樣來看的話，曾天從在這裡也有一個「超越論的謎」（Rätsel der Transzendenz），但是不同於胡塞爾將「超越物」（Transzendentes）存而不論，並且透過意識的構成

---

60 曾天從，《真理原理論──純粹現實學序說》，頁 116。
61 曾天從，《真理原理論──純粹現實學序說》，頁 116-117。

來解決這個「超越論的謎」。⁶² 曾天從認為必須保持這個「謎」的不可解，也就是說，我們必須在「認識」中保持一個「不可認識之物」。對於這個問題，首先我們可以先消極地來看，由於「真理理念」是在「永恆的彼岸」的究極全體，如我們先前所示，它是哲學追究的動因，而否定這個事實，就等於否定哲學本身作為「愛智的學問」。⁶³ 也就是說，基於真理論的差異，兩者的分離就如同的康德的「物自體」那樣，為我們的認識劃出了界線，我們可以稱此為其「消極意義」，而曾天從也確實將康德的「物自體」類比為一種「真理自體」。⁶⁴ 但是在筆者看來，兩者仍然不等同，不同於康德的「物自體」的消極意義，真理自體對於「認識」還有一個積極意義，這一點包含在第三個難題的解決當中，即「哲學理念」與「真理理念」的連結與統合問題。

對此，曾天從認為「真理認識」，雖然是在某種意義下來把握真理自體的內在意識狀態，但是「真正的」真理認識，必須以真理自體的「形相原理」為「根據」，更進一步地說，真理自體的純粹形相本身不僅是真理認識的根據，它同時也是讓「真正的真理認識」得以成立的「保證」。⁶⁵ 也就是說，這個不落入認識的真理自體，對認識而言不是沒有作用，於是就如同「形相的真理認識」要建立在「純粹真理形相」之上一樣，「理念的真理認識」也必須建立在「純粹真理形相」之上。由於「純粹真理形相」規制了一切真理存在的緣故，所以所有的認識也都必須與它有所連關，或者說，真理論的「真理認識」之得以可能的首要條件在於，讓「真理的形相原理」成為

---

62 請參閱胡塞爾著，黃文宏譯注，《現象學的觀念》，〈譯注者導讀〉。
63 曾天從，《真理原理論──純粹現實學序說》，頁 205-206。
64 「〔康德的〕物自體以及與之同格的超驗的理念，對我們的真理論來說，是作為真理自體、作為真理存在本身，而自身自體地存在的現實之物。」曾天從，《真理原理論──純粹現實學序說》，頁 197。
65 曾天從，《真理原理論──純粹現實學序說》，頁 118。

規制所有「真理認識」的原理。也就是說,真正的真理認識必須以真理自體的形相原理為基礎,因而在所有的真理認識中,都必須受到真理自體的純粹形相的規制。這讓「真理論的認識的主觀活動」取得了一個不同於「判斷論的主觀」的意義,這樣的主觀是可以屬於真理自體的。「認識的主觀活動之所以作為活動的理由在於,它是與認識的意義內容截然區別開來的,必須作為活動本身的事實存在,而屬於真理自體的領域的東西。」[66] 在筆者看來,主觀地來說,這一點就是上述所說的人類的精神的自我提升而成為「真理存在的高次元的顯現」,客觀地來說,是我們的認識從「日常的直接性」上升到「事實解明的科學」(第一重升騰),再上升「本質究明的哲學」(第二重升騰)的二重升騰過程。換句話說,這個時候判斷的「活動」與「內容」都是屬於真理自體的東西,因而能取得真理論的命題的意義,真理論作為一種哲學理論也就得以成立。[67] 在這裡,我們也可以說,真理論的研究也牽涉到一種精神「活動」的提升,就曾天從的哲學來看,這個精神的自我提升的過程是透過「理論」,並不是中國哲學式的「實踐或修行」,或者我們也可以說,理論面也包含著精神的提升,這不是實踐面的專利。如果讓筆者借用現象學的措詞來說,理論的概念在這個意義下都是「操作性的」(operativ)。[68] 概念的意義隨著理論的深入而深入實在本身,在這裡其實並沒有通常意義下的理論與實踐的對立,但是如果一定要在理論與實踐的對立之下來說的話,那麼對於實踐優位的想法,曾天從毋寧是持批判的角度。

就真理自體的純粹形相作為真理存在的規定原理的時候,曾天從用「純

---

66 曾天從,《真理原理論──純粹現實學序說》,頁119。
67 關於認識的「二重升騰」,請參閱曾天從著,黃文宏譯注/解說,《真理原理論──純粹現實學序說》,第一分冊的〈譯注者解說〉。
68 關於「操作概念」的意義,請參閱:芬克著,黃文宏譯,〈芬克:胡塞爾現象學的操作概念〉,《面對實事本身──現象學經典文選》(北京:東方出版社,2000),頁588-605。

粹真理性」來稱呼之,也就是說,這個時候他突顯了真理自體的雙重本質性中的「絕對有」的原理,真理自體的「無內容」其實是「內容全般」,是比「有內容」還多的「無內容」,作為真理自體的形相原理,是沒有辦法被任何形式所限定的、超越了所有形式的「超形式」等等。在這裡我們可以看到曾天從的「超」一詞的使用,其實是就真理自體的「絕對有」的這一面的措辭。換言之,在理觀真理自體的時候,我們所理觀到的不只是其純粹形相的無內容,也理觀到其超形式。[69] 在筆者看來,這其實對同樣的東西的兩種說法,而如我們所顯示,這兩種說法表示出了真理自體的雙重本質。而如我們所知,由於真理論的差異,真理自體的「超形式」不是任何「有形式」,由於能落入意識內部的形式都是「有形式」,沿著這個說法,真理自體是超形式,同樣的如果「能落入意識的東西」都是「對象」的話,那麼真理自體是意識所無法把握的「無對象」。而真理論就是自覺到要讓這個無法對象化的無對象,來規制意識內在的把握。當曾天從以「意識內在」來比喻「真理認識」的時候,這意味著「真理認識」必須接受某種「意識外在」的規制性,也就是說,意識本身不是自足的,真理認識在本質上,就必須牽涉到一種不能落入意識的東西。曾天從的這個想法,就表現在它對「真理自體」與「真理認識」之間的「無關的關係」的說明上。

如我們所知,曾天從認為真理自體與真理認識之間是一種「基於認識意欲的意識的意向」關係,他也稱這種關係是一種「無關的關係」。[70] 也就是說,真理認識與真理自體之間的認識關係,是透過「認識活動」指向「真理自體」的意向相關而成立,兩者之間存在著一種「意向關係」。簡單地說,就認識而言,認識的意向仍然是真理自體。意識指向真理自體,但是由於真

---

69 「作為純粹形相的純粹真理性,從而就不只是無內容性的而已,它也必須是超形式的東西。」曾天從,《真理原理論——純粹現實學序說》,頁91。
70 曾天從,《真理原理論——純粹現實學序說》,頁118-119。

理自體的超對立、無對象、無內容，真理自體始終無法成為對象，或者更恰當地說，讓它始終多於對象、保持為超越意識之物，認識的意向性最終要指向一個根本不能成為對象的東西。這一點如果將其現象學比較來看的話，現象學雖然有「視域意向性」這種將意識的連關擴張到「世界」或「生活世界」的說法，但是如果我們從真理論來看的話，「生活世界」仍然不是真理自體，因為生活世界仍然是「人類的生活世界」。也就是說，就算建立在生活世界上的真理觀是一個理念，但是它仍然是「人類的」，在「哲學理念」與「真理理念」之間，仍然必須有著「真理論的差異」，「差異」必須存在，哲學認識才能是真理論的哲學認識。這種「無關的關係」的保證就在真理自體，它是由「真理自體」對於「認識」所賦予的關係，也就是說，曾天從沿著現象學的看法，以「意向」或「指向」（*intentio*）為對象化的關係，於是真理自體讓主觀的意志指向它，但是它卻不能在這個「指向關係」中成為所指向的「對象」，因而形成在認識中的「無關的關係」。但是這個「無關」，並不是完全沒有任何關係，曾天從稱其為是一種「特異的無關」，至此我們可以知道，它表明了一件事，即使真理自體無法成為相關的認識的對象，但是真理認識仍然必須以真理自體為依據來進行。「儘管真理自體之物對認識全般而言是無關的，但是它作為真理認識所據以成立的根據，始終必須在其根底中被設定為前提，這個事態就是這個特異的無關的關係的表達所要言明的東西。」[71]

如我們所知，真理認識中的意向相關並不是胡塞爾式的意向相關，胡塞爾的意向相關的「相關性」（Korrelation）只發生在「意向活動」與「意向內容」之間，並不關連著「自體存在」，完全無相關性的「自體存在」（例如康德的物自體）在現象學是被存而不論的，也就是說，我們在考察「認識的本質」的時候，一開始是不能將「不相關的物自體」納入考察當中

---

[71] 曾天從，《真理原理論──純粹現實學序說》，頁 120-121。

的,但是現象學並沒有排斥這種可能性。如果我們同情地了解胡塞爾的現象學,他在「活動」與「內容(意義)」的區分之外還有「對象」,這個意義下的「對象」是什麼(所謂的「意向相關物」),在胡塞爾學界是有爭論的問題。我們也可以看到真理論對這個問題的解釋與貢獻,不過這一部分,我們留待第四章再來討論。如果我們就真理論的角度來看,曾天從的這種「無關的關係」比較接近於一種「暗示」,而我們在第一章討論洪耀勳的部分,也可以看到洪耀勳用「暗示」一詞來形容它。曾天從所理解的意向活動,除了「內指的」(請參閱「本書第五章」)之外,還包含著「外指的」(請參閱「本書第四章」)的這一面。[72] 但不論是內指或外指,最終都是指向無法與意識相關之物。而倘若我們的「認識」是以不落入認識中的真理自體的形相原理為基礎的話,那麼我們就可以說這樣的認識是「真理認識」。也就是說,我們可以在真理認識當中,區別開兩種意義,其消極意義是將意識區分為內部、外部所形成,認為「認識」是屬於「意識內部」的事,而「真理」則是屬於「意識外部」的事。然而究極地來看,這樣的說法並不適用於超對立的真理論,因為如此的「真理」與「認識」的區分,是以「意識」為基準而來的區分。然而即使承認真理自體的在意識上的超越性,曾天從嚴格說來仍然並不是素樸的實在論者,因為超對立的真理論本身就超越了觀念論與實在論的對立。[73]

這樣來看的話,曾天從原則上這樣來思考的:真理自體在活動面上觸

---

[72] 意向活動是「雙向性的」這個想法,也可以在西田幾多郎的〈叡智的世界〉一中找到。「我們的意識活動就是以這樣的方式而被意向著的東西,也就是說,它必須不僅在所思的方向上是超越的,在活動的方向上或能思的方向上也必須是超越的。」西田幾多郎著,黃文宏譯註,《西田幾多郎哲學選輯第二冊》(新竹:國立清華大學出版社,2016),頁83-84。

[73] 「要將真理存在在其自體中予以正當地來論究的我們的真理論,基於前述,它必須是能夠將上述的觀念論與實在論的對立,在自己之中原理地來加以揚棄的東西。」曾天從,《真理原理論——純粹現實學序說》,頁174。

動了認識的活動,讓我們指向它,它雖然不落入意識面,但是在認識上形成了一個「無關的關係」。而如此的關係意味著,認識可以指向它,但是卻無法對象地把握它。它無法成為認識相關的所對,然而認識要成為真正的真理認識,在其根據必須存在著這麼一種無關的關係。也就是說,意識認識的活動必須關連著某種根本無法落入認識的東西,而這意謂著在認識中,我們始終必須保持「無知」。然而雖然無法認識真理自體,但是倘若我們完全以真理自體的形相原理為導引的話,那麼即使在無知中,我們仍然可以說我們的「認識」是「真正的真理認識」。這意謂著,保證真理認識成為真理認識的根據,是來自於一個無法認識的東西。而這裡的無法認識,是說它無法成為對象性的存在,沒有「是什麼」可說,或者我們也可以說,認識的意向活動源自於「無」,最終也越出了能所相關,而指向一個「認識上的無」。而真理自體作為認識上的無,是真理認識所據以成立的根據與前提。而誠如曾天從所說,「認識之物要成為真理認識,全般地來說,就必然地必須意向地關係著那個真理自體之物並以之為依據」。[74] 這隱含著真正的認識包含著一個真理的要求,雖然它所認識到的東西,都是在對立領域中的事物,但是「真理認識」所認識到的東西仍然是「真理自體」的表現,它並不是與真理自體全然沒有任何關係的東西。在筆者看來,這意味著我們必須承認真理自體在認識中確實扮演了一個積極的角色,這個積極的角色是什麼?在這裡,我們也根據我們至今的理解,對曾天從的真理論給出一些說明。

如上所示,曾天從的真理論的構想必須沿著真理自體的自我展開來進行,對他來說,真理自體的「純粹形相」是絕對無,而其「純粹理念」則是絕對有,這是真理自體的雙重本質。由於擁有雙重本質,所以它本身「是(本質)」「絕對無而絕對有」,其中的絕對無表示其「純粹形相」或「純粹真理性」,在前一章中曾天從用了六個步驟來解明真理自體的「純粹真理

---

74 曾天從,《真理原理論——純粹現實學序說》,頁121。

性」。如我們所知,這樣的「純粹真理性」並不是虛無,而是「無內容的真正性」,然而即使是無內容,但並不是虛無,它規定了「全般內容性」。對其「純粹無」一面的認識是「形相的真理認識」,而對其「純粹有」的一面的認識則是「理念的真理認識」,兩者都是「超對立的」認識,是沒有任何的謬誤介在的絕對確實的知識,這樣的知識超越了肯定與否定,而屬於一定為「真」而不能為「偽」的真理論領域。而建立在真理自體的「絕對有」或「純粹有」的側面的「認識」,就是理念的真理認識,它以「哲學理念」的方式內存於哲學思索的內部,並被表象為「全體究極真理知」,這是主導曾天從的真理論的理念原理,而此而一層一層地形成他所謂的「向下哲學」,我們先前所說的真理論的「概念」的揚昇的動態性,其動力的根源,即源自於此。

這樣來看的話,被如此的真理理念所帶領的向下哲學所造成的難題,其實並不真的是難題,毋寧是曾天從藉以思考其真理論的「體系相」的一種方式。倘若作為哲學的最終結局的「已知」不預先給與(已然完結),不在一開始的時候就潛在地已然達成的話,它就無法作為「未知」而引導著現實的哲學思索(未完結),現實的哲學思索可以說根本無從開始,而已然完結就表示哲學思索必須一開端就已然達成目標,終局已然形成,只是在意識的層面是未知的。這意謂著認識的來源必須源自真理自體,唯有如此,現實的哲學思索才能具有真理論的意義。然而對於這個想法,仍然有一個未解的難題,它最終集中在「哲學理念」與「真理理念」的同一問題。也就是說,兩者是可以同一的,但是這裡的「同一」並不是「合而為一」,而是一種「合致」,是在同一中保持各自獨立的「不同一的同一」。而這麼一種合致性的達成,曾天從所提供的「線索」與「保證」都在「真理自體的形相原理」。在筆者看來,對此我們可以更具體地來表示,也就是說,當哲學思索者無個人主觀地、完全依據真理自體的形相原理來進行哲學思索的時候,這個時候的形相原理不止是「線索」、也是讓哲學論究得以成為真正的真理探究的

「保證」。這個時候哲學思索者的思索軌跡,將成為真理自體的形相原理的「代表」,但是兩者仍然不等同。也就是說,作為形相原理的代表的超對立的哲學認識,仍然是一個相對者,並不就是真理原理本身。這樣來看的話,兩者的關係並不是對立間的「符應」,而是一種比符應更為根源的、始終為真且不能為偽的「知」或「真知」。而這種「知」,並不是我們去如何去認識真理的意思,而是要讓真理自我顯現自身。就胡塞爾的哲學來看,他在《邏輯研究》中很明顯地批判了心理主義式的說法,認為他們混淆了「判斷活動」(Urteilsakt)與「判斷內容」(Urteilsinhalt)的分別,前者屬於因果性心理現象,後者(例如數學、邏輯)的判斷不屬於心理現象。這一點就曾天從也是如此,但是從真理論來看的話,倘若一個判斷活動是依循著真理的形相原理的規制而進行的時候,也就是說,倘若主觀的判斷活動是依循著真理論的邏輯而「下判斷」,或者說是以真理論的邏輯為基礎的判斷活動的時候,雖然主觀仍然是主觀,但是這個時候的主觀是「與客觀即在的主觀」,並不是「隨意的主觀」,而曾天從所批判的主觀是「隨意的主觀」,並不是「與客觀即在的主觀」。這意謂著在我們的自我的內部,我們必須承認有兩種主觀,兩者的關係要如何理解,這也是胡塞爾現象學的問題。[75] 而就真理論來看,「隨意的主觀」可以揚升到「與客觀即在的主觀」(我們簡稱為「真理論的主觀」)。而要獲得其真理性,於是沿著客觀面有「真理自體的還原」與「擬而真理自體的還原」,沿著主觀面有「實存的真理的還原」這樣的名稱,這分別是沿著兩個不同方向深入主觀的問題。[76] 不論是沿著主觀面的深入,或沿著客觀面的深入,在這兩個方向上,都可以找到外於主觀的存在。

---

75 請參閱胡塞爾著,黃文宏譯注/解說,《大英百科全書草稿》。
76 曾天從著,黃文宏譯注/解說,《真理原理論——純粹現實學序說》,第一分冊,〈譯注者解說〉,「0.8」,頁 30-31。

如我們先前所見，真理自體的原理要下降而為理念哲學，相對於形相的真理認識是一種「完結的知」，作為理念哲學的知則是「未知之知」。曾天從藉由絕對無與相對無的關係，以「相對無」作為現實世界的「進展性原理」與「個別性原理」，也就是說，真理原理還要再個別化為個別的認識或個別的存在，在斯有與進展之外，還有個別化原理支配著現實存在的世界。[77] 最後我們回到本論文的問題，如曾天從所說，「理念的真理認識」的前兩個困難可以歸結到第三個困難，對此我們可以暫且做出這樣的結論：儘管「真理理念」與「哲學理念」不同，然而兩者之間仍然存在著一種「不相關的相關」，只要「哲學思索」以真理自體為「線索」來進行，那麼就可以「保證」其所獲得的「哲學理念」（「究極全體真理知」）足以表象「真理理念」。這意謂著真理自體雖然超越了人類的認識，但是哲學思索者仍然可以透過在其自身所內具的哲學理念，建立起真實的哲學的學問。

---

77 曾天從，《真理原理論——純粹現實學序說》，「論項40.1」。

引用文獻

西田幾多郎著,黃文宏譯注,《西田幾多郎哲學選輯第二冊》。新竹:國立清華大學出版社,2016。

芬克著,黃文宏譯,〈芬克:胡塞爾現象學的操作概念〉,《面對實事本身——現象學經典文選》。北京:東方出版社,2000。頁588-605。

胡塞爾著,黃文宏譯注,《現象學的觀念》。新竹:國立清華大學出版社,2017)。

胡塞爾著,黃文宏譯注/解說,《大英百科全書草稿》。新竹:國立清華大學出版社,2021。

曾天從,《真理原理論——純粹現實學序說》。東京:理想社出版部,1937。

曾天從著,黃文宏譯注/解說,《真理原理論——純粹現實學序說》,第一分冊。新竹:國立清華大學出版社,2023。

第四章　論曾天從「第一義的擬而真理自體」及其對胡塞爾「意向相關物」的批判

擬而真理自體可以視為是以真理自體為準據並具有其自身的自體存立性之物，它指的是超實在的、超觀念的形相學的純粹本質與理念學的純粹本質的邏輯本質的領域。

壹、第一義的擬而真理自體

在曾天從《真理原理論》中，除了「真理自體」的領域之外，還有「擬而真理自體」的領域。前者是曾天從沿著實在論而超越實在論的思想的表現，後者則是其沿著觀念論而超越觀念論的表現，而如我們所知，前者超越向「真理自體」的領域，後者則是超越向「擬而真理自體」的領域。「擬而真理自體」這個領域是曾天從以「真理自體」為準據所揭示的真理領域，可以說是其哲學的主要貢獻所在。在這裡「擬而真理自體」一詞是曾天從所自創，它表示「以真理自體為準據的、並具有其自身的自體存立性」的存在原理。[1] 其中「擬而」一詞，根據他自己的說法，表示「準據於」，並沒有在價值上貶低的意思。因而就意義上來看，應是來自於拉丁文的「*quasi*」的日譯，意指一種「類似於」或者說「如同…那樣的」。也就是說，就字面上來

---

[1] 「擬而真理自體指謂準據於現實的真理自體，而成立於超現實存在的更為高層次的真理自體。擬而表示準據的意義，並無貶價的含義。」曾天從，《論理論》（或譯為《邏輯論》）（臺北：青文出版社，1964），頁 619。

看,「擬而真理自體」意指「以真理自體為準據的」、「類似於(如同)真理自體的」超對立的自體存在之物。[2] 在筆者看來,它其實也可以理解為「類真理自體」。就存在上來看,它不是「虛假的」(pseudo),不是主觀所設想的東西,而是某種沿著「有效性」(Geltung)的超越所獲得的自體存在之物。而之所以使用「擬而」一詞,在於曾天從認為,「真理自體的諸本質表徵,[…]可以原樣直接地適用於擬而真理自體的本質表徵之上。」[3] 也就是說,曾天從站在一個實在論的角度,賦與「擬而真理自體」以所有的「真理自體」的性質。藉由「擬而真理自體」這個概念的提出,曾天從批判了當時所有的「觀念論」與「實存論」的基本思惟型態,這兩者都是深入主體的思惟方式,然而方向是不一樣的。曾天從所提出的「擬而真理自體的還原」就是沿著主體的不同方向所進行的還原。簡單地來說,沿著主體的客觀方向有擬而真理自體的還原,它指向「邏輯的真理」,沿著主體的主觀方向有「實存論的還原」,它指向「實存論的真理」。前者最終指向「第一義的擬而真理自體」,後者最終指向「第二義的擬而真理自體」。[4] 本書的「第四章」與「第五章」的目的,就是分別根據曾天從對胡塞爾與海德格的批判,來解明這兩種「擬而真理自體」。

在這裡筆者所謂的「主體的客觀面」,從胡塞爾哲學來看,也可以稱為「所思面」,它所主要牽涉到的討論是「意向相關物」。在這裡曾天從相對於胡塞爾的「現象學的還原」,提出「真理論的還原」來作為其真理論中「純粹哲學」的主要依據。本章主要處理就是這一部分的問題,也可以說是曾天從對胡塞爾「意向的相關物」的批判,也就是對意向活動中所指向的「意義」(Sinn)與「對象」(Gegenstand)的批判。由於這一部分的討論,

---

2 曾天從,《真理原理論——純粹現實學序說》,頁 ix。
3 曾天從,《真理原理論——純粹現實學序說》,頁 407。
4 請參閱曾天從著,黃文宏譯注/解說,《真理原理論——純粹現實學序說》,第一分冊,〈譯注者解說〉。

在胡塞爾學界中已是一個經典的問題,筆者隨之也處理了 A. Gurwitsch、Dagfinn Føllesdal 與 R. Bernet 這三種不同的解釋,以突顯曾天從的哲學的創見。

在上述的基本區分下,我們也可以說,《真理原理論》前後篇的區分,分別對應到曾天從對以「現實存在」為主的實在論,以及以「觀念存在」為主的觀念論的討論與批判,而其對傳統的實在論與觀念論的解決,就在於真理自體與擬而真理自體的提出,並且依此而建立起自身的「理念哲學」與「純粹哲學」。簡單地來說,「真理自體」是其「理念哲學」的基礎,而「擬而真理自體」則是其「純粹哲學」的保證。而其中的「純粹哲學」則是來安置所有邏輯、數理、價值等等有效性或規範性的「超對立的邏輯真理」。這樣來看的話,我們對擬而真理自體的認識,也可以說是沿著「觀念存在」對「真理理念」的觀看的結果,它構成曾天從所謂「純粹哲學」的最終根據。[5] 如我們所知,處理「現實存在」的部分在該書的「前篇」,處理「觀念存在」的部分在該書的「後篇」。作為後篇的總標題的「擬而真理自體」這個名詞,由於是曾天從所獨創,也就成為了解其思想的獨特性一個重要部分。如果我們就其思想的全體來看,曾天從的真理論所自我設定的目標,就在建立一門「超對立的理論」,以超越當時的實在論與觀念論的對立。然而如我們在前章中所說,這必須意味著,哲學的思索者在某種意義上已然認識到真理自體或擬而真理自體,而「擬而真理自體」的提出,其目的是針對當時所有「觀念論」的思考方式,並給予一個「真理論」的定位。

「擬而真理自體」的討論,屬於《真理原理論》的「後編」,就其結構而言,它區分為兩章,沿著兩個方向鋪陳其對「邏輯真理」與「實存真

---

5 「哲學作為在真理認識的理念體系的展開所成立之物,在其中我們之所以能夠區別出純粹哲學與理念哲學這兩個基本的分域的根據的原因,取決於我們將同一的真理理念,是純粹邏輯學地或純粹本質學地來看,或者是全般存在論地或實質理念學地來看的區別。」曾天從,《真理原理論——純粹現實學序說》,頁410。

理」的超越。在這裡曾天從對現象學的反省，扮演了一個重要的角色。他採用了胡塞爾的「能思—所思」的區分，以能思為主觀面，所思為客觀面，並沿著「客觀面的超越」與「主觀面的超越」而區分為兩個章節，構成了《真理原理論》的第三章（客觀面的超越）與第四章（主觀面的超越）。在術語的使用上，曾天從稱「所思方向的超越」為「先驗邏輯的擬而超越」，而「能思方向的超越」為「先驗心理的擬而超越」。其中「主觀面的超越」，原則上屬於曾天從的第四個真理領域，即「我們的真理」或「實存的真理」的領域，這一部分的詳細討論，我們留待下一章。本章僅將論題的範圍限制在「邏各斯的客觀面的超越」的討論上，這在曾天從的歸類上屬於「純粹邏輯學」的部分，它屬於曾天從所謂的「先驗邏輯的擬而超越」、「所思的深化」或「外在的擬而超越」部分。

就這一部分來說，曾天從所批評的主要對象，包括波查諾（Bernhard Bolzano, 1781-1848）、邁農（A. Meinong, 1853-1920）、拉斯克（E. Lask, 1875-1915）與胡塞爾。這四位德奧哲學家所試圖建立的「客觀性」，在歐陸哲學的措詞中，都屬於「有效性（日譯為「妥當性」）」（Geltung）的討論。[6] 就曾天從看來，這些哲學家對「有效性自體」的理解還不夠徹底，並沒能夠真正脫離主觀性的影響，只能屬於「擬而真理自體的前身」。[7] 特別是批評胡塞爾的現象學，認為他所提出的「現象學的還原」仍然停留在「先驗心理學」的內部，因而不能意識到其「現象學的還原終究是朝向真理論的還原的預備的前階段」。[8] 也就是說，曾天從對胡塞爾的全體批判，牽涉到其「真

---

6 洪耀勳對當時的德奧學派的「脫離主觀主義的傾向」，有一個簡短的說明，請參閱其《哲學導論對話上卷》（臺北：協志工業叢書，1973），特別是頁 109 以下的部分。
7 曾天從，《真理原理論——純粹現實學序說》，頁 400-401。
8 「而由於我們的真理論的還原，同時也可以被命名為現實學的還原的緣故，所以我們的論明必須要做出這樣的結論，即現象學的還原因而終究應該是被包攝在我們的現實學的還原的體系中的東西。[⋯] 現象學的還原終究是朝向真理論的還原的預備的前階段，並且可以作為後者的全體體系的一部分。[⋯] 我們的論明必須要做出這樣的結論，即現象

理論的還原」或「現實學的還原」的整個計畫,在這裡有著將「現象學的還原」包攝入「真理論的還原」的想法。批判的力道與範圍可說既深且廣,細部的討論或許還需要牽涉更多,但是就對所思面的超越而言,在筆者看來,其核心問題或起點,就集中在對胡塞爾「所思(Noema)構造」,特別是對其「意向相關物」(intentionale Korrelate)的批判,這也是本章所要處理的主要問題。

曾天從關於這一部分的文獻,戰前主要在以日文寫成的《真理原理論》(1937)的第三、四章,在戰後則是以中文寫成的《超現實存在論——形上學的基礎論》第二部的《論理論(邏輯論)》(1974)。[9] 依據曾天從自己的說法,《論理論(邏輯論)》的「第十二章」(標題為「擬而真理自體與純粹邏輯學」)與《真理原理論》第三章的第二、第三節是相對應的。[10] 其中也有零星的部分表達在分為上下兩冊的《哲學體系重建論》中。[11] 但主要詳細的討論,仍然在《真理原理論》與《論理論(邏輯論)》這兩份文獻當中。這兩份文獻分屬戰前與戰後,前後相差 37 年。然而就筆者看來,戰後的文獻雖然從「現實存在論體系」的角度增加了許多內容(例如:「唯空論」、「唯能(唯實)論」、「唯理論」的區分),然而就其對胡塞爾的批判,特別是就本文所處理的「意向相關物」這一部分來看,並沒有增加新的內容。但是由於日文本的《真理原理論》,比較能夠從體系的角度看出他的哲學企圖。在這裡,筆者就以《真理原理論》為主,《論理論(邏輯論)》

學的還原因而終究應該是被包攝在我們的『現實學的還原的體系』中的東西。」曾天從,《真理原理論——純粹現實學序說》,頁 415。
9 曾天從,《論理論(邏輯論)》。
10 「在將要進入考察唯理論以前,首先再來引述拙著《真理原理論》的第三章第二節『擬而真理自體與純粹邏輯學』與第三節『學問體系以及學問方法的諸問題』作為補助的說明。」曾天從,《論理論(邏輯論)》,頁 607。
11 曾天從,《哲學體系重建論》,上卷;曾天從,《哲學體系重建論》,下卷(臺北:青文出版社,1981)。

與《哲學體系重建論》為輔，來探討曾天從對胡塞爾的「意向相關物」的批判。

　　換句話說，本書不牽涉曾天從戰前、戰後在思想上的變遷。在以下論述的安排上，仍然以胡塞爾的文本解讀為主，倘若曾天從的理解，與筆者或傳統的胡塞爾研究一致，筆者就僅於注解處標示出曾天從的文本位置，並盡可能將曾天從的文字譯出，正文的重心則保留給曾天從對胡塞爾的「意向相關物」所特有的批判。在行文的論述需要先鋪陳胡塞爾在《邏輯研究》與《大觀念》中，對「所思的全體構造」的分析，其全體的構造包括「所思特性（樣態）」、「所思意義」與「所思對象」（後兩者以下簡稱為「意義」與「對象」），而曾天從的反省就集中在「意義」與「對象」的存在樣式。這兩者都屬於意向活動的客觀面，也就是意向活動所指向之物，因而在本論文中將其統稱為「意向相關物」。由於這個問題在胡塞爾學界，很早就有兩個不同陣營的解釋，所以筆者就以 A. Gurwitsch 與 Dagfinn Føllesdal 為代表，來鋪陳這兩個陣營的說法，並且透過 R. Bernet 的研究，來突顯曾天從的解釋。最後我們僅就本文所獲得的結論，來總結曾天從對胡塞爾的批評，然而目標仍然是在解明曾天從的體系。這個問題由於牽涉對胡塞爾思想比較專門的討論，如果能容許筆者先行地給出結論的話，那麼筆者個人認為曾天從的批判是成立的。簡單地來說，這是因為在胡塞爾現象學的還原下，「存在」（Sein）被還原成「存在有效性」（Seinsgeltung），而「有效性」問題還需要再還原到「有效性的自體存在」，這個還原的可能就表現在胡塞爾的「意義」與「對象」的區分上，對此我們先看胡塞爾對「所思的全體構造」的解析。

貳、論胡塞爾「所思的全體構造」

如我們所知,胡塞爾的《大觀念》共有三卷(Buch),第一卷再分為四篇(Abschnitt),各篇再區別為各個不同的「章」(Kapitel)。其中關於「意向性」的全體構造的解明,主要在第一卷第三篇與第四篇。這一部分文獻的目的,在解明由現象學的還原所開啟的領域,即「能思—所思」的相關性,胡塞爾又稱之為「純粹內在」的領域。在這裡胡塞爾將「意向性」的問題關連到「意識到某物」(Bewußtsein von Etwas)來談。如我們所知,「意向性」並不等同於「意識到某物」,或者更恰當地說,它不停留於意識到某物,胡塞爾自己在《邏輯研究》中就有「空虛的意向性」(Leerintentionalität),在《危機》中也有「視域意向性」(Horizontintentionalität)等等的措詞。就這一點來看,胡塞爾「意向性」一詞的意義,也跨入了「無意識之物(潛意識或無法意識之物)(Unbewußtes)」(例如「本能」等等)所謂的「深層心理學」(Tiefenpsychologie)的領域。[12] 換句話說,「意向性」雖然與「某物的意識」有關,但是它不局限於「意識到某物」。在我們現行的語詞上的「無意識之物」,或者說「沒有落入眼前的意識」的這種潛在的體驗,也可以透過現象學的分析而被顯明。[13] 也就是說,嚴格說來,對胡塞爾的現象學來說,所謂的「無意識之物」並不是完全與意識無相關的東西(例如康德式的「物自體」),也不能直接地等同於東方哲學所說的「無」(例如西田幾多郎等),而只是就意識而言,這個「某物」可以是某種沒有被意識到的、不能

---

12 Husserl, *Die Krisis der Europäischen Wissenschaften und die Transzendentale Phänomenologie. Ein Einleitung in die Phänomenologische Philosophie*, 2. Auf., hrsg. von W. Biemel. (Den Haag: Martinus Nijhoff, 1962), S. 240.

13 Rudolf Bernet, Iso Kern, Eduard Marbach, *An Introduction to Husserlian Phenomenology* (Evanston: Northwestern University Press, 1993), S. 95f.

被對象化的,也很可能是在本質上無法被意識到、被對象化的東西,但是它仍然必須與意識相關,「相關性」可以說是胡塞爾的現象學的中心概念,這一點在了解曾天從的批評的時候是有幫助的。換句話說,「意向性」這個概念,其實是一種建立在「意識的指向什麼」的「操作概念」。[14] 作為操作概念,它的意義是在實際的操作中,仍然等待著被充實的東西,然而對於作為意識的本質特徵的「意向性」,其解明必須關連到它的最終指向。這樣來看的話,「意識到某物」毋寧只是胡塞爾意向分析的起點,而對胡塞爾來說,其重點就在解明「能思與所思的相關關係」。

胡塞爾對意識的意向性的解明,原則上先區分為兩個部分,即「意向體驗本有的成素」與「其意向相關物或其組成成分」。前者胡塞爾又稱為「內在知覺的意向體驗」,後者則稱為「超越論的知覺的意向體驗」。[15] 在這裡,筆者將「transzendentale Wahrnehmung」譯成「超越論的知覺」,主要的考慮在於,這是在「超越論的現象學」之下所理解的「知覺」的表示,這樣的「知覺」並不是關於一種超越了知覺的體驗的分析,它並沒有「超越」知覺,反而是對「我們的知覺」的結構的反省。這主要是因為傳統哲學中,超越了知覺的東西,例如康德式的物自體,在現象學的想法之下,是被存而不論的。然而現象學並不是主張沒有這種東西,而是認為就認識的起點而言,它是「不相關的」。將這個不相關的存在存而不論,我們就可以看出胡塞爾的目的,其實是將現象學的出發點置於我們的「直接經驗」。作為現象學的出發點的「直接經驗」應該是什麼樣的經驗,或許各個哲學家各有不同的解

---

14 關於「操作概念」的意義,請參閱:芬克著,黃文宏譯,〈芬克:胡塞爾現象學的操作概念〉,《面對實事本身——現象學經典文選》(北京:東方出版社,2000),頁 588-605。

15 Husserl, *Ideen zu Einer Reinen Phänomenologie und Phänomenologischen Philosophie: Erstes Buch: Allgemeine Einführung in die Reine Phänomenologie*, hrsg. von Karl Schuhmann (Den Haag: Martinus Nijhoff, 1976), S. 202.

釋（例如胡塞爾是「意識的經驗」、西田幾多郎是「純粹經驗」等等），然而正是要回到這個「直接經驗」，讓胡塞爾認為現象學家其實就是「純正的實證主義者（或譯為「經驗主義者」）」（echte Positivisten）。[16] 或者我們也可以說，超越論的現象學的目的，就是想要了解這個包含在我們的直接經驗中的「超越」到底是什麼，對此我們必須先對作為「直接經驗」的「意向體驗」進行一個結構上的分析。

首先胡塞爾認為在我們的「意向體驗」中，可以區分出意向體驗作為一種「體驗」所本有的成素，與「意向體驗的相關物及其成素」這兩種成素。前者如我們所知，關連著「意向的形態（*morphé*）」與「感覺的素材（*hyle*）」。後者則關連著「所思及其成素」。針對前者的分析胡塞爾又稱為「體驗的實質分析」，後者又稱為「關於某物的意向體驗分析」（以下簡稱為「實質分析」與「意向分析」）。這個區分用我們比較熟悉的語詞來說，它指的就是在存而不論之後，所進行的「能思分析」與「所思分析」，也就是從「意向體驗」與「意向相關物」這兩個不同的側面來看意向性。

其中體驗的實質分析是對「意向體驗」的內在領域的分析。在胡塞爾的措詞上，認為能思的體驗本身是「實質的」（reell）。「實質的」一詞，在胡塞爾的使用上，也可以說是「感覺的」，它是在意向體驗中所實質地體驗到的部分，並構成了意向活動的「內在成素」（immanent），如我們所知，在這個實質的或感覺的體驗當中，包含著一個「非實質」（irreell）的成素，而「意向對象」及「其組成成分」就是屬於意向體驗中的「非實質部分」。[17]「實質分析」是關於意向體驗中的實質成素的分析，這一部分的工作，主觀面地來說，是對「能思體驗」（例如知覺、回憶的體驗）

---

16 Husserl, *Ideen zu Einer Reinen Phänomenologie und Phänomenologischen Philosophie: Erstes Buch: Allgemeine Einführung in die Reine Phänomenologie*, S. 45
17 關於胡塞爾「實質的」一詞的使用，請參閱胡塞爾著，黃文宏譯注，《現象學的觀念》中〈第二講稿〉的部分，特別是頁 99-101。

的分析，客觀地來說，是關於意識體驗流中的實質構成要素（感覺與料（Empfindungsdaten），例如流動的色聲香味觸）的分析。不論是在能思面的體驗活動或是在所思面的感覺與料，兩者都屬於純粹意識體驗流中變動不居的實質存在。就存在的性格來看，它不是現實的，也不是理想的，而是「實質地」在當下中體驗著的。就意向體驗的客觀面來看，「感覺素材」由於是還沒有被把握為「是什麼東西的感覺」（例如蘋果的紅、衣服的紅），所以也可以說是「先於謂詞的（vorprädikativ）」（還不能說它「是什麼東西的感覺」的這種東西）。如我們所知，素材作為素材都是被體驗著的素材，它本身雖然不是意向性的，然而卻是讓意向對象得以顯現的要素，在這裡素材要成為意向的素材（蘋果的紅），需要意義賦予的「把握（統握）」（Auffassung），這來自於「能思」。如所周知，「統握─感覺與料」形成了意向體驗的基本構造，也就是說，透過能思的活化的作用，讓作為川流不息的感覺與料（還不能說是「紅」的感覺與料），被統握為「蘋果的紅」與「衣服的紅」，胡塞爾用「活化」（beseelen）來形容意識的這個作動，先於謂詞的感覺與料被活化為「蘋果的紅」。在筆者看來，這並不意味著感覺與料原本是死的，唯有從意識才能獲得生命，意識在這裡毋寧是一種表現或展現的作用，它將原本無以名之地體驗著的感覺與料，以「蘋果的紅」的方式表現或展現出來（dargestellt），「意義」在這個時候出現了，它是在意向的體驗活動中，被表現或展現出來的東西。主觀地來說，這是一種「意義賦予」，它屬於能思契機。每一個能思的意向體驗，在自身中皆進行了一個或多個賦予意義的活動，藉由這個賦予意義而形成「有意義」的體驗。透過「意義賦予」形成「有意義」，我們才得以在流動的感覺素材體驗中，體驗到一個或多個「意義」，由多個意義再關連到同一的「對象」。如我們所知，這個賦予意義者就是「純粹自我」。然而「意義」就存在上來看，並不屬於體驗流的實質成素，體驗流的實質成素是變動不居的。或者就如洪耀勳

所注意到的，它是一種「實動性」（アクチュアリテート）。[18]流動的素材或與料可以是知覺的、想像的、回憶的等等，然而在這種感覺的實動中，我們卻經驗到作為同一之物的「意義」與「對象」（以下統稱為「意向相關物」），「意向分析」的目的就是要回答為什麼我們的意識能夠經驗到這樣的東西。就存在上來看，「同一之物」與體驗流是不同的，它是「非實質的」，由於是在意向經驗中被經驗到的東西，又被稱為「意向性的存在」。

到這裡我們可以做一個小結：在意向體驗的實質分析中，「意義」是意識藉由體驗的「素材」，通過意向地賦予「形態（形式）」而構成（即所謂的「感覺與料─統握」（Empfindungsdaten-Auffassung）的基本圖式）。所構成之物雖然不在意向體驗流當中（不是實質之物），但是我們確實經驗到它。換句話說，在意向體驗中，我們確實經驗到某種「非實質的東西」，它是屬於意向體驗中的「所與物」，就存在上來看，可以稱之為「意向的存在」。這意謂著，意識之為意識必然有其「意向的相關物」或「所思」，所思不屬於體驗的實質或內在領域，換句話說，我們在意識的內部「體驗」或「經驗」到某種不屬於意識內部的超越之物，這個超越之物就是意向相關物或所思。這樣來看的話，我們也可以說，意識就其本性而言，就要關連到超越之物，「意向分析」就是要解明意識的這個「超越性」究竟超越地關連到什麼？

對此，胡塞爾以「意識到某物」作為意向分析的開端，重點自然會集中在這個「某物」身上，也就是說，意識的意向性究竟意向著什麼？指向著什麼？我們暫且稱這個最終指向的某物為「意向的相關物」。在筆者看來，這也是曾天從最關心的地方。對於意識的意向相關物，我們直接看胡塞爾的結論。胡塞爾在《大觀念》第129節總結「所思的全體構造」的時候，先說明

---

18 「アクチュアリテート」應為「actuality」的音譯。請參閱洪耀勳著，黃文宏譯注/導讀，《洪耀勳日文哲學著作集》，頁89。

所思的全般性構造是由「所思的『核』」（noematischer "Kern"）與「種種所思特性」（noematische Charaktere）所構成。[19] 在這裡所謂的「所思特性」是指我們在意向「活動」中所把握的種種的「所與的樣態」，例如在「知覺」中所把握到的特性是一種「存在設定的」（Seinssetzende），在「懷疑」中把把握到的是「可疑的」等等。種種「存在特性」是就主觀面來說，這些特性隨著體驗的變動而變動（例如「可能的」、「確信的」等等），而就客觀面來說，胡塞爾又稱之為「種種存在樣態」（Seinsmodalitäten）等等。[20] 例如主觀面的「可疑的」特性，對應到客觀面的「或然的」樣態等等。這樣來看的話，「種種樣態」（Modalitäten）一詞，表明了是客觀面的描述（所思描述），它屬於所思結構的最外環，而且是複數的，因為存在特性或樣態是變動的。一個事物的「存在樣態」可以由可疑、期待到確信，也可以由確信、期待變動到可疑。由於所思與能思的平行關係，在相應的主觀面（能思面）上，也會是從懷疑、期待到知覺、再從知覺、期待到懷疑。如我們所知，在這裡面最重要的特性或樣態，是「原確信」（Urglauben）或「原信念」（Urdoxa），主觀地來說就是「知覺」。[21] 也就是說，知覺帶著最根源的確信的信念，知覺中的所思對應到「確實地現實存在」的存在樣態，從這裡我們可以知道，知覺分析佔據著胡塞爾意向分析的中心位置。

　　如我們所知，意向經驗中的「存在特性」或「樣態」雖然是多樣且變動的，但是我們在這些種種「存在樣態」的變動中，仍然把握到「同一的內容」，這個「內容」就是「所思意義」。胡塞爾稱之為「所思核」或簡稱

---

19 Husserl, *Ideen zu Einer Reinen Phänomenologie und Phänomenologischen Philosophie: Erstes Buch: Allgemeine Einführung in die Reine Phänomenologie*, S. 297.

20 Husserl, *Ideen zu Einer Reinen Phänomenologie und Phänomenologischen Philosophie: Erstes Buch: Allgemeine Einführung in die Reine Phänomenologie*, S. 297

21 Husserl, *Ideen zu Einer Reinen Phänomenologie und Phänomenologischen Philosophie: Erstes Buch: Allgemeine Einführung in die Reine Phänomenologie*, S. 240-241.

為「核」（Kern）。[22] 換句話說，儘管我們的意向體驗的「所思特性」（知覺、期待、回憶）是不同的，但是各個不同的所思特性所相關的「所思樣態」並不是斷裂的，而是在一個「核」當中被統一為「同一之物」，或者說種種不同的「所思特性」與「樣態」，仍然關連著「同一之物」，如我們所知，這個「同一之物」屬於「意向內容」。「意向內容」作為在意識中所顯現的東西，是在意識的實質流動中，所指向的同一之物，就其存在而言，它是「非實質的」（irreell）。但是這個非實質之物，不是只有「所思意義」，還有「所思對象」。如胡塞爾所說「每個〔或譯為「各個各別的」〕所思皆擁一個『內容』、也就是其『意義』，並且通過這個意義而關連著『其』對象。」[23] 也就是說，各個各別的意識皆擁有「其各自所屬的內容」，並且透過這個各自所屬的「內容」，而意向地關連到各自所屬的「對象」。如此一來，客觀地來說，我們就必須在「所思態樣」之外，再區別開「內容」與「對象」。而我們看到，胡塞爾將「所思內容」理解為「意義」，而「對象」則名之為「所思對象」。這樣來看的話，意向性是通過「其意義」而關連著「『其』對象」。在筆者看來，我們要注意的是，「『其』對象」中的「其」，為什麼胡塞爾還特別要再加上一個引號？

就所思的構成來看，胡塞爾稱「所思意義」為「所思核」，但是所思核並不是所思構造中最內在的部分，「所思對象」才是所思核的「一個*最內在的*契機」（ein *innerstes* Moment des Noema）。[24] 也就是說，在所思的構

---

22 Husserl, *Ideen zu Einer Reinen Phänomenologie und Phänomenologischen Philosophie: Erstes Buch: Allgemeine Einführung in die Reine Phänomenologie*, S. 297.

23 "Jedes Noema hat einem "Inhalt", nämlich seinen "Sinn," und bezieht sich durch ihn auf "seinen" Gegenstand." Husserl, *Ideen zu Einer Reinen Phänomenologie und Phänomenologischen Philosophie: Erstes Buch: Allgemeine Einführung in die Reine Phänomenologie*, S. 297.

24 Husserl, *Ideen zu Einer Reinen Phänomenologie und Phänomenologischen Philosophie: Erstes Buch: Allgemeine Einführung in die Reine Phänomenologie*, S. 299.

造中,除了作為意義的「核」或「所思核」之外,還必須區分出「〔所思〕核所必要的中心點(der notwendige Zentralpunkt des Kerns)」,它是種種不同的「核」的「承載者」,或者說是在意向活動中,透過「所思核」「所思念之物(所意指之物)本身」。[25] 這樣來看的話,所思「對象」是種種「意義」的「承載者」("Träger"),是這些意義「所思念之物本身(或譯為「所意指之物本身」)」("Vermeinten als solchen")。這個作為「核的中心」的「承載者」,在這裡是作為一種「所思念(意指)之物本身」而被描述。

關於「所思對象」,胡塞爾認為我們可以用種種不同的「謂詞」來描述,例如「對象」、「性質」、「事態」(形式存在論的謂詞)、「物」、「形態」、「原因」等等、(質料存在論的謂詞),也可以賦予它像「粗的」、「堅硬的」、「有顏色的」等等「實事的規定」。[26] 也就是說,「所思對象」是可以賦予它以種種不同謂詞的「對象」。但是這些謂語並不屬於「所意識的對象」(das Gegenständliche, das bewußt),而是這個對象的「被意識到的方式」(die Weise, wie es bewußt)。[27] 而且不僅僅自然的謂詞不屬於它,價值的謂詞(例如「美的」、「好的」等等)也不屬於它,這些價值

---

25 「它〔譯注:所思對象〕並不是我們上述所說的核〔譯注:所思核〕本身,而是某個形成〔所思〕核所必須的中心點(der notwendige Zentralpunkt des Kerns),對於這些屬於它的種種不同的所思特性,它是作為『承載者』而作用著,也就是說,是作為所思地樣態化了的『所思念之物本身』的種種特性的『承載者』而作用著。」(Es ist nicht der eben bezeichenet Kern selbst, sondern etwas, das sozusagen den notwendigen Zentralpunkt des Kerns ausmacht und als "Träger" für ihm speziell zugehörige noematische Eigenheiten fungiert, nämlich für die noematisch modifizierten Eingenheiten des "Vermeinten als solchen".) Husserl, *Ideen zu Einer Reinen Phänomenologie und Phänomenologischen Philosophie: Erstes Buch: Allgemeine Einführung in die Reine Phänomenologie*, S. 299.
26 這裡的「實事的」一詞,德文原文為「fachhaltige」,應是「sachhaltige」的印刷錯誤,意指擁有「實質內容的」東西。請參閱 Husserl, *Ideen zu Einer Reinen Phänomenologie und Phänomenologischen Philosophie: Erstes Buch: Allgemeine Einführung in die Reine Phänomenologie*, S. 300.
27 曾天從的理解,請參閱《真理原理論——純粹現實學序說》,頁 399-400。

的謂詞胡塞爾也稱之為「價值的所思」。[28] 換句話說，它是本身沒有任何謂詞，但是可以接受任何謂詞的「純粹對象」。在筆者看來，這等於是說，胡塞爾在「意義」（核）的底層再區別開一個能承載意義的「對象」，並稱之為「核中核」。我們往下就會看到，胡塞爾甚至稱它是一種「能規定其可能的謂詞的主詞」（das "bestimmbare Subjekt seiner möglichen Prädikate"）。[29]

不過在這之前，我們先做一個小結，胡塞爾將「所思的全體構造」區分為三環：最外環的「所思樣態（特性）」圍繞著一個「意義內容」，這個意義內容讓各個不同的各別意識，各自意識到它的「什麼」，而這各個各別的「什麼」又各自地「思念（意指）」（vermeinen）著「其」對象。[30] 這裡的「什麼」，指的就是「所思念之物」或「所意指之物」的「什麼內容」（Wasgehalt），它是一個「意向內容」或「意義」，並且是可以在一個「斷言（命題或判斷）」（Aussage）中，以謂詞（Prädikation）的方式而被表現出來的東西。因而我們可以說，所謂的「所思意義」是其所關連的「所思對象」的「是什麼」或「內容」，是對所思念的「純粹對象」的一個「謂

---

28 Husserl, *Ideen zu Einer Reinen Phänomenologie und Phänomenologischen Philosophie: Erstes Buch: Allgemeine Einführung in die Reine Phänomenologie*, S. 300-301.

29 Husserl, *Ideen zu Einer Reinen Phänomenologie und Phänomenologischen Philosophie: Erstes Buch: Allgemeine Einführung in die Reine Phänomenologie*, S. 302。這一段文字的英譯為："determinable subject of its possible predicates"。請參閱 Husserl, *Ideas pertaining to a pure phenomenology and to a phenomenological philosophy: First Book: General Introduction to a pure Phenomenology*, trans. by F. Kersten (The Hague: Martinus Nijhoff Publishers, 1982), p. 313。日譯為：「おのれの可能的諸述語の主語、しかも規定可能な主語（中譯：各個可能的種種諸謂詞的主詞，而且是能規定的主詞）」請參閱 E. フッサール，渡辺二郎譯，《イデーン—純粋現象学と現象学的哲学のための諸構想（I-II）》（東京：みすず書房，2013），頁 259。

30 「各個意識皆擁有其所關連的『什麼』並且每個意識皆思念著『其』對象性」（Jedes Bewußtsein hat seinen Was und jedes vermeint "sein" Gegenständliches）Husserl, *Ideen zu Einer Reinen Phänomenologie und Phänomenologischen Philosophie: Erstes Buch: Allgemeine Einführung in die Reine Phänomenologie*, S. 301.

詞」。現象學的「所思描述」就是以概念的方式（賦予謂詞），來賦予「所思對象」以某種「意義」，藉由此來規定這個對象的「內容」，而在這裡的「所思對象」本身，則是「種種所思意義的承載者」，作為被規定的「對象」或者「能規定其可能的謂詞的主詞」，「對象」必須與規定這個對象的「意義」區別開。

關於「意義」與「對象」的分別，胡塞爾在《邏輯研究》中，用「如其所被意向的對象」（Gegenstand, so wie er intendiert）與「被意向的對象本身」（schlechthin der Gegenstand, welcher intendiert ist）。[31] 而在《大觀念》中則使用「在其限定性中的對象」（Gegenstand in Wie seiner Bestimmtheiten）與「對象本身」（Gegenstand schlechthin）與來稱呼之。[32] 在筆者看來，兩者並沒有差別。換句話說，在所思核的內部，我們可以認識到兩種「同一之物」（Identisches），即「意義」與「對象」，前者胡塞爾稱之為「所思核」，後者則稱為「核的中心」。其中筆者認為，我們要特別注意的是，「意義」是「對象的如是地被限定」或「在其限定性中的對象」，它並不是「被意向的對象本身」或「對象本身」。而曾天從在其文本中，也明確地意識到兩者的不同。[33] 於是問題就在於如何了解兩者的差異。

在筆者看來，沿著胡塞爾的想法，關於「意義」與「對象」的關係，我們也可以用「主詞」與「謂詞」的關係來了解。所有的「謂詞（或譯為「述詞」）」（Prädikate），都是關於「某物」（Etwas）的謂詞，然而種種不同的謂詞，都需要所稱謂的「某物」作為統一點，對於這個作為所思最內在的契機的、種種謂詞所稱謂的「某物」或「對象」，胡塞爾認為它不是謂詞的

---

31 Husserl, *Logische Untersuchungen*, Zweiter Band (Hua., XIX/1) hrsg. von Ursula Panzer (The Hague: M. Nijhoff Publishers, 1984), S. 414.
32 Husserl, *Ideen zu Einer Reinen Phänomenologie und Phänomenologischen Philosophie: Erstes Buch: Allgemeine Einführung in die Reine Phänomenologie*, S. 303.
33 曾天從，《真理原理論——純粹現實學序說》，頁 399-400、483。

組合體,它與所有的謂詞必須有所區別,我們不能用任何語詞來稱謂它。雖然如此,它也不與其他謂詞並列(nicht neben sie zu stellen),也不與之分離(nicht von ihnen zu trennen)。[34] 因為所有的謂詞都是對它的謂詞,或者反過來說,謂詞沒有它〔對象〕是無法被設想的,因為謂詞都是對「所稱謂之物〔對象〕」的稱謂,但是卻要與「所稱謂之物」有所區別。用胡塞爾的措詞來說,他稱「純粹對象」是「中心的統一點」(Zentraler Einheitspunkt)、謂詞的「連結點」(Verknüpfungspunkt)或「承載者」("Träger")。[35] 作為所有可能的謂詞的承載者的「純粹對象」,本身不能有任何謂詞,在內容上必須是「空的」,然而卻又是所有的所思核(謂詞)所必須的「中心的統一點」。由於沒有謂詞來稱謂它,它是無以名之的,胡塞爾在措詞上只能用「它」(es)來指稱它。[36] 也就是說,我們在意向的相關物中,還必須區別開一個不具有任何意義的,但是卻作為任何意義的承載者的「對象」。

這樣來看的話,胡塞爾在對所思的全體構造的分析當中,發現到在我們的意向活動中所指向的「客觀之物」,它在意識的連續與綜合的進行中,恆常地作為「同一之物」(das Identische)而被意識到的同時,除了以「不同的樣式顯現」(所思特性),也可以以不同的「謂詞」、不同的「內容」而出現(所思意義),這形成了「意義」,對於這些種種不同的、有意義的謂詞,胡塞爾又稱之為「謂詞所思」(Prädikatnoemen)。[37] 然而除了這些「有意義的所思核」之外,在我們的意向體驗中,還包含著一個必須與所有

---

34 Husserl, *Ideen zu Einer Reinen Phänomenologie und Phänomenologischen Philosophie: Erstes Buch: Allgemeine Einführung in die Reine Phänomenologie*, S. 301.

35 Husserl, *Ideen zu Einer Reinen Phänomenologie und Phänomenologischen Philosophie: Erstes Buch. Allgemeine Einführung in die Reine Phänomenologie*, S. 301

36 Husserl, *Ideen zu Einer Reinen Phänomenologie und Phänomenologischen Philosophie: Erstes Buch. Allgemeine Einführung in die Reine Phänomenologie*, S. 302.

37 Husserl, *Ideen zu Einer Reinen Phänomenologie und Phänomenologischen Philosophie: Erstes Buch. Allgemeine Einführung in die Reine Phänomenologie*, S. 302.

變化的種種謂詞區別開來的「對象」（"Gegenstand"）、「客觀（客體）」（"Objekt"）與「同一者」（das "Identische"），它是「能規定其可能的謂詞的主詞」，也是「抽離了所有的謂詞的純粹的 X」（das pure X in Abstraktion von allen Prädikaten）。[38] 這樣來看的話，「純粹對象」作為「空虛的 X」其實並不空虛，它就是上述「能規定其可能的謂詞的主詞」，換句話說，它才是能規定其謂詞的真正主詞，胡塞爾也稱之為「種種謂詞的純粹主詞」（das pure Subjekt der Prädikate）。[39] 如我們所知，意識藉由對所思念的「對象」賦予謂詞，而取得種種不同的「意義」，但是這個作為「純粹主詞」的對象，不僅超越了所有的謂詞，而且也反過來規定了其謂詞。「純粹對象」是在種種「所思意義」中所要規定的「X」。在筆者看來，這意味著「意識」之為意識，是透過「所思意義」而媒介向「所思對象」，它是種種不同的意義所需要的同一點，然而卻不是任何「所思意義」，不能用任何「謂詞」來稱謂它。也就是說，它本身可以說是「無內容的」，然而卻是在種種意向體驗中所不可或缺的「某物」。作為「所思核的中心」的「對象」，它是種種謂詞的「純粹主詞」，而對這個「純粹主詞」賦與謂詞的「賦予性格的核」是可變的，這意味著所有的「稱謂」都是對這個純粹 X 的「賦予謂詞（意義）」、「規定內容」，或者反過來說，沒有「對象」，任何的「意義（規定的內容）」都是不可能的。它是讓意義的規定得以可能的純粹對象。[40]

根據以上的分析，對於胡塞爾的「所思的全體構造」，我們可以得出這樣的結論：首先是「所思特性」或「所思樣態」，兩者是描述方向的不同，

---

38 Husserl, *Ideen zu Einer Reinen Phänomenologie und Phänomenologischen Philosophie: Erstes Buch. Allgemeine Einführung in die Reine Phänomenologie*, S. 302.

39 Husserl, *Ideen zu Einer Reinen Phänomenologie und Phänomenologischen Philosophie: Erstes Buch. Allgemeine Einführung in die Reine Phänomenologie*, S. 302.

40 Husserl, *Ideen zu Einer Reinen Phänomenologie und Phänomenologischen Philosophie: Erstes Buch. Allgemeine Einführung in die Reine Phänomenologie*, S. 302.

從能思面來看,「所思特性」表現了意向體驗的活動性格,例如知覺的、回憶的、想像的等等。從所思面來看,則表現所思的「存在樣態」,例如確然的、想像的、期待的等等。意識藉由這些「性格」而賦予「所思核」以某種「存在性格」,因而被稱為「所思特性」,這是所思結構的第一層。再者,在意識經驗中我們也經驗到,這些「種種不同的所思特性」關連著「同一的所思核」。這是通常可以用「是什麼」(Was)的稱謂來表示的「某物」,它是作為「意義」的「所思核」。胡塞爾在措詞上也用「對象」來稱呼它,這意味著胡塞爾自己也沒有辦法完全地區隔開「意義」與「對象」。我們以下就會看到,這是造成胡塞爾學界對意向相關物(意義與對象)有種種不同的解釋的原因所在。除此之外,我們還必須在「所思核」中再區別出「所思對象」,它位於所思核的中心,作為所有謂詞的「承載者」,它是本身無可稱謂,然而卻又是能讓所有的稱謂得以可能的「空虛的 X」。而如我們所知,「所思意義」是理想的、非實質的存在,「所思對象」也同樣是「非實質之物」,而且是比理想更為理想的或高階的同一之物。在筆者看來,這個同一之物就是曾天從所謂的「擬而真理自體」,換句話說,我們在這裡仍然必須區別兩種同一之物。不過在這之前,我們先看看曾天從對胡塞爾的「意向相關物」的解釋與反省。

參、曾天從對「意向相關物」的解釋

首先我們知道,曾天從認為胡塞爾對「所思意義」或「所思對象」的「自體存在」的理解是不夠徹底的,在曾天從看來,兩者的「自體存在」都應歸之於「擬而真理自體」的領域來討論。[41] 也就是說,其反省就集中在對

---

41 「在前述之中,我們找出了客觀邏輯學之中的命題自體以及真理自體,對象邏輯學之中的對象自體或是有效自體,對象論之中的純粹對象自體,現象學中的所思的純粹對象自

胡塞爾的「純粹對象」與「純粹意義」這兩個「意向相關物」的存在樣式的理解。而如我們上一節的分析，兩者不能混同，這是重點所在。對此，曾天從的想法主要建立在對《邏輯研究》（1900/01）與《大觀念》（1913）的解釋上。這一點單就胡塞爾的文獻來看，在理解「意向的相關物」這個議題上，即使在今日來看，也仍然是具有權威性的。

如我們所知，關於「所思意義」與「所思對象」（我們以下合稱為「意向相關物」）的問題，由於胡塞爾自身語詞的模糊性，學界很早就有種種不同的說法，這在胡塞爾學界是相當有名的爭論。倪梁康教授在其《胡塞爾現象學概念通釋》一書中，也提到了這個問題。[42] 如所周知，這些種種不同的說法與論點，都以論文的形式收錄在《胡塞爾——代表性哲學家的批判的評價》第四卷當中。[43] 在筆者看來，這些不同的說法，原則上可以以顧維琪（A. Gurwitsch, 1901-1973）[44] 與 Dagfinn Føllesdal（1932-）[45] 為代表而區分

體或是純粹意義自體等等被定立的事態，在真理論的還原的方向之中，我們致力於闡明這些東西都是能夠被歸屬到擬而真理自體的領域之中的東西。」曾天從，《真理原理論——純粹現實學序說》，頁 404。

42 倪梁康著，《胡塞爾現象學概念通釋》（北京：三聯書店，1999），頁 311-312。原則上來看，倪教授採用 R. Bernet 的看法，認為在胡塞爾的「意向相關物」中同時包含了「認識論」與「意義論」這兩個側面。然而在措詞的使用上，倪教授（原則上與 R. Bernet 同），直接將「所思（Noema）」一詞譯成「意向相關項」並且認為其中包含著「意義」與「對象」，並沒有提及「意向特性（樣態）」。這一點與筆者不全然相同，筆者在措詞上將「意向相關物」對應到「intentionale Korrelate」，可以說是比較廣義的使用。

43 *Edmund Husserl: Critical Assessments of Leading Philosophers*, Volume IV, ed. by Rudolf Bernet, Donn Welton and Gina Zavota (London: New York: Routledge, 2005), pp. 135-302.

44 顧維琪（A. Gurwitsch）的說法，請參閱 A. Gurwitsch, "Husserl's Theory of the Intentionality of Consciousness in historical Perspective," in *Edmund Husserl: Critical Assessments of Leading Philosophers*, Volume IV, pp. 137-160。其中頁 148-160 是主要討論的部分，筆者曾經將其譯成中文，請參閱顧維琪著，黃文宏譯，〈胡塞爾的意識意向性理論〉，《鵝湖月刊》第 188 期（1991 年 2 月號），頁 38-46。以下顧維琪的部分就以中譯文為主。

45 Føllesdal 的觀點，請參閱 Dagfinn Føllesdal, "Husserl's Notion of Noema," in *Edmund Husserl:*

為兩個陣營。其中 Føllesdal 主要將「所思」理解為一種「判斷的意義」，並將「所思的意義」與「語言的意義」視為同一。而另一種解釋，例如 Gurwitsch，就傾向於「所思對象」解釋為「對象自身」或「所知覺物」。這個爭論後來在 R. Bernet 的解釋下獲得了暫時的解決。[46] 在 Bernet 看來，這整個爭論的中心點在於，胡塞爾在《大觀念》中對「意向相關物」的描述，特別是關於「純粹 X」的描述，本身就具有雙義性（zweideutig），由此而導致兩種不同解釋：即「意義論的觀察」（以 Føllesdal 為代表）與「認識論的觀察」（以 Gurwitsch 為代表）。[47] 對於這兩種解釋，筆者沿著 Bernet 的說法，也根據自己對 Føllesdal 與 Gurwitsch 的理解來討論。

首先 Føllesdal 原則上採取「意義論的解釋」，將「意義」與「對象」都理解為一種「意義」，特別是「語言的意義」，而讓胡塞爾的「純粹對象」不牽涉到任何「現實存在」，例如「四個角的圓形」（viereckiger Kreis），雖然現實上與之相應的「對象」並不存在，但這個語句的理解是可能的，而「理解」的可能就表示了它是「有意義的」。就這一點來看，我們回到上述的「意指（思念）」（Meinen 或 Vermeinen）的問題，就 Føllesdal 的觀點來看，所思念之物可以不是任何現實上的存在，它可以是「無對象的」，但仍然是「有意義的」。這意味著，所思念之物（對象）與現實存在無關，「純粹對象 X」在這個意義之下，只能是語言意義上的「謂詞的統一點」，用以結合種種不同謂詞。這是在反省思惟中所獲得的統一點，不一定牽涉「直觀」，也就不一定牽涉到「現實存在」。這樣來看的話，就誠如 Føllesdal 所一貫主張的：「現象學是意義的研究」，這是其胡塞爾理解的貫徹。[48] 在筆

Critical Assessments of Leading Philosophers, pp. 161-168.

46 Bernet, "Husserls Begriff des Noema," *Husserl-Ausgabe und Husserl-Forschung,* ed. by Samuel IJsseling (Dordrecht: Kluwer Academic Publishers 1990), pp. 61-80.

47 Bernet, "Husserls Begriff des Noema," *Husserl-Ausgabe und Husserl-Forschung,* pp. 78-79.

48 Dagfinn Føllesdal, "Husserl's Notion of Noema," in *Edmund Husserl: Critical Assessments of*

者看來，這一點就 Bernet 所說法，這是將「純粹對象」理解為「所思意義的同一極（Identiätspol des noematischen Sinnes）」。[49] 換句話說，「純粹對象」在 Føllesdal 的解釋中，原則上將其理解為一種在反省思惟中，所獲得的「種種謂詞（意義）的統一點」。從語言的意義論上來說，一個謂詞（稱謂）代表一個意義，純粹對象（所稱謂之物）就成為結合種種不同謂詞（意義）的統一點。Føllesdal 原則上就是這樣的方式來區別開「意義」與「對象」。

另一個解釋的方向是由 Gurwitsch 所帶領的「認識論的解釋」。其基本的想法在於，我們必須區別開在上一節中所提到的「所知覺（意識）的對象性」與「這個對象性被知覺（被意識）的樣式」。前者是「所知覺物本身」，後者是「所知覺物的顯現」或者也可以說是「被知覺到的樣子」。如我們所知，所知覺物本身可以在不同的側面下顯現自身，Gurwitsch 將前者理解為「對象」，後者理解為「意義」。在這個理解之下，「對象」是通過種種「意義」所構成的統一體，「事物除了這諸多的呈現之外，再無任何透過這諸多的呈現而顯現自己的同一之事物」。[50] 而 Gurwitsch 也同時認為「由於意識的意向性，我們乃與世界直接地接觸著。」[51] 原則上來看，Gurwitsch 跟隨著胡塞爾，認為世界只能是意向相關的世界，除此之外再無其他對象。簡言之，存在除了顯現（呈現）與由種種顯現（呈現）所構成的統一體之外，此外無他。問題在於，如果我們這樣來了解的話，那麼我們在意向相關性中到底是接觸到什麼東西？或者說最終是意向著什麼？對於這個問題，在筆者

Leading Philosophers, p. 167.
49 Bernet, "Husserls Begriff des Noema," *Husserl-Ausgabe und Husserl-Forsch*ung, S. 78.
50 顧維琪著，黃文宏譯，〈胡塞爾的意識意向性理論〉，《鵝湖月刊》第 188 期（1991 年 2 月號），頁 40-41。
51 顧維琪著，黃文宏譯，〈胡塞爾的意識意向性理論〉，《鵝湖月刊》第 188 期（1991 年 2 月號），頁 43。

看來，Gurwitsch 的基本想法，在以「構成的統一體」來說明「對象」，主張意識通過「意義」來構成「對象」。而構成除了最終是「互為主觀的構成」之外，他也意識到意義的構成是有限的、只是「事物呈現的片面性」。[52] 這樣來看的話，通過有限的意義（顯現）所構成的對象統一體（顯現者），在 Gurwitsch 看來，就是現實本身，但是如此所顯現的現實仍然是片面的。這意味著「現實存在（對象）」對他來說，只能是無限的意義（無限的所思）的顯現所必需的理念之物，顯現都是這個理念之物的顯現，因而「純粹對象」其實就是這種「更為高級」的理念。因而，我們看到 Gurwitsch 的結論：「『被知覺物』作為一個所思體系，它自身就是一個所思，但是可以說是一種更為高級的所思（a noema of higher order）。[…]『我們要上升到較高層次的客觀性』（higher levels of objectivity）」[53] 換句話說，透過意向性，我們所接觸到的是，其實一個更為高級的理念的世界。

在此我們總結一些雙方的差異，並將重心放在「現實存在」的問題，這也是曾天從最為關切的地方。首先我們看到 Føllesdal 基本上將胡塞爾現象學限制在「意義」研究的範圍，認為胡塞爾的現象學與現實存在無關，因為通過「意義」所關連的「對象」並不一定是現實存在（例如：圓的四方形）。或者說，所思與現實存在之間，並沒有任何本質性的連關。如果我們認為「意向相關」是胡塞爾用來解明「存在」的唯一方法的話，那麼我們可以說 Føllesdal 的這種「意義論」的解釋，其實接近於一種隱藏的實在論的想法，導致批評胡塞爾的現象學無法解明這種「實在」。這是因為在筆者看來，這其實是批評胡塞爾的現象學只能解明「合於意識的」（bewußtseinsmäßig）存在，只是這裡的「合於意識的」必須給與廣義的理解，包括了後期胡塞爾

---

52 顧維琪著，黃文宏譯，〈胡塞爾的意識意向性理論〉，《鵝湖月刊》第 188 期（1991 年 2 月號），頁 43。
53 顧維琪著，黃文宏譯，〈胡塞爾的意識意向性理論〉，《鵝湖月刊》第 188 期（1991 年 2 月號），頁 43-44。筆者在譯文上略做修改。

哲學中的「視域」或「視域意向性」（Horizontintentionalität）。對此我們以「視域」為例。簡單地來說，「視域」的問題是關於「意向生活的顯態與潛態」的關係，如胡塞爾所說，「視域是被預先描繪出的潛在可能性」，也就是說，它所揭示的是意識生活潛態的可能性。[54] 然而如我們所知，它雖然牽涉到顯現者的背景，而作為種種視域的視域的「最普遍的視域」也可以說是顯現者所在的「世界」，這雖然是超越了顯現者的不顯現的背景，但是在筆者看來，它仍然在廣義上屬於「意識生活潛態的可能性」，並不是「現實存在」。視域的問題明白地顯示出，現象學的意向分析雖然開始於對象，但是對其解明，並不停留於對象意識。

這樣來看的話，相對於 Føllesdal 的意義論的解釋，是一種「隱藏的實在論」，而作為這個爭論的另一方的 Gurwitsch，則是將「對象」（所知覺物）理解為「構成的統一體」，進而必須承認一種「更高階的意義」。而誠如 Bernet 所指出，這會導致將「現實物（現實存在）」（wirkliches Ding）理解為一種無限綜合的統一體，或者說是一種「康德意義下理念」（Idee im Kantischen Sinn）。[55] 這一點用 Bernet 的話來說，就是將「純粹對象 X」理解為「現實事態的同一極（Identitätspol der wirklichen Sachverhalts）」。[56] 這一點在筆者看來，等於是將「現實存在」理解為一種「理念存在」，其實是混同了「現實存在」與「理念存在」，或者更恰當地說，在 Gurwitsch 的解釋中，意向性是指向一種「意義」或「理念存在」，並不是現實存在，而 Gurwitsch 也確實認為，我們必須承認一種更高階的意義，並且將這種更高階的意義，理解為一種在「互為主觀性下的構成物」。

在 Bernet 看來，這兩種解釋（意義論的與認識論的解釋）源自

---

54 Husserl, *Cartesianische Meditationen und Parischer Vorträge*, hrsg. von S. Strasser. 2. Aufl. Photomechanischer Nachdruck (Den Haag, Netherlands: Martinus Nijhoff, 1973), S. 81-82.
55 Bernet, "Husserls Begriff des Noema," *Husserl-Ausgabe und Husserl-Forsch*ung, S. 69.
56 Bernet, "Husserls Begriff des Noema," *Husserl-Ausgabe und Husserl-Forsch*ung, S. 78.

於對「X」（純粹對象）的兩種不同理解，而之所以如此，則是因為胡塞爾的「X」本身就具有雙義性，因而這個混淆是「不可避免的」（unvermeidlich）。[57] 而 Bernet 的解釋，認為我們必須承認「純粹對象」的雙義性。這雖然讓這個古典的爭論獲得暫時的平息，但是在指出雙方的解釋中所各有的幾個問題之後，卻與 Føllesdal 與 Gurwitsch 一樣，Bernet 沒有進一步地討論這種「純粹對象」在存在論上的意義，只是提到了胡塞爾使用了「類觀念體的（ideell）」[58] 一詞來描述「意義」與「對象」的存在特性，如我們上述所說，「ideell」一詞曾天從用「擬而觀念」來翻譯這個詞。而誠如 Bernet 也注意到的，胡塞爾的「ideal」與「ideell」這兩個語詞是混用的。[59] 這一點在筆者看來，毋寧意謂著胡塞爾對兩者的差別，並沒有明確的問題意義，或者也可以說只是模糊地意識到兩者的區別。我們以下就可以看到，曾天從也注意到了這一點。而 Bernet 自己也不能分別開兩者，因而在說明「意義」與「對象」的存在樣式的不同的時候，就只能使用「更理想的」（idealer）、「更為同一的」（identischer）的這種「量」上的措詞，不能認識到意義與對象在「質」上的不同，也就是說，在筆者看來，兩者是「具差異性」不同的存在。換句話說，不論是認識論的解釋，或是意義論的解釋，雙方雖然都承認有一種「更高的存在」，但是就誠如 Bernet 也注意到的，由於「意義」本身就是一種「理想的同一性」（ideale Identität），對象與意義的不同，會導致要承認一種「比意義更為同一」的意義或存在。[60] 然而在筆者看來，就「存在」上來看，「純粹對象」作為比「理想之物（das

---

57 Bernet, "Husserls Begriff des Noema," *Husserl-Ausgabe und Husserl-Forsch*ung, S. 78.
58 「『類觀念體』的特性是『類似觀念的』，並不是實質的。」（Als Charaktere am sozusagen "Ideellen" sind sie selbst "ideell" und nicht reell.）Husserl, *Ideen zu Einer Reinen Phänomenologie und Phänomenologischen Philosophie: Erstes Buch: Allgemeine Einführung in die Reine Phänomenologie*, S. 233.
59 Bernet, "Husserls Begriff des Noema," *Husserl-Ausgabe und Husserl-Forsch*ung, S. 64-65.
60 Bernet, "Husserls Begriff des Noema," *Husserl-Ausgabe und Husserl-Forsch*ung, S. 73, 77.

Ideale）」更為高階存在，理應不能再被稱為「理想的存在」。那麼它會是什麼？這一點我們或許可以從曾天從的分析上獲得一點線索。

不同於 Bernet 的說法，曾天從批評胡塞爾沒有嚴格地區別開「意義」與「對象」，這一點更明白地表現在戰後的《邏輯論》上，「純粹對象被理解作意味內容的核心基體。意識內在的如此純粹對象是密著於意味內容〔譯注：意義內容〕，因而無法分別對象與內容，純粹對象即是純粹意味內容（對象與內容的混同）。純粹對象祇是有名無實的，其所謂純粹亦是非純粹的。超脫意識內容始得稱為純粹對象。」[61] 我們注意曾天從的說法，「超脫意識內容（意義）始得稱為純粹對象」，在筆者看來，這等於是批評胡塞爾的現象學所理解的「純粹對象」不夠純正，乃至於不能分別開「意義」與「對象」，這一方面說明 Bernet 的觀察是正確的，因為在胡塞爾純粹現象學的思考方式之下，雙義性的產生是必然的，因為即使是胡塞爾，也無法看清楚超脫意識的「純粹對象」，因為這種存在已然被存而不論。於是我們隨之看到，曾天從批評胡塞爾的目標，雖然在脫離心理主義，但是卻又陷入一種「先驗的心理主義」。[62]

隨著這個區分，我們看到曾天從更明白地區分開「作為對象的所思」（對象論）與「作為理念的所思」（意義論），並且將「純粹意義」理解為一種「指示作用」，用以指示「純粹對象本身」。[63] 據筆者個人的看法，這裡的「指示」一詞應是「Meinen」或「Vermeinen」的日譯，它並不指示（指涉或思念）現實存在。因為這裡所說的「純粹對象本身」，並不是

---

61 曾天從，《論理論（邏輯論）》，頁 617。
62 曾天從，《論理論（邏輯論）》，頁 618。
63 「在其（譯注：胡塞爾）主要著作《大觀念》當中，我們就可以明確地讀取出朝向純粹哲學的理念。在現象學中所把握的純粹意義，是指示出構成所思的意義的同一的統一點的純粹對象的意義本身的東西，它也可以被稱為是所思的純粹對象。」曾天從，《真理原理論──純粹現實學序說》，頁 404。

現實存在，而是一種比觀念更高級的「類觀念存在」或「擬而觀念存在」（ideell），這在曾天從的措詞上，是指成立於觀念或理想的基礎上，又超越了觀念或理想的更為高超的存在，並且將這樣的存在歸屬於「擬而真理自體」的領域。[64] 也就是說，在他看來，沿著所思方向來看，意向性最終指向一種「擬而觀念的存在」。如我們所知，擬而真理自體與真理自體一樣，都無法成為認識的對象。換句話說，曾天從在貫徹「真理論的差異」之下，保留了意向相關的最終指向的擬而真理自體在認識上的「不可知」，但是認識上的「不可知」並不代表其對「認識」而言是毫無作用的。這一點在筆者看來是相當有意思的說法，也合於胡塞爾對純粹對象的描述，即「中心的統一點」、「謂詞的承載者」、「抽離了所有的謂詞的純粹 X」、「空虛的 X」等等。換句話說，由於純粹對象超越了所有判斷上的謂詞，我們不能用任何「謂詞」來言說它，就其超越了判斷內容這一點來說，它是「無以名之的」、是「無內容之物」，但是這種無內容之物，並不是什麼都沒有的「虛無」，而是所有的意義的「承載者」（Sinnesträger）。而根據 Bernet 的解釋，我們可以知道，胡塞爾的現象學不單純地停留在「意義界」或「語言的意義」，它在擁有「認識論的意義」的同時，也關連著一種「對象的存在」。這一點如果我們就曾天從想法來看，那麼我們可以說，它最終指向一種「擬而真理自體」。

在這裡我們可以看到，在曾天從的解釋中，突顯了「純粹意義」與「純

---

64 「成立於實在的（real）基礎之上而又超越實在的存在，可以稱為擬而實在的（reell）存在；成立於觀念的（ideal）基礎之上而又超越觀念的存在，可以稱為擬而觀念的（ideell）存在。」（曾天從，《哲學體系重建論》，下卷，頁 230）。同樣的表達也出現在《真理原理論》中，只是這個時候「實在的」一詞，使用的是「實有的」（曾天從，《真理原理論——純粹現實學序說》，頁 418）。在胡塞爾的措詞上，「reell」一詞用以意識體驗的構成要素，例如上述「意向體驗的分析」都是「實質分析」。「意向相關物」（意義與對象）這種在意識的體驗（例如知覺、期待、回憶等）中擁有同一性的東西，都是一種「類觀念的」（ideell）存在。

粹對象」的「獨立於意識」的性格,從兩者都不屬於意識的實質內容,都是非實質的、「是從能思面全然解離開來的東西」這一點來看,「純粹意義自體」與「純粹對象自體」都具有獨立於意識的性格。[65] 然而儘管如此,這兩種「自體性」仍然有別,「我們在這裡也應該要明確地區別出純粹自體性的自體與在先驗的意識中被把握的自體性的觀念。」[66] 前者是「純粹對象自體」,後者則是「純粹意義自體」。在筆者看來,因為「純粹意義」可以是謂詞,它在胡塞爾哲學中,是建立在 Gurwitsch 所謂的「互為主觀性」之下而是一種「更高階的意義」。但是「純粹對象」則是抽離了一切謂詞、因而是無內容的「擬而觀念的存在」。換句話說,意向性的朝向「純粹對象」,包含著朝向擬而真理自體而去的「思念」(meinen)。然而不同於胡塞爾的地方在於,不論是「meinen」或「vermeinen」,在胡塞爾哲學中,表示在直觀中還包含著有待充實的部分,而這在曾天從哲學中,則是指示著根本無法被充實的部分。這一點不僅是為胡塞爾自己,甚至是迄今為止的胡塞爾研究者,都沒有明白地解明的地方。

肆、結語

至此我們總結曾天從的解釋,並試著從其角度來反省胡塞爾的現象學。

---

65 「在現象學的建設的最初之中,朝向純粹邏輯學的企圖早就已經顯現出來了的這點,是胡塞爾最初的現象學著作《邏輯學研究》所明示出的,且在其主著《觀念》(譯注:《大觀念》第一卷)當中,我們可以明確地讀出這個朝向純粹哲學的理念。在現象學之中被把握的純粹意義,是指示出構成所思的意義的同一的統一點的純粹對象的意義本身的東西,其是也可以被稱為是所思的純粹對象。我們清楚地看出其中的純粹意義自體、純粹對象自體的獨立的超越的性格的顯現,使其純粹所思的意義從能思的側面中完全解離出來,從而徹底地來追究朝向真實的相中的邏輯的超越者的形相學的還原不可。」曾天從,《真理原理論──純粹現實學序說》,頁 403-404。
66 曾天從,《真理原理論──純粹現實學序說》,頁 405。

我們先看看曾天從對擬而真理自體的說明：「擬而真理自體可以視為是以真理自體為準據並具有其自身的自體存立性之物，它指的是超實在的、超觀念的形相學的純粹本質與理念學的純粹本質的邏輯本質的領域」。[67] 其中它是「超實在的、超觀念的」表示它是在「現實存在」（das Reale）與「觀念存在」（das Ideale）之外的另一種存在，在這裡曾天從將其歸屬於「邏輯本質」的領域，這意謂著在邏輯的領域中，必須牽涉到一種無關於邏輯的、超邏輯的擬而真理自體，邏輯不是一切存在的規準。就如海德格所指出，邏輯是「跛足地隨行於（nachhinkend）」存在論之後的。[68] 邏輯學並不能決定存在論，毋寧是存在論決定邏輯學。在曾天從看來，胡塞爾的「純粹對象」不屬於現實界，它不是現實存在，而是以各個意義（理想之物）為媒介所指向的「對象」。因而就存在上來看，它不能是任何意義下的「理想的存在」，而必須是超越「現實」與「理想」的另一種「擬而觀念存在」。這樣的東西，如我們先前所指出，就內容上來看，是比任何現實之物（現實）與理想之物（意義）更為空虛的，是自身無法擁有任何意義的、無可言說的「空虛的 X」，但是這個無意義的、無可言說的 X，卻又具有允許種種不同的意義（「所有可能謂詞的承載者」）的可能性，對於這麼一個領域，曾天從又稱之為「第三本質領域」，它是除了「現實界」與「理想界」之外的「第三本質領域」。[69] 並且認為，意向活動沿著所思方向，最終指向這個超離內外分別的第三本質領域。

---

67 曾天從，《真理原理論——純粹現實學序說》，頁 ix。
68 Heidegger, *Sein und Zeit*, hrsg. von Friedrich-Wilhelm von Herrmann, S. 14.
69 「諸科學以及以往的哲學幾乎全都是專門以自然界和精神界、或者以實在的領域與觀念的領域作為其學問的對象來處理的，但是超越了這兩個領域的，而又汎通地內在於兩者的根柢中，從而應該從此兩者的領域中根本地被區別出來的第三的本質領域卻是被忽略的。就如同真理自體的領域是超絕了實在的領域與觀念的領域的對立一樣，擬而真理自體的本質領域也是超越此對立的。」曾天從，《真理原理論——純粹現實學序說》，頁 406。

確立了這一點，我們可以說曾天從對胡塞爾的批評，就集中在胡塞爾現象學的「動機」（Motivation）上。對此我們可以回溯《邏輯研究》的意圖。如我們所知，胡塞爾當時所謂的邏輯學，類似我們現在的「認識論」或「學問論」，其目的在為一切學問奠立基礎，這也是胡塞爾哲學的主要關心所在。而曾天從認為，早在胡塞爾《邏輯研究》的時期，他的這個朝向「純粹哲學」或「純粹邏輯學」的意圖就已經顯明出來了。[70] 這樣來看的話，胡塞爾所謂的「純粹意義」與「純粹對象」，都是沿著這個動機所設立出來的概念。由於兩者都是在存而不論之後所獲得之物，所以就存在上來看，兩者都不是傳統哲學中的「在其自身的存在」，不屬於意識的「實質內容」、也不能單純地理解「意向內容（意義）」。而就我們上述的分析來看，不論是所思意義或所思對象，兩者都可以理解為是一種「意義」，這一點保留了 Føllesdal 的解釋，「現象學是對意義的研究」。但是一方面，意向性透過種種不同的「所思意義」而關連著「所思對象」，這意謂著我們必須要區別開兩種不同層級的「意義」，這一點就誠如 Gurwitsch 的理解，所思對象是一個「更高級的所思」，而這也誠如 Gurwitsch 的解釋，這個較高層次的所思，只能建立在「互為主觀性」之上。在筆者看來，這是因為當現象學透過徹底的還原，將一切的「存在」還原到「存在有效性」（Seinsgeltung）的時候，一切「存在」都成為與超越論的主觀「相關的存在」，而這也同時意謂著現象學只能處理「相關的存在」。這一點在曾天從看來，胡塞爾所謂「學問的奠基工作」，因而就只能是一種「對人類而言的真理」，而如此所了解的「真理」，其實只是「有效性」（Geltung），其最終的基礎仍然是建立在「互為主觀」或「生活世界」之上的。然而如此建立在互為主觀性之上的真理，在曾天從看來，仍然是「對我們來說的真理」，還不是脫離人類之物的「擬而真理自體」本身。

---

70 曾天從，《真理原理論——純粹現實學序說》，頁 398-401。

就存在論來看,「最高的意義本身」不能是任何「意義」的存在(理想之物),只能是另一種不同於理想之物的存在,或曾天從所謂的「擬而真理自體」,這在曾天從看來,是對胡塞爾的現象學給予觀念論式的解釋的思路所無法了解的地方,而胡塞爾本人也很可能不能清楚地了解這一點。因而從真理論的角度來看,胡塞爾雖然批評心理主義將導致一種相對主義,但是仍然將其現象學的基礎置於互為主觀的超越論主體性之上。這其實是背離了其現象學自《邏輯研究》以來,要求脫離任何型態的心理主義的根本動機。這一點誠如曾天從所指出:「總之,胡塞爾想要建立起一門新學問或即現象學來取代心理學,並且試圖將後者視為是全然不依據前者的獨立學問,然而其中仍然受到心理學見解的影響仍然未被完全抹殺,這一點是清楚的事實。」[71]

如我們所說,胡塞爾現象學作為一種「徹底經驗論」或「徹底實證論」,是以「知覺」的分析為主的思考方式。[72] 然而現象學對知覺分析不止於眼前的「知覺」,在筆者看來,現象學的回歸知覺,或許一個更為恰當性的表達是回歸「經驗的原初樣態(原樣)」或「直接經驗」,它並不停止發生在「現在」(Jetzt)或「當前」(Gegenwart)中的知覺,也包括過去與未來可能出現的知覺視域。也就是說,現象學的知覺,不是通常意義下的知覺,毋寧是有著更深與更廣的意義下的「感知」、「覺知」、「體會」、「領會」等等,它就表現在德文的「Wahrnehmung」當中,在知覺中被知覺的東西是直接地呈現的,或者說「被接受為真的」。就經驗上來看,就是「直接經驗」,而現象學還原的目的就是要回到這個「直接經驗」。什麼是直接經驗,或許在不同的現象學家各有不同的看法,但是在胡塞爾這就是「意向經驗」,這是發生在我們意識中的、或者說我們可以覺察到的經

---

71 曾天從,《真理原理論——純粹現實學序說》,頁342。
72 胡塞爾著,黃文宏譯注/解說,《大英百科全書草稿》。

驗,而其本性就是意向著對象,在這裡「相關性」就扮演著一個舉足輕重的角色,而在存而不論之後的意向分析是將認識之所對,還原到「所思」來解明,這裡有著「意義」與「對象」的區別。因而在胡塞爾對判斷的結構的討論中,除了「判斷活動」與「判斷內容」之外,還必須有「判斷對象」。由於在現象學看來,意識並不是「模寫」或表象其對象,而是通過「意義」而指向「對象」,在筆者看來,這就等於是在問我們意識的「最終指向」是什麼?這個時候將意向分析停留在「意義」是不徹底的,因為意向是沿著「意義」而指向「對象」。曾天從在其胡塞爾解釋中,認為終極地來看,意向所指向之對象,最終是擬而真理自體。而擬而真理自體雖然無法作為對象而呈現,但是不設想其存在,則是不可能的,在筆者看來,這一點也可以說是新康德學派與現象學在思考上的一個差異點。

如我們所知。「擬而真理自體」的提出,其目的在批判任何形態的「觀念論」的哲學。在本文中,我們透過「意向相關物」的討論,解明了曾天從對胡塞爾觀念論的批判。然而或許我們也可以換個方式主張,曾天從接續了胡塞爾所自我設定的目標,並給予一個更為徹底的展開,這一點也表現在曾天從借用了許多胡塞爾特有語詞,並給與了一個更為徹底的解釋。對此,我們就作為胡塞爾「超越論的現象學」的根本問題的「超越論的謎」來看。[73] 我們知道,為了要解決「超越論的謎」,胡塞爾將所有傳統哲學的「超絕之物」(例如康德式的物自體,或曾天從的「意識外存在」)皆存而不論,還原到「純粹意識」或曾天從所謂的「意識內在」的領域,並在這個領域當中發現了一種「超越」,如我們所知,這是一種「內在的超越」,這構成胡塞爾超越論的現象學的主要思路。也就是說,在現象學的直接經驗中的超越之物,是一種「內在超越」,而超越論的現象學的目的在回答這個「內在超越」如何可能,這形成了現象學的「構成」的主要問題。而這個「內在

---

[73] 關於「超越論的謎」,請參閱胡塞爾著,黃文宏譯注,《現象學的觀念》。

超越之物」屬於意識的「所思」構造中的一個重要成素。就曾天從看來,在所思的構造中,不止有作為意義的「所思核」,還有作為對象的「中心的統一點」,或者我們也可以稱之為「核中核」,而這個「核中核」才是意向相關物的最終指向。也就是說,在意向經驗出現的各種可能的意義,仍然指向「核中核」。而在曾天從在看來,所思的「核中核」由於不顯現,意向性的最終指向在胡塞爾哲學中是懸而未決的問題,在曾天從看來它指向「擬而觀念存在」。也就是說,胡塞爾的現象學雖然以直接經驗(知覺)為出發點,它可以在其分析中擴充直接經驗的意義與範圍,但是沒有辦法越出直接經驗去談「自體存在」。然而在胡塞爾的意向分析當中,卻仍然遭遇到了一個無可名之的「所思對象」。而從「所思對象」是作為抽離了所有的謂詞的「純粹主詞」而言,在筆者看來,曾天從的這個胡塞爾批判是正確的,也就是說,有某種不可對象化的東西,參與了我們的認識。

再者也由於是針對觀念論的批判,因而在曾天從的措詞使用上,不論是主觀面(能思面)的「先驗心理的超越」、或是客觀面(所思面)的「先驗邏輯的超越」,兩者都屬於「觀念論的超越」,或者說兩者分別是針對主觀性的「能思面」與「所思面」的超越,也就是說,沿著主體的主觀面(能思面)有先驗心理的超越,而沿著主體的客觀面(所思面),有先驗邏輯的超越。這裡理解上的混淆點在於,中文「客觀」與「客體」在意義上的不等同,「客觀的」不一定「客體的」,它也可以是「主觀的」,在主體內部也可以有「主觀面(能思)」與「客觀面(所思)」的區別。[74] 而在胡塞爾超越論的現象學當中,徹底的存而不論將「存在」轉變「有效性」(Seinsgeltung)問題,並將「有效性」的根源置於「超越論的主觀性」當中,這是客觀性的根源,屬於「認識的問題」。如果將其理解為存在上的

---

74 對於「客觀」與「客體」的區分的討論,請參閱胡塞爾著,黃文宏譯注,《現象學的觀念》,〈譯注者導讀〉,頁 13-14。

「客體」的根源的話,那麼將混同「超越論的主觀」與「上帝的存在」,筆者雖然不排斥這種詮釋,但這不是本文的主題。本文毋寧是根據胡塞爾嚴格學的動機,將其現象學的論題領域(Domain)限制在「客觀性」或「有效性」的領域,而如所周知,對胡塞爾來說,「有效性的根源」就在於「超越論的主觀性」。

其次從「真理論的差異」,我們也可以明白地認識到曾天從對主觀性的不信任。這連帶地意味著他必須批判所有的「相關主義」(Korrealtionismus),而採取一個接近「實在論的方向」來超越「觀念論與實在論的對立」。誠如他自己所說,「在知識論上,現象學是立於觀念論的立場(至少偏向於觀念論),現實學却是立於實在論的立場。現實存在包括實在界與觀念界的兩大界域。」[75] 在本論文中,我們也沿著這個方向來鋪陳其思想。也就是說,在曾天從看來,現象學採取了一個往內在而去的路,然而現象學在這條路上所不能認識的是,這條往內在而去的道路,終究會通向超越內在與外在之對立的「擬而真理自體的領域」。就這一點來看,曾天從銜接在胡塞爾的超越論的動機上,進而要求一個比「現象學的還原」更為徹底的「真理論的還原」。在這個真理論的還原中,不只是要將一切皆還原成「有效性」,更要將「有效性」還原到「有效性自體」,並就其「存在樣式」而將有效性自體歸之於「擬而真理自體」的領域。用曾天從自己的措詞來說,有效性自體是沿著「所思的深化」所出現的「邏各斯的客觀面」,它是以指向著「外在的超越者」為其目標。[76] 如我們所知,這個外在超越者就是「擬而觀念存在」,這是深入超越論的自我的客觀面所遭遇到的超越對立之物,它屬於擬而真理自體的領域。

而如我們所知,「擬而真理自體」原則上包含了「擬而實在存在」與

---

75 曾天從,《論理論(邏輯論)》,頁628。
76 曾天從,《真理原理論——純粹現實學序說》,頁418。

「擬而觀念存在」這兩個存在領域，這兩個領域都屬於「有效性」領域。[77] 本章只討論了「擬而觀念」（ideell）[78] 的部分，而將「擬而實在存在」的討論置於下一章。就本章所獲得的暫時的結論來看，透過「所思的深化」，我們可以接觸到某種更為高超的、乃至於不能再被稱為觀念的「外在的擬而超越」。因而，曾天從並不像大部分的現象學家（例如梅洛龐蒂等）那樣，批評一個「徹底的現象學還原」的不可能，而是反過來批評胡塞爾的現象學的還原「不夠徹底」，認為倘若我們沿著胡塞爾在《邏輯研究》時的動機，那麼單單透過「現象學的還原」仍然是不足夠的。這是因為在胡塞爾看來，還原後了的「意義」與「對象」，都不是在其自身的「客體存在」，而必須仍然是在某種程度上與「意識相關」的「客觀存在」，於是曾天從批判胡塞爾雖然試圖脫離心理主義，但是仍然深陷於心理主義的泥淖。這等於是批評胡

---

[77] 「擬而真理自體即是指成立於擬而實在或者擬而觀念的存在領域的自體存立性的真理。」（曾天從，《論理論（邏輯論）》，頁 578）。其中「存立」一詞，應來自於德文的「Bestehen」。這個語詞用以指稱「有效性」（例如邏輯、數學等）的「存在性格」。曾天從對「擬而實在」或「擬而超越實在」這兩個措詞的德文表示都是「reell」。其意義不同於胡塞爾的使用，它在胡塞爾哲學中意指意識「實質地體驗」到的部分（請參閱胡塞爾著，黃文宏譯注，《現象學的觀念》，頁 99-100）。而胡塞爾的這個意思曾天從在《真理原理論》中用「實有的」一詞來表達（曾天從，《真理原理論——純粹現實學序說》，頁 478）。而「reell」一詞，在其《邏輯論》中，則用「實在」一詞來表達，於是在用詞上造成「實有」、「現實存在」、「實在」這三個語詞的不等同。在曾天從的措詞上，廣義「現實存在」包含「實在」與「觀念存在」，例如曾天從也提到「所謂現實存在是包括實在與觀念的存在」。曾天從，《論理論（邏輯論）》，頁 vii。

[78] 「擬而觀念存在」是曾天從戰後所使用的一個措詞，與《真理原理論》的措詞略有不同。「從存在論的觀點看來，成立於實在的（real）基礎之上而又超越實在的存在，可以稱為擬而實在的（reell）存在；成立於觀念的（ideal）基礎之上而又超越觀念的存在，可以稱為擬而觀念的（ideell）存在。」（曾天從，《論理論（邏輯論）》，頁 646）。在《真理原理論》中的措詞是「[…] 先驗邏輯的擬而超越，對於作為意識內在的純然的觀念（ideal）來說，是有著擬而超越觀念式（ideell）的性格的東西。」曾天從，《真理原理論——純粹現實學序說》，頁 418-419。

塞爾的「現象學的還原」仍然無法解明意向性所真正指向之物。

在本文的分析中，我們特別著重胡塞爾「純粹對象」一詞的使用，這個語詞表示作為意識或心理現象的本質的「意向性」，最終「指示（暗示）」或「思念」（meinen）著一個比「觀念的存在」更為高超且純粹的「擬而觀念」的存在。根據這一點，本文肯定曾天從的洞見，胡塞爾的「現象學的還原」確實是指示著「真理論的還原」的前階段，並且認為唯有在「真理論的還原」之下，才能夠建立起純正意義的「純粹邏輯學」，這意謂著一個比「現象學的還原」更為徹底的還原是必要的。這個更為徹底的真理論的還原，其目標雖然是朝向意識內在領域的深入，然而其所最終指示之物，是在意識內在的底層，超越內在與外在之區分的「擬而真理自體」。藉由擬而真理自體而建立起數、邏輯學與價值學等等曾天從所謂的「純粹哲學」。這個擬而真理自體的領域，誠如曾天從所主張，它不是「自然界或精神界」，也不是「實在或觀念的領域」，而屬於在「觀念與實在的彼岸中所追求的本質自體」或「第三本質領域」。[79]

這樣來看的話，胡塞爾的意向性所最終指向之物，在存在論上，曾天從稱其為「擬而真理自體」，它是一種比「現實存在」與「理想存在」更高為高超的存在。在這裡我們看到，曾天從接受了西田幾多郎的想法，認為意向性是「內指的」，也是「外指的」的這個想法，並且沿著深入「內在」而指向超越內外分別的「自體存在」，誠如他所說，「然而由於本然的哲學不能夠僅局限於內在哲學，所以在這裡必須必然地有一條通過內在哲學、而朝向超越哲學的路被開拓出來。我們的純粹現實學的意圖，不外就是要開拓出這條通路，而通過純粹現實學所應被建設出來的哲學，必須是將內在哲學與超越哲學的對立予以揚棄的最廣義下的同一哲學。」[80] 擬而真理自體雖然「在

---

79 曾天從，《真理原理論──純粹現實學序說》，頁 406-407。
80 曾天從，《真理原理論──純粹現實學序說》，頁 419。

認識的層面上」可以說是一種「無」,但是「在存在論的層面上」,它必須是一種「有」,而且是「無內容的有」。這樣來看的話,我們可以說,以超越有無對立的真理自體或擬而真理自體為思考的對象,可以說是日治時期臺灣哲學的一個特色。而基於這樣的思想,可以讓我們反過來批評胡塞爾的現象學,只能觀看到「(有)意義的世界」,有意義的世界是有內容的,無法真正地洞見到作為有意義的核心的「無內容的」或「無意義的」世界。對此我們可以知道,「對我們來說」是「無內容的東西」,並不一定是通常意義下「無意義之物」,京都學派所提供的這個想法,可以說是為曾天從所繼承,然而卻是從超越有無對立的真理自體(擬而真理自體)來予以展開。誠如曾天從所主張,超對立的領域仍然要超絕「存在與邏輯的對立」、「內在與外在」等等對立領域。這樣來看的話,「真理原理論」的最終型態可以說是一種「超對立的」或「絕對同一的哲學」。[81] 從實在論的角度來逼進這種超對立的領域,可以說是曾天從所提供的道路。

---

81 曾天從,《真理原理論——純粹現實學序說》,頁 452-453。

引用文獻

芬克著，黃文宏譯，〈芬克：胡塞爾現象學的操作概念〉，《面對實事本身——現象學經典文選》。北京：東方出版社，2000。

洪耀勳，《哲學導論對話上卷》。臺北：協志工業叢書，1973。

洪耀勳著，黃文宏譯注/導讀，《洪耀勳日文哲學著作集》。新竹：國立清華大學出版社，2020。

胡塞爾著，黃文宏譯注，《現象學的觀念》。新竹：國立清華大學出版社，2017。

胡塞爾著，黃文宏譯注/解說，《大英百科全書草稿》。新竹：國立清華大學出版社，2021。

曾天從，《哲學體系重建論》，上卷。臺北：青文出版社，1981。

曾天從，《哲學體系重建論》，下卷。臺北：青文出版社，1981。

曾天從，《真理原理論——純粹現實學序說》。東京：理想社出版部，1937。

曾天從，《論理論》（或譯為《邏輯論》）。臺北：青文出版社，1974。

曾天從著，黃文宏譯注/解說，《真理原理論——純粹現實學序說》，第一分冊。新竹：國立清華大學出版社，2023。

顧維琪著，黃文宏譯，〈胡塞爾的意識意向性理論〉，《鵝湖月刊》第188期（1991年2月號），頁38-46。

E. フッサール，渡辺二郎譯，《イデーン—純粹現象学と現象学的哲学のための諸構想（I-II）》。東京：みすず書房，2013。

Bernet, Rudolf, "Husserls Begriff des Noema," in *Husserl-Ausgabe und Husserl-Forschung,* ed. by Samuel IJsseling, pp. 61-80. Dordrecht: Kluwer Academic Publishers, 1990.

Bernet, Rudolf, Iso Kern, Eduard Marbach, *An Introduction to Husserlian*

Phenomenology. Evanston: Northwestern University Press, 1993.

Føllesdal, Dagfinn, "Husserl's Notion of Noema," in *Edmund Husserl: Critical Assessments of Leading Philosophers*, Volume IV, ed. by Rudolf Bernet, Donn Welton and Gina Zavota, pp. 161-168. London: New York: Routledge, 2005.

Heidegger, Martin, *Sein und Zeit*, hrsg. von Friedrich-Wilhelm von Herrmann. Frankfurt am Main: Vittorio Klostermann, 1977.

Husserl, Edmund, *Cartesianische Meditationen und Parischer Vorträge*, hrsg. von S. Strasser, 2. Aufl, Photomechanischer Nachdruck. Den Haag, Netherlands: Martinus Nijhoff, 1973.

Husserl, Edmund, *Die Krisis der Europäischen Wissenschaften und die Transzendentale Phänomenologie. Ein Einleitung in die Phänomenologische Philosophie*, 2. Auf., hrsg. von W. Biemel. Den Haag: Martinus Nijhoff, 1962.

Husserl, Edmund, *Ideas pertaining to a pure phenomenology and to a phenomenological philosophy: First Book: General Introduction to a pure Phenomenology*, trans. by F. Kersten. The Hague: Martinus Nijhoff Publishers, 1982.

Husserl, Edmund, *Ideen zu Einer Reinen Phänomenologie und Phänomenologischen Philosophie: Erstes Buch: Allgemeine Einführung in die Reine Phänomenologie*, hrsg. von Karl Schuhmann. Den Haag: Martinus Nijhoff, 1976.

Husserl, Edmund, *Logische Untersuchungen*, Zweiter Band (Hua., XIX/1), hrsg. von Ursula Panzer. The Hague: M. Nijhoff Publishers, 1984.

第五章　論曾天從「第二義的擬而真理自體」及其對海德格基本存在論的批判

儘管實存的真理只能在 […] 意識內在中被找出，但是它作為哲學的認識的對象，在其中則必須具有一種超越的自體的存立的意義。

壹、第二義的擬而真理自體

　　本章沿續前一章的思路，目的仍然在解明「真理論」的體系相，然而將重點置於「我們的真理」的領域，特別是對包含於其中的、作為其真理的「第二義的擬而真理自體」的解明。這個領域處理「實存的真理」的問題，文本主要分布在《真理原理論》的第四章。在這裡，曾天從以一種發展的角度，主要反省了三位哲學家（狄爾泰、雅詩培（Karl Jaspers, 1883-1969）與海德格）的思想，將其對應到三種形態的「實存哲學」，並將這三者視為是朝向自身的「真理論」思想的「前階段」。簡要地來說，在曾天從看來，實存真理的這條思路，是深入自我內部所獲得的真理，它屬於一種「人類存在的自覺存在論」。然而就如同我們在前一章中所指出過的那樣，在他看來，這種深入意識或自我內部的思考方式，勢必會遭遇到「意識外的存在」，而在深入實存內部所遭遇到的外部存在，曾天從也稱之為「第二義的擬而真理自體」，這可以說是其對實存哲學的批判的總原則，而本章的重點藉由其對海德格基本存在論的反省，來反省曾天從的「第二義的擬而真理自體」，並以之解明真理論的體系相。

首先我們知道，「擬而真理自體」是曾天從在「觀念論」的批判中所發現的自體存在。就其對「觀念論」的討論，我們先進行幾個概念上的區分。首先，如我們所知，觀念論特別著重於「主體（主觀）」或「主體性（主觀性）」的問題。然而在漢語學界的用詞上，不論是「主體（主體性）」、「主觀（主觀性）」，都是對「Subjekt（Subjektivität）」的兩種不同的翻譯，將同一個「Subjekt（Subjektivität）」分別為兩種翻譯，這大概是漢語世界才有的區分。[1] 為避免語詞上的混亂，筆者在觀念論的思路上採用「主觀（性）」，在實在論的思路上，則採用「主體（性）」的措詞。就如同「客觀性」並不必然地關涉到「客體」存在，它也可以是建立在主觀上的（例如胡塞爾的「互為主觀性」）等等，同樣的，具有「主體性質（主體性）」的東西，也不必然是「主觀的」，它也有可能是「客觀的」（例如某位藝術家對美的判斷）。無論如何，我們可以在主體面分別開「主觀面」與「客觀面」這兩個方向。在筆者看來，在觀念論的超越上，曾天從可以說就是沿著這個思路，在「主體」這個領域中，分析出「主觀面」與「客觀面」這兩個方向上的超越，或者借用胡塞爾的措詞來說，這可以說是「能思面」（主觀面）與「所思面」（客觀面）的超越。因而在面對觀念論的時候，曾天從必須處理兩種型態的「超越」，即關於「主體的客觀面的超越（所思的超越）」與「主體的主觀面的超越（能思的超越）」。在客觀面的超越中，「思念」（meinen）著「第一義的擬而真理自體」，在主觀面的超越中，則思念著「第二義的擬而真理自體」。前者的代表是「邏輯」與「數學」等等「純粹本質之物」（以下簡稱為「純粹邏輯自體」），後者的代表則是「實存的理念（美善聖）的總體」等等，曾天從又稱之為「純粹價值自體」。[2] 關

---

1 在筆者看來，將「Objekt（Objektivität）」譯成「客體（客體性）」或「客觀（客觀性）」的情況也一樣。請參閱胡塞爾著，黃文宏譯注，《現象學的觀念》，〈譯注者導讀〉。
2 曾天從，《真理原理論——純粹現實學序說》（東京：理想社出版部，1937），頁 474-

於「第一義的擬而真理自體」的問題，如前章所示，曾天從沿著胡塞爾在客觀面（所思面）旳「意義」與「對象」的區分，解明了「先驗邏輯的擬而超越」的最終指向。如筆者在前一章所表示，曾天從在這一點上，對胡塞爾的現象學是有貢獻的，它解明了胡塞爾「所思構造」中的「類觀念體」的存在問題。本章所要處理的問題，則是另一個方向上的「主觀面的超越」，曾天從又稱之為「先驗心理的擬而超越」。

這一部分的工作，在曾天從的四種真理領域的分類中，屬於「我們的真理」或「實存的真理」的領域，它所探討的主要對象，是在我們的實存的領域中「現實地」出現的種種「理念」。[3] 在曾天從看來，這些在意識內部出現的「理念」，並不單單只是一種「意識內存在」，它也包含著一種朝向「超越性」或朝向「意識外存在」的指向。或者我們也可以說，這些實存的理念其實是一種媒介，媒介向意識外存在的擬而真理自體，這可以說是曾天從對觀念論的批判的基本思路。如我們在前章中所說，我們可以將這些意識內部的理念，依其超越方向的不同，區分為指向「擬而超越實有的」（reell）與指向「擬而超越觀念的」（ideell）這兩類。[4] 這兩者都屬於「擬而真理自體」的領域。而在第四章中，我們雖然只討論了「擬而超越觀念」的部分，但是在筆者看來，同樣的思考方式，也適用「擬而超越實有」的部分。也就是說，在曾天從看來，不論是沿著能思而去，或是沿著所思方向而去，我們都會遭遇到一種「超越」，而這兩種「意識內的超越」皆源自於「意識外存在」，由於意識外存在的不可認識性，在筆者看來，我們可以使用「暗示」

475、500-501。

3 「所謂的我們的真理指的是我們的實存論的領域，這是關於在我們的實存內在中，現實地顯現的擬而超越實在的、擬而超越觀念的實存的種種理念的領域。」曾天從，《真理原理論——純粹現實學序說》，頁 ix。

4 曾天從，《真理原理論——純粹現實學序說》，頁 ix。

一詞，認為所有的意識內的超越性，皆「暗示」著意識外存在。[5]而這一點正是觀念論者所不能了解的地方，或者說，雖然觀念論者或多或少地理解到這一點，但是由於其哲學只能處理「意識內存在」，只能發現「意識內的超越性」，無法發現作為「意識外存在」的自體存在。而如我們上述所說，這裡有兩種「超越」，沿著「意識的所思面的超越」所獲得的脫離意識的「自體存在」，曾天從稱之為「擬而超越觀念存在」。沿著能思面的超越，曾天從依文脈的不同，將其譯為「擬而超越實在」或「擬而超越實有」，為免混淆，筆者在本論文中統一採用「擬而超越實有」一詞或簡稱為「類實有體」，但是在曾天從原文的翻譯上，則保留其原有措詞的漢字，為免混淆，筆者將曾天從的譯文置於相應的注解。在筆者看來，「類實有體」的表達，說明了實存哲學的這種往意識內在而去的思路，最終會仍然暗示向某種意識外的存在，這個「意識外存在」或「類實有體」，雖然「類似意識內部的實有的觀念（例如美善聖）」，但並不就是這些觀念或理念本身。沿著這個大方向的區別，我們就可以了解，曾天從在超越「實在論」與「觀念論」的思想的時候，為什麼分明是「兩種思想型態」（實在論與觀念論）的超越，但是卻必須有「三種還原」。其中「對實在論的超越」是還原地指向「存在的超越者」（真理自體），而「對觀念論的超越」則有兩種還原，一種指向「類觀念體」（「邏輯的超越者（邏輯自體）」），一種指向「類實有體」（「實存的超越者（例如：價值自體）」）。[6]這分別構成了兩種型態的「擬而真理自體」。

　　本章在此將討論的重心置於指向作為「實存的超越者」的「類實有體」，並藉此來進一步解明真理論的體系。基本上來看，曾天從在這一部分

5　「暗示」一詞，比較明白的表示是在洪耀勳的措詞中。請參閱洪耀勳著，黃文宏譯注/導讀，《洪耀勳日文哲學著作集》的〈第五論文〉。
6　曾天從，《真理原理論——純粹現實學序說》，頁 xiii。

的工作,是先將狄爾泰、雅詩培與海德格的哲學歸之於三種不同型態的「實存哲學」。然後逐一批評這三位哲學家,都未能完全看清在其哲學中,皆隱含地包含著一種朝向「擬而實有存在」的超越性。其中海德格的基本存在論,曾天從又稱之為「自覺存在論」或「覺存論」,這也是本章所要具體解明的部分。就時間軸來看,《真理原理論》出版於 1937 年,其所討論的海德格哲學,主要是海德格於 1927 年的《存在與時間》中的基本存在論,即所謂的「轉向之前」的海德格,這也是本文在海德格的部分所自我限定的範圍。

貳、我們的真理的領域

如前所述,曾天從在「我們的真理」的領域的這一部分的討論,主要是針對「實存哲學」的批判。在筆者看來,我們可以將其批判的總綱領整理為兩點,而這兩點其實都包含在「真理自體的形相認識」中,特別是其中真理自體所具有的「內在而超越」的性格,而如我們所知,這個「內在而超越」的性格也適用於「擬而真理自體的形相認識」。

首先在曾天從看來,實存哲學作為一種揭示「意識內真理」的學問,就其思惟的邏輯而言,它必須朝向「生命實存的內部深處」不斷地探究,這是其基本的思考方向。因而在他看來,在傳統的實存哲學所揭示的實存的真理當中,皆必須包含著一種「內在而超越」的性格,也就是說,「實存的真理」雖然是在「意識內在」中所發現到的東西,但是在其中卻必須具有一種「超越的自體存立的意義」。「儘管實存的真理只能在如此的意識內在當中被找出,但是它作為哲學的認識的對象,在其中則必須具有一種超越的自體的存立的意義。」[7] 這一點之所以是必然的,是因為擬而真理自體是超越的、也是內在的。而如我們先前所指出,這種超越的自體存立之物,就其存在而

---

7 曾天從,《真理原理論——純粹現實學序說》,頁 474-475。

言，是某種脫離意識的存在，或者說是一種「意識外的自體存在」，它在意識內部是一種「理念」的方式，規制著所有的認識的追求。這樣來看的話，在意識的對立領域中所顯現出來的實存的真理的理念（例如美、善、聖等理念），在其各自的本質中並不單單是對立的，也包含著超對立的部分。換句話說，它比意識所表象的「美」還多，並不一定是「醜」，但肯定是越出了一般所理解的美醜對立下的「美」。誠如曾天從所說，「我們的實存的真理雖然是在意識的對立領域中所顯現出來西，然而其自身應該是在有著超對立的本質的這種自體的、不變的存立的意義下而顯明之物，這是我們決然不能忽視的。」[8] 這裡的「超對立」（Übergegenständliches）一詞，意指它不只是「對立之物」（Gegenständliches），而是「比對立之物還多的」或「超出（über-）對立的」東西。而在筆者看來，這個「超對立之物」或者「超越的自體存立之物」所指示的，就是曾天從所謂的「類實有體」，這一點構成了所有「實存哲學」的預設，也是傳統的實存哲學所忽略的地方。

其次，如果我們就擬而真理自體的形相認識而言，由於擬而真理自體所具有的內在超越的性格，「類實有體」必須持續地在實存哲學中作用著，並規制著真理論意義下的實存哲學。也就是說，真理論其實並不排斥實存哲學，而是要建立真正意義下的實存哲學，或者說它將實存哲學包攝在內，如果從這一點來看的話，那麼真正意義下的實存哲學，就算無法將「類實有體」表象於意識中，但是卻必須始終將其「保留在視野之中」（im Auge zu behalten）。[9] 這在曾天從的措詞，就是由擬而真理自體來「規制」實存的真理的探討。在筆者看來，這可以說是曾天從對所有的「實存哲學」的批判的出發點。而他之所以能夠這麼主張，是因為「擬而真理自體」與「真理自

---

8 曾天從，《真理原理論——純粹現實學序說》，頁 478。
9 關於「保留在視野之中」的意義，請參閱胡塞爾著，黃文宏譯注/解說，《大英百科全書草稿》，〈譯注者解說〉，頁 41-42。

體」一樣，都擁有「內在超越」的本質特性的緣故。也就是說，就如同真理自體內在且規制著「現實存在」（das Reale）一樣，擬而真理自體則內在且規制著「觀念存在」（das Ideale），曾天從分別以這樣的想法來超越實在論與觀念論。這樣來看的話，在通常所理解的「實存的真理」的底部，必須包含著一種「指向」或「暗示向」超對立的本質的「意向」。如我們所知，就觀念的存在而言，這個超對立之物就是「擬而真理自體」，由於「擬而實有存在」內在地超越了意識內在的領域的緣故，所以曾天從又稱之為「內在的擬而超越」或「先驗心理的擬而超越」。對於曾天從的這個批判的想法，我們可以從他對「認識」的本質的了解與區分中看出來。

　　首先如我們所知，在曾天從看來，認識之為認識，必須以「主觀端（能認識）」與「客觀端（所認識）」的存在作為前提。也就是說，認識一定是發生於主客之間的事，而在他看來，這裡的主─客，並不只是意識內部的「能思─所思」關係，也包括了「意識」與意識外部的「事實」之間的關係，就存在上來看，後者具有規則的地位，真理論就是以之作為規制的原理所建立的理論。在表達上，曾天從借用了笛卡兒的語詞，即「自我實體」與「事物存在自體」作為認識的兩端，而形成他所謂的「認識第一原理」或「根本事實原理」。[10] 於是相應於這兩端，有「物現現象」與「識現現象」的分別，然而只要是「現象」，它都是關於「實在的現象」，而且都是發生在意識內部的事。「物現現象全般來說是事物顯現的這種事物存在的自體的現示，而識現現象則是指謂著意識性全般的顯現，以及事物在此意識性中的

---

10 「〔現在我們要〕提出能讓哲學具有成立的可能性的原理的前提。作為如此的東西，我們首先必須要從前述的認識主觀的觀念內的實存與被當作是其認識對象的觀念外的客觀的實在的根本事實當中來追求。全般地來說，哲學要能夠成立，就必須要將如此的根本事實，作為其認識的根柢中的第一條件而設定為前提。」曾天從，《真理原理論──純粹現實學序說》，頁18。

對意識地顯現的情況。」[11] 也就是說,「現象」之為現象都是關於「實體」或「本體」的現象,現象的存在依賴於實體。在這裡我們可以看到,曾天從借用了傳統哲學「實體(本體)」與「現象」的區分,並賦予它一個真理論的意義。

其次,曾天從將「存在概念」理解為「實在的存在」與「現象的存在」的總括概念,就「現象」這個領域來說,他再區分為「物現現象」與「識現現象」兩類。並且認為「現象」都是「實在的現象」,它是一種「觀念的存在」。這意味著「物現現象」與「識現現象」都屬於意識的領域,都是在意識中出現的現象,兩者的基礎分別在「精神實體」與「物質實體」。也就是說,在整個措詞上,曾天從稱所有主觀所擁有的東西為「現象」,而脫離主觀的東西為「實在」。前者屬於「觀念的現實的意識現象」,後者則屬於「實在的現實的存在」,而在真理論中所探討的存在,則是包含此兩者的「真理存在」。[12] 這樣來看的話,「存在論哲學」可以說是真理論的基本動機。其中關連著「物質實體」有「物現現象」,關連著「精神實體」有「識現現象」。如果認識只能只能及於「現象」,而現象只能是「對立之物」的話,那麼在《真理原理論》中所討論的「存在」概念,其實越出了認識的範圍,因為這個時候所說的「存在」,還包括了「無對象性」或「無法成為認識對象」的東西。這樣來看的話,如果僅就「現象面」來說,我們可以說,「物現現象」屬於意識的客觀面,而「識現現象」則屬於意識的主觀面。在筆者看來,關於「物現現象」的討論,牽涉到在意識中所出現的「意義」與「對象」,這一部分的討論在本書的第四章。本章的重點在「識現現象」,這也是曾天從對實存哲學主要討論的範圍。在這裡我們將說明的重點,置於

---

11 曾天從,《真理原理論——純粹現實學序說》,頁 479-480。
12 「在我們的研究中的真理存在的概念,是將『實在的現實的存在』和『觀念的現實的意識現象的存在』都予以總括的存在全般的統合概念,它可以被當作是存在論哲學的基礎概念。」曾天從,《真理原理論——純粹現實學序說》,頁 480。

曾天從的一段文字，在筆者看來，這足以簡潔地表示曾天從對實存真理的最終指向的說明：

> 實存的真理，就關連著精神實體來說，是擬而超越實在的（reell），它對識現的現象而言，則是擬而超越觀念的（ideell），前者是關於實存的諸理念的現實的顯現的活動側面，後者的情況則是關聯到其內容的側面。前者指示著基於能思（noesis）的深化的邏各斯的主觀側面，後者是表明了基於所思（noema）的深化的客觀側面。[13]

在這裡，我們先注意「識現現象」與「精神實體」這兩個概念。首先，「識現現象」是一種「現象」，它是顯現在意識中的東西，並不是獨立的自體存在，它需要「能讓識現的現象得以現象（顯現）的根基體」，也就是說，認為現象之為現象，需要在一個根基體，或者說現象都是關於什麼的現象，都是「某物」的顯現（現象）。這個作為識現現象的根基體，曾天從沿用傳統哲學的措詞，稱之為「自我實體」或「精神實體」，而實存的理念則是現示在這些「識現現象」中的理念，其根源就在精神實體。「實存的諸理念的顯現的可能性的根源是定在於精神實體中的，這些東西是在識現的現象中現實地現示出來的東西。」[14]也就是說，我們可以看到，曾天從站在「認識」的角度上，認為「現象」不是獨立自存的存在，我們還必須在現象之外，設

---

[13]「而して實存的真理は精神實體に関しては擬而超越實在的（reell）であり、其が識現的現象に対してては擬而超越観念的（ideell）なものであって、前者は實存的諸理念の現實的發現の作用的側面に關し、後者の場合は其內容的側面に關するものである。前者は能識の深化によるロゴスの主觀的側面を指示し、後者は所識の深化による客觀的側面を表明する。」曾天從，《真理原理論——純粹現實學序說》，頁481。

[14] 曾天從，《真理原理論——純粹現實學序說》，頁480-481。

定「實體」來作為其「根源」。也就是說，識現現象雖然是主觀的，但是它不停留於主觀，而是關連著且源自於一個比「識現現象」更為根本的存在來作為其根基，這一點就傳統哲學的語詞來說，就是「精神實體」。讀者可以在前一章中，明白地看到「物現現象」也是如此。沿著這個角度來看，我們就可以知道，為什麼在曾天從看來，「精神實體」是一種「實在存在」，而「識現的現象」則是一種「觀念存在」。也就是說，傳統哲學意義下的「精神實體」仍然不是真理論的超對立的存在，曾天從毋寧是借用傳統哲學的（特別是康德哲學式的）「實體」與「現象」的區分，認為「現象」不是獨立自存的、是作為實體的「某物」的現象，並藉此來說明必須存在著比「識現現象」更為根本的東西，也就是說，在他看來，人類的認識僅能達到「現象」，它都是「現象」或「對象」的認識，然而這並不是「實體」。因而在筆者看來，其「精神實體」一詞，毋寧是借用自傳統哲學的表達，用以表示有著比「識現現象」更為根源的存在。這樣來看的話，曾天從的「實存的真理」最終所暗示之物，並不是傳統哲學下的精神實體。

我們回到引文的文字。在筆者看來，曾天從的意思是說，倘若就「精神實體」來看，由於精神實體是「實在的」，那麼「實存的真理」所關連的，就是「擬而超越實在（有）的」（reell）。而倘若就「實存的真理」是一種「識現現象」而言，那麼由於識現現象是觀念的，那麼實存的真理所關連的就是「擬而超越觀念的」（ideell）。換言之，實存的真理所關連之物，因為是比實在還實在的，所以不能稱之為「實在」，只能是「擬而實在（類實在的）」，因為是比觀念還觀念的存在，所以不能是觀念的存在，只能是「擬而觀念的（類觀念的）」，「類實在」與「類觀念」可以說對同一之物，在兩種不同觀看方式下的產物。而由於「擬而超越實在之物」與「擬而超越觀念之物」都不是「對象性」的存在，它無法顯現在意識中，只能透過在意識中所顯現之物（識現現象）來「暗示」。這樣來看的話，在「識現現象」中所暗示的東西，並不停止於實在論與觀念論所理解的存在，而是進一步地

超越了「實在之物」與「觀念之物」的對立，而指向超對立的「擬而真理自體」，而由於它是在實在與觀念這兩個方向上的超越，因而可以說是「比實在之物更實在」、「比觀念之物更觀念」的東西。

這樣的話，就真理論而言，實存哲學所應探討的真理，就存在上來看，是比「精神實體（實在的存在）」更為實在的「擬而超越實有」或「類實有體」。在這裡「擬而超越實有」一詞，是就其在意識中顯現的「主觀面」或「活動面」來說的「超越之物」，也就是說，它是沿著「能思（活動）的深化」所揭示出來的、超越能思面的存在。與其相應地，則是在意識的「客觀面」或「所思（內容面）」的深化所指示的「擬而超越觀念」。也就是說，如果我們接受曾天從的看法，認為所有的實存哲學，就其本然的意義，究竟地來說，都是以指向實存的內部而去的思考的話，那麼曾天從透過「擬而超越實有」，所要表示的是在實存內部所指向真理理念中，不僅有某種「自體存在」參與其中，真正的實存哲學還必須暗示地指向它、受其規制與引導，而這種「自體存在」並不是笛卡兒哲學中的「精神實體」，而是與真理自體一樣，具有不可認識的特性。倘若我們合著第四章來看的話，就認識而言，不論其意向性是向內而去（內指的）、還是向外而去（外指的），真理論的差異都必須保持，意向的根源必須來自於某種無法落入意識的存在。就本章而言，我們也可以說，某種無法落入實存的認識的未知（無知）之物，也參與了實存的認識，它以暗示的方式內存於實存的認識當中，而曾天從的「真理論的還原」就是要揭示這個未知（無知）的存在。這樣來看的話，意識內部的「識現現象」，就其終極而言，是指向「擬而超越實有之物」，而由於「擬而超越實有之物」作為超對立之物的不顯現，所以在筆者看來，這種「指示」只能是一種「暗示」。至於「物現現象」的部分，如我們在前一章中所顯示，它最終指向「擬而超越觀念之物」。於是沿著主體內部的「能思的超越」與「所思的超越」這兩個方向，我們可以發現到兩種「擬而真理自體」，即「擬而超越實有」與「擬而超越觀念」，這分別是曾天從對觀念論

與實存哲學的超越。

確立了這一點之後，我們就可以了解，為什麼在曾天從看來，「實存的真理」雖然是在意識的現實的領域中所顯現出來的東西，但是它並不停留於所顯現出來的「識現現象」，這是因為識現現象具有「媒介」的功能，它是「擬而實有存在」在意識中的媒質。「實存的真理雖然是將概念之物作為媒介而顯現，但是它自身並不直接地是觀念之物，它反倒是有著擬而超越觀念的自體存立的性格的東西。」[15] 在筆者看來，這也適用於「擬而觀念存在」，只是「擬而觀念存在」媒質是「意義」，而「擬而實有存在」在意識中的媒質，則是「實存哲學的理念」（例如，美善聖等）。而由於在實存的真理的世界中，所有的現象界之物，皆應受到擬而真理自體的規制，因而在曾天從看來，不僅「現實存在」是一種辯證法的運動，「觀念存在」也是一種辯證法的運動。[16] 所以把握這些存在的「概念」也必須是辯證法的，這意味著在曾天從的真理論中，「概念」的意義是變動的，或者用他自己的措詞來說，這必須包含著一種學問的「升騰」，而之所以是升騰，是因為真理論的概念是被真理自體或擬而真理自體所引導的緣故，這明白地表現對曾天從對學問的看法。

首先我們看到曾天從接受了胡塞爾的「事實學」與「本質學」的二分，並且認為真理論的「哲學的反省」的目標，在對意識的事實的「本質究明」，也就是說，真理論或任何學問都是「本質」的研究。如我們所知，本質是事實的「是什麼」，相對於事實是個別的，本質則是「普遍的」，本質學是學問追求的目標。相對於康德哲學中，否定了本質的直觀，在現象學的想法中，本質直觀則是可能的。而在曾天從看來，「日常的認識」、「科

---

15 曾天從，《真理原理論──純粹現實學序說》，頁 481-482。
16 曾天從的這個想法，或許是受到黑格爾的影響。請參閱在曾天從，《真理原理論──純粹現實學序說》，「第 75、76 論項」中的討論，頁 198-204。

學的認識」與「哲學的認識」之間,在承認三者的各各不同的同時,我們還必須認識到三者之間存在著一種「升騰」的關係。其中,不論是「日常的認識」或「(實證)科學的認識」,都是關於「意識變樣」的事實研究,唯有「本質究明」才是作為「學問的哲學」所指向的目標。[17] 也就是說,在曾天從看來,學問之為學問雖然都是對「本質」的究明,然而「日常的認識」與「哲學的認識」之間,並沒有斷然二分,而是存在著一種「升騰」的關係,乃至於明確地主張「哲學的本質究明」是透過,從「日常的認識」上升到「(實證)科學的認識」,再從「科學認識」上升到「哲學認識」的這種「二重升騰」的過程。[18]

在筆者看來,「升騰」表示著真理論的「概念」(Begriff)作為一種對真理的「把握」(begriffen),會隨著認識的進展而逐步地自我解明,將「概念」視為一種「運動」,這或許是源自黑格爾的影響。而如我們先前所主張,這麼一種「升騰」的可能,在於「真理自體的形相原理」必須作為學問的「根本動機」或「指導原則」,自始至終持續作動著、引導著真理論的本質究明,如此一來真理論的「學問的揚升」才是可能的。也就是說,真理自體對哲學而言,自始至都是一種「未知之知」,然而這種「未知」並不是毫無所知,而是不能以「對象」的方式而被認知。這是因為在曾天從看來,「認識」都是「對象相關」的緣故,所以不論是「真理自體」或「擬而真理自體」,作為「多於對象的東西」(Übergegenständliches),其與「認識」之間,始終是處於某種「特異的無關的關係」當中。然而,由於真理論的認識是被真理自體的形相原理所引導的認識,所以這個與我們的認識處於「無關的關係」中的真理自體,並不真的是與我們根本不相關,而只是不能完

---

17 曾天從,《真理原理論——純粹現實學序說》,頁 477-478。
18 曾天從,《真理原理論——純粹現實學序說》,頁 iv-v。

全以對象的方式與我們相關。[19] 在筆者看來，這也可以說，我們的認識仍然「暗示地」指向它，對此我們可以在以下關於海德格部分的討論，更明白地看到曾天從的這個想法。

換句話說，就現實上來看，學問的揚升或真理論概念的運動，需要透過「純粹化的操作」，而這種「純粹化的操作」的可能性，就在於真理論的認識所追求的「真理自體」或「擬而真理自體」，其「純粹形相」必須從一開始就在「日常的認識」中作動著，或者用曾天從的措詞，「統制」著日常的認識。然而我們仍然不因此而能認識到真理自體，因為它無法成為認識的對象，「認識」只能與「對立之物」相關，真理自體作為「超對立之物」，它始終比對立之物還多。這一點單單就真理自體的兩個辯證法的契機來看，由於存在之為存在，始終是「斯有存在」與「多於存在」，所以認識無法與之相關，但是也不是完全不相關，因為認識只能與「斯有存在（有）」相關，無法與「多於存在（無）」相關，而「多於存在」就表示出真理論的實存的真理，始終比「比相關性的真理還多」。換句話說，實存哲學所追求的「實存真理」，其終究必須牽涉到一種無法對象化的超對立之物，而且這個超對立之物從一開始就存在著，並且作為真理論的動機而推動著實存哲學的發展。這樣來看的話，沿著曾天從的想法來看，哲學史上出現的實存哲學，就只是一種「暫定的狀態」，其最終必須指向「真理論的實存哲學」，而建立在現實的地盤上的「實存真理」，雖然是在意識的對立領域中出現的東西，它仍然屬於意識變樣的事實，但是在這個意識的變樣的事實中，卻包含著「超對立的本質」的這種自體性的存在意義。

---

19 在「第 48、49 論項」中，曾天從在討論「真理自體」與「真理認識」的關係的時候，使用了的日文漢字的「特異的無關的關係」（特異的な無關的關係）這樣的措詞。「真理自體之物在這個意義之下，不僅應是作為讓真理認識得以成立的可能的不可或缺的究極根據的前提之物，並且同時它也處於與對它認識關係無關的，一種特異的無關的關係當中。」曾天從，《真理原理論——純粹現實學序說》，頁 119-123。

這意味著在曾天從看來，自古以來以「實存的真理」為目標的哲學，在其根柢中都包含著指向擬而真理自體的傾向，並依此而批判了狄爾泰、雅詩培與海德格的哲學。也就是說，這些實存哲學在「實存的真理」的討論上，都沒有充分且恰當地了解其所追求的「實存真理」當中，其實都內含著一種「超越的意義」。其中的原因在於，以往的實存哲學都是將其所追求的實存真理，建立在「意識的情意活動」上的緣故，因而在曾天從看來，實存的真理的升騰，就要全然排除附著於其中的「情意活動」，並進而主張必須再經過一種「本質學的操作」，專注於抽取出意識內容中的本質面並予以純化。在筆者看來，這個「純化」或「還原」的過程，就是曾天從所說的三種真理論的還原中的朝向「我們的實存真理的還原」，其目標指向「實存的超越者」。[20] 這個「實存的超越者」就是「擬而實有存在」。換言之，在曾天從看來，意識同時具有「事實面」與「本質面」，因而在意識內部，我們必須區別開「意識變樣的事實」與「普遍有效的本質自體」。兩者的混淆，將意識中出現「變樣的事實」直接地視為「擬而真理自體」本身，是在「我們的真理」的領域中所常見的謬誤。因而「要將實存的真理超對立地以純粹本質的方式來顯揚，且開示出能到達之的方法的通路的，即必須是作為絕對自覺或絕對反省的哲學的實存哲學的任務。」[21] 這意味著，「真正的實存在哲學」必須是曾天從所謂的「絕對自覺的哲學」或「哲學反省的哲學」，而這只能歸之於其真理論體系的一個分支。

到這裡我們可以總結出曾天從的基本想法與批判的綱領，在他看來，「實存的真理」所探討的，雖然是在意識內在中所發現到的「種種理念」（例如，美善聖等等），然而這些在意識內在的領域中所成立的理念，並不局限於「意識內存在」，而是包含著一種指向「意識外存在」的意向，而

---

20 曾天從，《真理原理論——純粹現實學序說》，頁 xiii。
21 曾天從，《真理原理論——純粹現實學序說》，頁 476-477。

且這個「超越」的意義是持續在作動著的,如我們所知,這是所謂的擬而真理自體所具有的「內在超越」的性格。因而在他看來,這些意識內部的理念所最終指向的,仍然是某種超越意識的「自體存立之物」。在這裡,曾天從遵從當時的源自洛徹（Herman Lotze, 1817-1881）的措詞,用「存立（Bestehen）」來指稱的「觀念之物」（例如,有效性、價值、邏輯等等）的存在樣式,相對來看,「存在」（Sein）則是指「現實之物」的存在樣式。這樣來看的話,所謂的「意識內在」,只是這些「超越之物」或「價值自體」得以顯現的「現實地盤」而已,而正如曾天從所主張,我們「必須通過內在之物來滿足應該進入超越之物的哲學的認識本然的要求」。[22] 這裡的內在之物,在實存真理的領域內,指的就是在我們的「意識內在」中所現示的種種實存理念。實存的真理雖然是這種在「意識內在的現實地盤中所發現之物」,然而它又要被認為是「脫離了意識內在的現實地盤,而擁有超越的意義的東西」。[23] 這樣來看的話,在意識中的種種理念,因為是屬於人類的東西,所以是各自不同的、隨文化、民族、情境等等而各自不同,但是這些各自不同的理念,卻又共同地暗示向一種擁有自體存立的擬而實有存在。因而,「真正的實存哲學」或「真理論意義下的實存哲學」並不滿足於意識的事實,它仍然要通過意識的事實,追求超越的真理。在筆者看來,這一點足以表現曾天從對整個實存哲學批判的思路,曾天從所謂的「實存真理的還原」,就是要將傳統上所追求實存的真理,「還原」到如此超越意識的「擬而實有存在」。沿著這個基本思路,我們以下從真理論的角度,來思考海德格「基本存在論」的預設。

---

22 曾天從,《真理原理論——純粹現實學序說》,頁475。
23 曾天從,《真理原理論——純粹現實學序說》,頁475。

參、從真理論來看海德格的基本存在論

　　如所周知,海德格在《存在與時間》中的基本問題是「存在問題」。這是自亞里斯多德以來西方哲學的根本問題。然而單純地就問題來看,在這個問題當中,所探問的東西並不是某種「特殊的存在者的存在」(例如人的存在),而是問向「所有的存在者的存在(存在全般)」。也如我們所知,對亞里斯多德來說,「人的存在」在存在論上並沒有優先性,這是因為「人」只是眾多存在之物中的一種,並不足以代表「存在全般」。亞里斯多德的這個傳統哲學的問題,如果用海德格的措詞來說,那麼它是關於「存在全般的意義問題」(Die Frage nach dem Sinn von Sein überhaupt)。如果我們就《存在與時間》的區分來看,「存在全般」包含「此在」與「非此在」。也就是說,表面上來看,這個問向「存在全般」的問題,「作為人的存在的此在」並不佔有優先的地位,因為人只是「所有的存在者」或「存在者全般」中的一類而已。然而也如所周知,在《存在與時間》中,海德格所致力的是一門「此在的實存的分析論」,而實存的分析論所設定的目標,在揭示「人的實存」中所包含的先於任何存在論的「存在理解」,因而海德格的實存的分析論,並不自我局限於實存的存在者(人類),而是要從「人類(此在)的存在意義」來把握「存在全般的意義」。如果我們從《存在與時間》的原始的計畫來看的話,它理應包含上下兩冊,兩冊再各分三篇,總共六篇,而現行的《存在與時間》僅出版了上冊的第一、二篇,僅佔原計畫的三分之一,也就是說,只出版了「實存論的分析論」(existenziale Analytik)的部分。如果就其原始計畫[24]來看,那麼海德格在《存在與時間》中所自我設定的目標,並不是指向一種「實存哲學」,而是指向「存在全般的意義」的解明,然而

---

24 如所周知,《存在與時間》的原始計畫仍然留存在其「導論」中(例如《存在與時間》的第六節與第八節)。

在後者的解明上，此在的實存是具有優先性的。

我們把重心放在這個原始企圖的解明上，首先為什麼一門探求「存在全般的意義」的哲學，要從此在的「實存」，也就是「人的存在意義」著手？以此在的實存所建立的存在論，為什麼不只是一種「區域存在論」？如所周知，這個問題牽涉到「此在」在存在論問題上所具有的「存在者的卓越性」（ontischer Vorrang）。也就是說，對於「存在問題」的解明，此在在「存在者的層面上」（ontisch）是具有優先性的。簡單地來說，如此的優先性是由於「存在領會」（Seinsverständnis）是人的存在的一個本質限定的緣故。[25] 也就是說，人類的實存活動是一種與存在物的連關，而全般地來說，在這個與存在物的關係中包含著一種「存在領會」。海德格將胡塞爾的意向相關或意向性的問題，理解為人的一種「行為」（Verhalten）或「連關」，並依此而轉變成與此在的「存在連關」（Seinsverhältnis），而將胡塞爾的「意向性」問題，轉變成「此在的存在」問題。[26] 這樣來看的話，揭示這個先於任何存在論的存在論，是《存在與時間》所設定的目標。就這一點來看，筆者其實同意梅亞蘇（Quentin Meillassoux, 1967-）的看法，認為海德格哲學也是一種型態的「相關主義」。[27] 只是這麼來看的話，海德格的相關主義並不是關連著「意識」，而是關連著實存的「行為」。如此一來，「存在者」必須與「此在的存在」有所關係（連關），才能取得其意義。或者我們也借用海德格自己話來說，「唯有此在存在，才能夠有（es gibt）存在」。[28] 在筆者看來，現象學從胡塞爾到海德格，並沒有放棄這個「相關主義」，然而胡塞爾的「意向性」在海德格的哲學中，轉變成「此在的存在」問題，或者更恰當

---

25 Heidegger, *Sein und Zeit*, hrsg. v. Friedrich-Wilhelm von Herrmann, S. 16.
26 黃文宏，〈從西田哲學來看現象學的「超越」問題〉，《臺大文史哲學報》第 84 期（2016 年 5 月），頁 143-172。
27 Meillassoux, *After Finitude: An Essay on The Necessity of Contingency*, trans. by Ray Brassier.
28 Heidegger, *Sein und Zeit*, S. 281.

地說，被歸屬於此在的「存在領會」。以下我們更仔細地來看海德格的這個思路。

　　如我們所知，此在就是我們之所是的存在者，而這個存在者的卓越（ausgezeichnet）之處，在於「它是在其自身中關連著自身的存在的存在者」（es geht diesem Seienden in seinem Sein *um* dieses Sein selbst）。[29] 在這裡我們注意此在的「在其自身中關連著自身的存在」的這個說法，也就是說，此在這個存在者並不是在它自身的「外部」關涉著自身的存在，而是「在其自身之中」或者我們也可以說，在其自身的「內部」關涉著自身的存在。前者（在自身的外部關連著自身的存在）例如「反省的」方式，而後者並不是，我們也稱其為「前反省的自我關連」，而在此在的這種特殊「自我關涉或關連」當中，此在對其自身擁有一種自我領會。由於這種領會不是對象性的理解，而是一種根源性的理解。[30] 在海德格看來，此在總是在某種意義下已然自我領會著，不論是明示的或暗示的，本然地，或是錯失地（非本然地）。如此就形成「本然地關連著自己」，或「非本然地關連著自己」的這兩種自我關涉的方式，前者形成「本然性」（Eigentlichkeit），後者則是「非本然性」（Uneigentlichkeit）。海德格稱這樣的存在為「實存」，而如我們所知，這指的是「人的存在」。[31]「實存」這一詞因而在《存在與時間》中有一個特殊的意義，它並不是一個普遍地統稱「現實存在」的語詞，而是一個指稱「人的存在」所特有的標記。沿著這個語詞的規定，我們可以說，植物不實存，但是這並不是說它不是現實存在。而是說植物無法「自我關涉自身的存在」，或者我們也可以說，植物能夠營養、生長、繁殖，但是

29　Heidegger, *Sein und Zeit*, S. 16.
30　這個語詞的使用，請參閱洪耀勳著，黃文宏譯注／導讀，《洪耀勳日文哲學著作集》中的〈譯注者導讀〉。此在的「存在領會」不是空的，各自的實存皆有其各自的「Verständnis（領會內容）」，這裡「根源的領會」或也可以稱為「實存的領會」。
31　Heidegger, *Sein und Zeit*, S. 56.

由於它無法「自我領會」自身的存在，因而植物並不實存。「實存」是此在的基本限定，它是人類存在所特有的標記，並構成海德格的「實存論的分析論」（Existenzale Analytik）的主題。而實存論的分析論作為一種理論的研究，其目標就是要建立起一門能夠揭示實存的「基本範疇概念」的學問。也就是說，《存在與時間》作為一種存在論，仍然是一種理論的工作，而對一個理論來說，最重要的事是要找到適用於其所要討論對象的「範疇」概念。而這些適用於「實存」的範疇，在《存在與時間》中就稱之為「實存範疇」（Existenzial）。[32] 也就是說，海德格在《存在與時間》中，並不是否定任何「範疇」的使用，而是認為我們不能將適用於「實體」或「對象」的範疇套用在「人的實存」上。由於人之為人無法單單用「對象」的方式來理解，因而要分析此在，就需要先建立一些適用於「實存」的「實存範疇」，而在《存在與時間》中所討論的各個基本概念，例如實存、領會、世界、世界內存在、各自性等等，都是「實存範疇」的實例，也就是海德格所謂的「存在論的」（ontologisch）的規定。這樣來看的話，「實存的分析論」的主要工作，就是要展示構成「實存」的「實存範疇」，而這些概念正是能揭示「此在作為一種存在論的存在」的基本概念。這個工作在《存在與時間》，就集中於揭示此在的「存在領會」。

在海德格看來，此在擁有「存在領會」是一個「事實」，它是此在的一個存在限定（Seinsbestimmung des Daseins）。[33] 實存所擁有「存在領會」雖然是「模糊的」與「平均的」，但是它並不是空虛的，而是包含著一種「先於所有存在論的存在論」，此在是「前存在論的存在」（vorontologisches Sein），所以「此在」在存在問題才具有優先性，才能是海德格《存在與時

---

32 筆者的譯名源自原佑、渡邊二郎的日譯，其所使用漢字為「實存疇」，是「實存範疇」的簡稱。請參閱ハイデガー著，《存在と時間Ⅰ》原佑、渡辺二郎（翻訳）（東京：中央公論新社，2003）。

33 Heidegger, *Sein und Zeit*, S.22.

間》的出發點。[34] 這麼來看的時候，《存在與時間》在解明「人的實存」的時候，其目標是指向人所擁有的「存在領會」以及在其中所包含的「存在論」，其目標的設定並不是「人的實存」，而是包含在人的實存中的「存在全般」，也就是說，「實存論的分析論」雖然是以實存的分析為目標，但是它不局限在對「人的存在」的理解，或者我們也可以說，由於「存在全般的領會」屬於人的「實存」，所以「存在全般的意義」是可以透過「實存」來給予解明的，在《存在與時間》中所出現的「非此在的存在意義」，例如「手前性」（Vorhandensein）與「手許性」（Zuhandensein），雖然不屬於實存範疇，但都是就其與「實存的交涉」來說的。[35] 這構成了海德格的基本存在論或轉向之前的海德格的基本思路

如所周知，在海德格看來，此在在其存在中所關連之物，除了自身的「實存」之外，也擁有一種「世界連關」（Weltbezug）。在這裡的「世界」也是一種「實存範疇」，也就是說，它是「此在的存在限定」。作為實存的存在限定的「世界」，並不是康德式的作為存在之物的全體的「理念」，而是一個「領會的世界」，它讓「內在世界中的存在者」得以在一個「趨向性全體（世界）」（Bewandtnisganze）中被遭遇到。換句話說，「世界」就海德格哲學來看，也是一個能用以揭示此在的存在的實存範疇，而此在的「存在領會」就是此在在其「世界連關」中發生的，它就內存於此在的世界連關，或者更恰當地說，就內存於「世界內存在」（In-der-Welt-sein），而在筆者看來，這就是洪耀勳所謂的此在的「實存交涉」。[36] 也就是說，在作為此在的「本質構造」（Wesensfassung）的「世界內存在」的這個表達當中，「世界」、「內存在」、以及內存在於世界中的「羣我」（das Man）都是

---

34 Heidegger, *Sein und Zeit*, S. 24.
35 這裡的「實存的交涉」，筆者是採用自洪耀勳的說法。請參閱洪耀勳著，黃文宏譯注 / 導讀，《洪耀勳日文哲學著作集》，〈譯注者導讀〉。
36 洪耀勳著，黃文宏譯注 / 導讀，《洪耀勳日文哲學著作集》。

一種實存範疇，是對此在的本質限定。在「世界內存在」這個意義下的「世界」是與實存的此在連關在一起的全體，而正就是基於此在的「世界內存在」，我們才能遭遇到「內在世界存在者」（innerweltliche Seiendes）。這樣來看的話，海德格的世界是與此在的實存連關在一起的世界，這一點就誠如梅亞蘇的理解，海德格仍然是一種「弱相關主義」。也就是說，筆者同意梅亞蘇的看法，現象學就其思惟來說，都是一種「相關主義」，即使對於無法給出明確界線的「世界」概念，也仍然必須在與「此在相關」之下來理解，然而這也意味著，我們不能單純地將曾天從的「現實自體」理解為「現實世界」。從整本《真理原理論》中，「現實世界」或「現實的世界」加起來只出現過三次來看，它也無法形成曾天從的主要哲學概念。然而「世界」在現象學內部是一個主要的問題，在現象學意義下的「世界」仍然是一種「相關性」概念，它只是不以對象的方式與此在相關。

相對來看，曾天從在《真理原理論》中所關心的主要是「認識的問題」，「認識」必須在「相關性」之下才能進行。然而也誠如曾天從所自覺，他在《真理原理論》中所進行的不止是一種認識論的問題，「在哲學領域內，自知識論立場漸次移行於存在論立場，這在《真理原理論》中已可見其端倪」。[37] 就這一點來說，筆者認為我們可以注意曾天從所謂的「無相關的相關」這個概念，這是因為「認識」必須是「相關性的」，而且只能是與對象、內容相關，是對立性的認識。從「超對立、無內容、無相關」等等這些措詞，表示出真理自體與認識主觀之間，無法建立起「相關關係」。然而在曾天從的措詞中，認識的主觀仍然是與真理自體之間，形成「感動」的關係，也就是說，認識的主觀與真理自體之間，並不是完全沒有任何關係，而只是不能以「對象」、「對立」或「內容」的方式相關。我們不能以對象的方式與真理自體建立起關係，並不表示我們與它全然無關。換句話說，曾天

---

37 曾天從著，《哲學體系重建論》，上卷，〈序言〉，頁 5。

從同時在康德哲學與現象學的影響之下,引進了一個問題,即在承認主客必須「相關」的前提之下,又必須承認一種與真理自體的「不相關」,於是而有「不相關的相關」這樣的措詞。因為如果完全毫不相關,受真理自體的「感動」就不可能,但是如果完全是「相關之物」,真理自體就無法是「無對象性」的存在。這或許可以解釋為什麼曾天從後來自覺地認識到,他當時在《真理原理論》時期不只是認識論的,而是漸次地移行到存在論。

我們知道真理自體無法成為真理認識的相關項,它無法成為對象,或者說它超然於一切認識之外,然而一切認識皆因它而起,為它所感動而指向它,認識與被認識之間的關係不是對立的、對象的、有內容的關係。然而在曾天從看來,我們只能在對象、對立或內容的範圍內,才能有認識發生。對於同時是「相關」與「不相關」的真理自體,它無法成為認知的對象,或者說它既是經驗的,又是超絕經驗的。這讓它對認識而言,無法形成明確的概念。但是無法形成明確概念的東西,並不代表它不存在。因為如果完全不相關,那麼「感動」將無法理解,如果完全是「相關性的」,那麼它就可以被對象化、內容化。在曾天從看來,現實存在包含著已被客觀化的部分(斯有存在),也包含著不能被客觀化的部分(進展存在)。已被客觀化的部分,並不就是現實存在的真理本身,因為現實存在始終多於其可被客觀化、可被對象化的部分。

如我們在本書的「序言」中所說,現象學是相關主義式的思考,那麼在相關性的內部,承認一個不相關的部分,究竟有沒有脫離現象學的思考?我們知道,在曾天從的哲學的措詞中,除了「現實存在」之外,還有「現實自體」,兩者是不同的概念,沿著康德式的理解,「真理自體」或「現實自體」類似物自體,它是「超時間性、超空間性的」,是與主觀不相關的「自體存在」。由於在現象學的想法中,自體存在是被存而不論的,因而倘若我們現象學地思考曾天從的想法,那麼其「現實自體」或「真理自體」所能夠對應的東西或許是「現實世界」。對此,我們知道不論在康德哲學或是在

現象學,「世界」都是無法成為對象的,但是不同於康德哲學將世界理解為一種無法直觀的「理念」,在現象學看來,世界並不是存在者的總體,不是世界全體,而是一種「視域」。也就是說,現象學並不是站在「意識內部的精神世界」與「意識外部的擴延世界」的二分之下來思考,而是從「直接經驗」來理解這個現實世界。這個直接經驗的最根源的形式,在胡塞爾來說,就是「知覺」或「感知」(Wahrnehmung)。如果我們以廣義的知覺為例的話,如我們先前所說,就可以將「世界」或「視域」理解為一種「潛在的知覺域」,知覺域(世界)可以擴張,它不是一個完結封閉之物,而是無法完全落入知覺之中,無法完全地被對象化,也就是說,儘管對象化的範圍可以擴張,但是無法無止境地擴張,可對象化的邊界仍然不是現實存在界的邊界,作為視域的世界比可對象化的現實存在還多,它是所有的可對象化的存在的背景或視域,是在一方面與所有可對象化的現實存在不可分割的同時,又與內存於其中的現實存在在根本上有分別的東西,然而不同的地方在於,對現象學來說,世界是基於對人的直接經驗的分析,也就是說,現象學是在實際的經驗分析中,認識到「對象經驗」與「世界經驗」,兩者在即在的同時,也在根本上不同。換句話說,現象學的「相關性」本來就不局限於「對象相關」,而曾天從的批判則是集中在「對象相關」,然而又容許一種「不相關的相關」,這個想法與現象學之間並沒有本質上的矛盾。

如果我們將曾天從的想法,對比到海德格的基本存在論來看,或許可以更明白地看到其與現象學的相關性。如我們所知,這個環繞於我們的世界,海德格稱之為「周遭世界(或譯為「環界」)」(Umwelt),此在對其「視」或「領會」,海德格稱為「環視」(Umsicht),這是對周遭世界的領會。如所周知,這包含了「手許存在」(Zuhandensein)、「共同此在」(Mitdasein)等等,這形成了「共同世界」(Mitwelt)。此在的世界是「周遭世界」、也是「共同世界」,這些都是對此在的實存的限定,屬於實存範疇。也就是說,在海德格看來,此在的存在並不單單只是他自己的存在,實

存也受到了共同世界、周遭世界的限定,或者我們用海德格另一個更廣泛的語詞,此在也受到「開顯性」(Erschlossenheit)的限定,此在內存於「開顯性」當中。在這裡作為開顯性的世界,並不是對象,而是讓內存於其中的對象或者存在者得以顯現的根源現象,「開顯性」在《存在與時間》時期的海德格,是比對立的真理(符應的真理)更為根源真理,它屬於此在的本質構造。如此一來,我們就可以了解,海德格的「此在」一詞,在《存在與時間》包含著兩個意義。首先指的是我們這個「存在者」,另外一個更為深刻的意義是「開顯性」,開顯性也是一種「實存範疇」,海德格又簡稱之為「此」(Da),也就是說,我們可以更進一步地說,「人的存在」是「開顯性」。因而「此在」一詞在《存在與時間》同時表示出兩種意義,它就我們這個「存在者」,但是就其最根本的意義來說則是指「開顯性」。我們內存於「開顯性」當中,並遭遇到內在世界的存在者(包括「非此在的存在者」與「共此在的存在者」等等)。這意味著在海德格看來,我們的存在同時是在這裡的這個「人」(存在者),也是在這裡的「開顯性」(存在)。我們的存在是一種雙重存在,它是「實存」也是「開顯性」,而在這種雙重存在性當中,「開顯性」在《存在與時間》中,明白地是佔有著主導的地位。[38]這樣來看的話,在轉向之前的海德格,也就是作為基本存在論的海德格,真理的開顯性仍然是此在的構造契機。而曾天從所批判的重點,指向的正是轉向之前的海德格。

---

38 在筆者看來,這跟海德格後來,傾向於將「實存」(Existenz)一詞理解為「脫自」(Eks-sistere)有關。請參閱洪耀勳著,黃文宏譯注/導讀,《洪耀勳日文哲學著作集》,〈譯注者導讀〉,頁 12-16。

肆、曾天從對現象學的相關主義的批判

　　沿著我們前一章對胡塞爾的討論，在筆者看來，曾天從對現象學的批判，可以說是集中在「相關主義」這一點上，本書在前一章中以胡塞爾為例，在這一章中我們將重心置於海德格的基本存在論或實存哲學，並整個反省曾天從對相關主義的批判。

　　在曾天從看來，實存哲學所探索的對象是「生命的實存」，而對生命實存的探討「必須要走到〔發展成〕將人類存在作為存在全體的部分的存在而自覺的地步，這是顯而易見的道理。」[39] 這意味著在曾天從看來，雅詩培的實存哲學作為一種「生命的實存論」，仍然停留於在對「生命」的了解，然而其「生命」的了解是不足夠的，它必須進一步地進展到海德格的「自覺的存在論」，並且誇讚海德格，從一種更大的覺存論的角度，是一種「真知灼見」。[40] 也就是說，曾天從很明白地意識到海德格的「基礎存在論」的目標，並不只是對「生命」了解，而是對「存在全體」的理解。或者我們也可以反過來說，要了解生命，單單局限在「生命的實存」是不足夠的，它還必須跨入一種「存在論」或「自覺存在論（覺存論）」，必須反過來從存在論來了解人的存在，而這才是曾天從真理論的企圖。

　　這樣來看的話，曾天從的這個想法，就上述我們對海德格的思路的鋪陳來看，是相當恰當的批判，首先他很明白地看出海德格所真正關心的，並不停留於「此在的存在意義」，而是「存在全般的存在意義」。而根據海德格自己的陳述，《存在與時間》也不能夠單單做為一種「實存哲學」的著作來看。[41] 對海德格來說，此在作為人的存在（實存）只是「基本存在論」的

39　曾天從，《真理原理論——純粹現實學序說》，頁506。
40　曾天從，《真理原理論——純粹現實學序說》，頁507。
41　Heidegger, "Brief über den Humanismus," in *Gesamtausgabe*, Band 9, *Wegmarken,* hrsg. von Friedrich-Wilhelm von Herrmann (Frankfurt am Main: Vittorio Klostermann, 1975), S. 313-

出發點，仍然有它不足的地方。這形成海德格轉向之前的一個主要的思考方向，而海德格所謂的「轉向」的發生，其實也可以視為是如此要求的一個落實，或者用海德格措詞來說，這是基於「事物本身或實在的一個不得不的要求」，也就是說，這是「存在問題」的必然要求，是思想受到存在問題的引導所必然導致的要求。[42] 在這個意義下，我們可以說曾天從的海德格批判，就是緊緊地以實事本身的這個「不得不的要求」為依據。換言之，海德格確實隱約地意識到「此在的分析論」的極限，但是他自己在《存在與時間》當中並沒有處理或無法處理，而仍然在相關主義的影響之下，認為存在之為存在就是作為與此在的實存交涉下的存在，是依存於此在的，而這個想法，就形成曾天從所一直批評的「以人類存在為中心」的想法，因而在曾天從看來，海德格的「自覺的存在論」仍然免不了是一種關於「人類存在的自覺存在論」。[43] 而在批判海德格哲學的時候，我們也可以明白地看到，不同於洪耀勳，曾天從的「實存」（Existenz）一詞，並不是來自於「實存主義（或譯為「存在主義」）」（Existenzialismus）。「Existenz」在實存主義中單指「人的現實存在」，如所周知，這是源自於齊克果的特殊用法。在第四章中，我們使用「現實存在」的譯名，而在本章中我們使用「實存」的譯名，兩者是同一個德文字，因脈絡不同而有不同譯名。在筆者看來，「實存哲學」作為一個探討特殊存在（人的存在）的學問，開始在存在論上佔據重要的位置，是因為現象學的緣故，特別是海德格的基本存在論的提出，而尋找更為根源的相關性，不論是意識、行為或語言，這其實是相關主義的一個必然走向。

從我們至今所獲得的結論來看，我們也可以這樣來想真理論的差異。即

364.
42 Heidegger, "Brief an W. J. Richardson," in W. J. Richardson, *Heidegger. Through Phenomenology to Thought* (The Hague: Martinus Nijhoff. 1974), S. XIX.
43 曾天從，《真理原理論——純粹現實學序說》，頁 507。

真理存在與真理認識只能在局部上同一,因為只有「斯有存在」能成為認識的對象,「多於存在」並不能成為認識的對象。由於「認識」只能與對象相關,而現實存在無法完全成為相關性對象,或者說現實存在之為現實存在,始終包含著「多於相關性」的部分。我們看到,曾天從將批判的重心置於「相關性」,而在海德格的基本存在論時期,由於「存在」必須與「此在」相關,才能是「有意義的」,這一點倘若我們從曾天從來看的話,基於真理自體的二重本質性原理,我們就可以直接地知道,存在就其自身而言,必須包含著「無意義」或「無法成為有意義」的部分。如同梅亞蘇的理解,海德格也是一種相關主義,只是海德格的相關主義,並不是與「意識相關」,而是與「實存相關」。就曾天從的想法來看,「相關主義」的基本形態是一種觀念論,就「觀念論的超越」而言,曾天從將其超越分為兩個方向,一個是沿著意識的客觀面,這一點用胡塞爾的措詞來說,是「所思方向上的超越」,一個是沿著意識的主觀面,是「能思方向上的超越」,而不論是能思的超越或所思的超越,所有的超越活動都指向意識外存在。所思方向上的超越,如前一章中所說,指向「擬而觀念存在」,而在本章中所討論的「實存的真理」則屬於「能思面上的超越」,它指向「擬而超越實有的存在」,這裡的「實有的」一詞,倘若就胡塞爾的現象學來看的話,應是對應到「reell」一詞,指的是在意識中的「實際體驗的」或「實際經歷的」部分,筆者在《現象學的觀念》,相對於意向體驗的「意向內容」,將其譯成「實質的(內容)」。[44]

就胡塞爾來看,「實質內容」屬於意識的「內在領域」,例如意向活動中的「感覺與料」。如所周知,《邏輯研究》時期的胡塞爾認為,一個具體的意向體驗,都是在某個「感覺與料」的體驗流中,關連著某個「相關者」(所謂的「所思」),換句話說,它都是與「某物」相關的實質內容,

---

44 胡塞爾著,黃文宏譯注,《現象學的觀念》。

例如這個紅（色）的體驗，都是蘋果的紅、衣服的紅，「紅」一定是「某個對象的紅」，並沒有無對象的紅，或者也可以說，在知覺中我們經驗不到無對象的紅。這形成胡塞爾《邏輯研究》的意向分析中的「感覺與料─把握」（Empfindungsdatum-Auffassung）的基本模式。其中「感覺與料」雖然是意向活動的「實質（reell）成素」，然而在其中卻包含著「超越的所思」（例如意義與對象），而這個「超越的所思」，雖然能被意識所把握，是意識相關的，但是並不屬於意識的實質領域，而屬於「意向內容」。也就是說，在具體的「知覺」中，意識必須越出其實質成素而把握到一個對象，然後反過來從這個對象來決定眼前所歷經的感覺內容「是什麼的感覺內容」（例如「是蘋果的紅」）。而在胡塞爾看來，這個「多於實質內容的東西（超出）」（Überschuß）是由意識活動所構成的，意識之為意識，總是會將所歷驗之物把握為某物的歷驗或經驗。因而我們看到，胡塞爾將意識的往「意向對象」而去的超越的可能性，放在意識的「把握」（Aufffassung）的這個層面上。這在曾天從看來，如此把握的超越性仍然是「主觀的」或者說「觀念論的」，因為它發生在認識中，曾天從也用「認識論的觀念論」來稱呼它。相對於意識的構成，曾天從是實在論的傾向，認為在認識發生之前，所認識之物（某物）就必須在事實上存在，也就是說，某物在認識之前就必須存在，而且是以「超對象」或「多於對象」的方式（Übergegenständlichkeit）存在，因而任何指向在「相關性認識」的純化或還原，在曾天從看來，都是不夠徹底的。不同於現象學的還原，他所提出的「真理論的還原」是要將我們引領到這個「不相關的相關」的真理自體或擬而真理自體的領域。

這樣來看的話，曾天從將「reell」一詞譯成「擬而超越實有的」，可以知道他所在的傳統並不是現象學的，因為在他看來，對象本身就具有「自體超越性」，單單訴諸於意識的「意義賦予」或「構成」並不能解釋這種「超越性」。真理自體超然於意識之外，而真理認識則發生在它對我們的「感動」或「觸動」，兩者之間必須保持著真理論的差異。在這裡曾天從接受了

拉斯克（E. Lask, 1875-1915）的想法，認為意識的構成是「對象的破壞」。然而即便意識的內容是對象的破壞，倘若透過「純化」，將意識的內容關連到真理自體來理解，這個時候我們仍然可以對「意識內容」，給予一個真理論的轉變。在這個純化的最終階段中所獲得的最高層次的東西，在能思方向上的超越就是「擬而超越實有」，在所思方面上的超越則是「擬而超越觀念」。於是曾天從用這個想法來批判現象學（胡塞爾與海德格）的相關主義，認為將一切「存在」皆還原（或純化）到「相關性存在」的想法仍然不夠徹底。在他看來，這樣的思考方式，就如同觀念論一樣，只能看到「觀念的現實」，也就是說，只能觀看到「物現的現象」與「識現的現象」，並沒有看到作為這些現象的根柢的「實體」或「本體」，或者說現象學的這種觀念論式的透過「現象」來解釋「本體」的想法，並不能夠真正地看清「實體」或「本體」的最終意義。這一點就本章的範圍來看，曾天從所謂的「實體」或「本體」所要表達的，其實是「擬而真理自體」。也就是說，不論是「識現現象」或是「物現現象」，它們都是「現象」，而且是指向「超越意識的存在」，或者說任何現象都是「某物」的表現。這個「某物」在傳統哲學中是用「實體」或「本體」來表達，然而我們不能說「擬而真理自體」就是傳統哲學中的「實體」或「本體」，這可以說是整本《真理原理論》的主題。指出不論是胡塞爾或是海德格的現象學，都暗示著如此的存在，可以說曾天從對現象學立場的批判的基本方向。於是沿著這個方向，他批判著重「物現現象」的胡塞爾現象學，勢必沿著意識的「客觀面（所思）的超越」而指向「擬而觀念存在」；批判側重於「識現現象」的海德格的覺存論，勢必沿著「主觀面（能思）的超越」而指向「擬而實有存在」，而不論是「擬而觀念的存在」或「擬而實有的存在」，都具有「自體性的存在」，無法完全成為相關性存在，這一點是相關主義者（胡塞爾或海德格）所無法明白地認識到的。

這樣來看的時候，不論是「擬而超越實有的」或「擬而超越觀念的」

超越,這兩種型態的超越,都是對意識內在的領域的超越,只是各自超越的方向不同,前者(擬而超越觀念)是沿著意識的主觀面(能思面)的超越,後者(擬而超越實有)則是沿著意識的客觀面(所思面)的超越,它們都是以「意識」為基準,而超越向的意識外存在的「擬而真理自體」。就擬而真理自體領域來說,這兩個方向都是朝向它的還原。也就是說,不論是「擬而超越實有」或「擬而超越觀念」,兩者都是一種內在超越,然而卻是兩種不同方向的「內在超越」。於是在曾天從的體系的佈局中,朝向「擬而真理自體的領域」的還原就必須有兩種,即「第一義的擬而真理自體的還原」與「我們的真理的還原」,我們的真理的還原雖然是朝向我們的真理而進行的還原,然而如此的還原最終仍然是以「超越的意義」為終極目標。[45] 在筆者看來,這就是「第二義的擬而真理自體」。如此一來,朝向擬而真理自體的還原分別指向兩種超越,兩者也分別構成曾天從《真理原理論》的第三章與第四章的主題。這樣來看的時候,「真正的實存的真理」作為哲學認識的對象,必須在其自身之中,包含著一種指向「超越的自體存立的意義」,這指的就是「擬而實有存在」。

這麼一來,我們可以知道,曾天從的思路是傾向於新康德學派的,或者說是現象學化的新康德學派。他自己在《真理原理論》中討論了拉斯克與尼可萊‧哈特曼(Nicolai Hartmann, 1882-1950)(以下簡寫為「N. 哈特曼」)的理論,在戰後則特別對 N. 哈特曼的哲學抱持著同感,甚至認為自己的哲學可以視是 N. 哈特曼哲學的完成。[46] 然而在筆者看來,曾天從戰前的真理論

---

45 「朝向我們的實存的真理的真理論的還原,則指示出朝向後者〔先驗之物〕的先驗論的還原。然而如此的先驗論的還原終究應該是以超越的意義為目標」。曾天從著,黃文宏譯注/解說,《真理原理論——純粹現實學序說》,第一分冊,頁130-131。
46 請參閱曾天從,《哲學體系重建論》,上卷,頁264-271。在頁269頁,曾天從甚至還說「拙著『現實存在論』著作似聊可以充當 Hartmann 本身所未完遂的存在論的各論。」在《真理原理論》中,其對 N. 哈特曼的討論主要在「第178與186論項」。

的想法是獨立於 N. 哈特曼,而受到胡塞爾比較大的影響。從哲學史的角度來看,拉斯克與 N. 哈特曼都屬於新康德學派(分屬西南學派與馬堡學派),而且都是胡塞爾的學生。兩人也都試圖透過「現象學的方法」來解決康德哲學中「物自體」的問題。因而在某種意義上,兩人都可以說是介於「新康德學派」與「現象學」之間的哲學家,雖然各自對「物自體」的理解不同,但是由於都承認其「自體存在」而歸屬於新康德學派。對此,曾天從將「物自體」理解為一種「真理自體」,並將胡塞爾的「現象學的還原」改造成「真理論的還原」,來回答真理自體的存在問題。這一點我們可以從曾天從對胡塞爾的現象學與海德格的「基本存在論」的批評看出一些端倪,其中的關鍵點就落在「真理自體(物自體)」的存在問題。它不是現實存在,也不是觀念存在,而是在這兩者之外的另一種存在。就這一點來看,筆者同意洪耀勳的說法,這造成胡塞爾的現象學只能討論「意識的所與」,無法處理「存在」的問題。[47]

在對真理自體的認識上,曾天從原則上沿著新康德學派的想法,承認有全然脫離主觀的「真理自體」與「擬而真理自體」的存在,保留其不可認識性,或者說始終「多於認識」的特性。然而對曾天從來說,真理自體的不可認識性並不是完全不可認識,而是由於它的「多於存在」,這讓它始終是超對立的。換句話說,這是因為在曾天從看來,認識都是「對象認識」或「對象相關」的,它只發生在「對立性」或「相關性」的領域中。然而真理自體或現實自體不單單只是「斯有存在」,它也是「多於存在」,作為斯有存在,它是對立的,是可認識的,作為「多於存在」,它在本質上就多於所認識之物。然而即使如此,不論是真理自體或擬而真理自體,各自對其各自所屬的對立的認識領域之間,並不是毫不相關,因為兩者對其各自所屬「對立的認識領域」(也就是「認識的真理」與「實存的真理」的領域),都具有

---

47 洪耀勳著,黃文宏譯注 / 導讀,《洪耀勳日文哲學著作集》,頁 93。

統制或指導的作用。這樣來看的話,超對立的領域與對立的領域並不是完全無關,我們在承認其「自體存在」的「無關」的一面的同時,又必須認為其自體存在對各自相關的對立領域的「認識」具有指導的關係。因而「認識」與「自體存在」所具有「無關的關係」,是指其無法完全落入「認識關係」或無法完全「被對象化」的緣故,並不是指兩者之間毫無關係,在筆者看來,這就是曾天從所謂的「特異的無關的關係」(特異な無関の関係)。[48]而之所以會形成這種「特異的無關的關係」,是因為在曾天從看來「認識的關係」只能在「對立」中成立,於是就會有真理比所認識之物還多的「感覺」產生,而這個感覺確實是實在的。

這是因為形式地來看,認識只能與對立物(Gegenstand)相關,而真理自體與擬而真理自體的「超對立性」(Übergegenändlichkeit),正就表示了它不止是對象(比對象還多),無法全然落入對立的認識範圍,所認識之物超越了主觀的認識,而認識活動又指向它。而真理自體由於其所擁有的「超越內在」或「內在超越」的本質特性,它又內在於其所屬的對立的認識中,引導著對立的真理認識,朝向它而還原。換句話說,倘若我們就真理自體的超對立性來看,真理自體持續地進入意識,一個不能被對象化的東西,卻只能以對象或對立的方式進入認識中,在這裡無法完全地把握是必然的事。這樣來看的時候,真理自體的超對立,並不是表示它全然與對立無關,而是表示以對立性為本質的認識,無法完全把握它,這一點在筆者看來,並不是一個假設,而是一個經驗的事實,而這可能是受到現象學的影響。

在這裡我們可以看到,曾天從一方面接受了新康德學派的「物自體」的想法,但是將其理解成「真理自體」,這一點讓他與胡塞爾的現象學區隔

---

48 「真理自體之物在這個意義之下,不僅應是作為讓真理認識具有得以成立的可能性的不可或缺的究極根據的前提之物,並且同時也處於與對其認識關係是無關的這種特異的無關的關係(特異な無関の関係)當中。」曾天從,《真理原理論——純粹現實學序說》,頁119。

開。因為從相關主義的觀點來看,康德式的物自體在超越論的現象學內部是被存而不論的。另一方面他又接受了胡塞爾的「現象學還原」,認為還原是回到「根源」,然而在他看來,即使是最徹底的「超越論的現象學的還原」(曾天從的措詞為「先驗論的現象學的還原」),也仍然是對「純粹意識」的構造的解明,無法完全脫離先驗心理主義的批判。[49] 如我們所知,曾天從的目的不在「純粹意識的構造」,他的目標在脫離所有主觀構造的真理自體,並以胡塞爾的「現象學還原」為基準,將其改造為「真理論的還原」,然而不同於胡塞爾,他以「意識」為媒介,來解明現象學所無法觸及的「真理自體」的領域,讓胡塞爾的現象學不停留於純粹意識的先驗構造的解明。再者,曾天從也不像前期海德格那樣,以「此在的實存」為基準,來解明「存在全般的意義」,而是認為倘若要完全解明人的「意識」或「實存」,就必須要牽涉到某種不在意識、不在實存內部的自體存在,某種與人的存在「不相關的東西」或「外於相關性的東西」,以「不相關的相關」的方式,參與了對人的存在的了解。也就是說,倘若我們跟隨著曾天從來思考的話,那麼在筆者看來,借用芬克(Eugen Fink, 1905-1975)的措詞,我們可以說「意識」或「實存」終究只是一扇窗,但卻是一扇「望向絕對者的窗」(Fenster ins Absolute)。[50] 就這一點來看,曾天從對現象學是有貢獻的,他

---

49 「心理之物是精神的,它不外仍然是實在的一種。因而在心理學的現象學中所出現的意向性,仍然只是作為指示著『實在』的意向性。然而在達到先驗論的現象學的純粹意向性的目標的純粹意識的根源之前,它必須要漸層地進入並執行多層次的現象學的還原中。在這裡,心的現象之物全然被排除,只允許純粹意識現象的殘存。先驗論的現象學如此進行其現象學的還原的結果,就算它可以完全排除經驗心理之物,但是它到底是不是能夠從先驗心理的契機之物中完全脫離?這對現象學本身來說,也必須是一個疑問不可。我們暫時將其置於現今的問題之外,總之作為純粹現象學的先驗論的現象學,仍然是立足於先驗心理主義的立場上的這一點則是事實。」曾天從,《真理原理論──純粹現實學序說》,頁 395-396。

50 Laszlo Tengelyi, "Finks 'Fenster ins Absolute,'" in *Die Freiburger Phänomenologie*, *Phänomenologische Forschungen*, Bd. 30 (Freiburg/München: Verlag Karl Alber, 1996).

解明了胡塞爾哲學中的「類觀念體」的問題，也預示了海德格「轉向」的發生的可能性。而倘若海德格的哲學，如梅亞蘇所說仍然是一種「相關主義」的話，那麼曾天從對海德格的「轉向」的解釋，就必須有不同的意義，而這一點還有待進一步的解明。

單就本書的範圍來看，曾天從在思想上傾向於一種特殊的實在論，對意識的構成、人的實存表現出不完全的信任，這是因為在他看來，意識或人的介入都是對「事實原樣的扭曲或變樣」。但是人的意識或實存的介入真理認識，又不全然是消極性的，誠如我們先前的研究所指出，當真理論的哲學思索被真理自體的形相原理所統制的時候，哲學認識雖然無法把握真理自體，但是如此的哲學認識，仍然是真理自體一個「變樣」（Modifikation）。而這種「變樣」並不能理解為負面意義下的「扭曲」，在筆者看來，這也是曾天從所謂的「無關的關係」的積極意義。也就是說，「真理論的差異」並不是說真理認識與真理自體是「完全不同的」，而是仍然有著某種「同一」的關係，意識的介入仍然有積極性的一面，在筆者看來，這是其《真理原理論》作為一種對「真理自體的哲學認識論」之得以成立的基礎。

跟隨著這個想法，我們再回頭看《真理原理論》的企圖與結構。該書分為前後兩篇，分別對應到曾天從對「現實存在」與「觀念存在」的討論。以現實存在為主軸的哲學形成「實在論」，以觀念存在為主軸的哲學形成「觀念論」。然而不論實在論或觀念論都沒有明白地認識到其朝向「自體存在」的指向，前者朝向「真理自體」，後者朝向「擬而真理自體」，這形成該書前後兩篇的主題。在這個意義下，曾天從的真理論不只是對當時的實在論與觀念論的「批判」，也可以視為是其「完成」並扮演其「真實性」的保證。誠如曾天從所說，「真理自體」是其「理念哲學」的基礎，而「擬而真理自體」則是其「純粹哲學」構想的最高保證。其中本論文所牽涉到「純粹哲學」，則是來安置所有邏輯、數理、價值等等有效性或規範性的「超對立的邏輯真理」。在《真理原理論》中所揭示出來的兩個基本原理，即「斯有」

（純粹有）與「進展存在」（純粹無），不僅統制了「現實存在」，也統制了「觀念存在」，它規制了所有的存在，不僅在「現實存在」中包含著朝向更高的現實存在（真理自體）而去的進展存在，在「觀念存在」中，也包含著向更高的觀念存在（擬而真理自體）而去的進展存在。而曾天從所探究的「真理存在」就是將「實在的現實」與「觀念的現實」都予以總括的統合概念。[51]

伍、結語：真理論作為對立的同一的學問

本書是對日治時期由洪耀勳與曾天從所給出的「原點」所進行的一個解明的工作，如先前所說，這是一個還未完全開發完成的領域，有很多地方仍然有待解明與釐清。本書的切入點在曾天從所說的「不相關的相關」。之所以重視這一點，是因為筆者作為一個現象學的研究者，不能理解「完全不相關」究竟是什麼意思，如果將其理解為「完全不相關」　對筆者來說，等於是抹殺了哲學思索的意義。於是只能就自身現象學的角度，沿著「還原」試著客觀地解明曾天從的哲學。

如前所說，曾天從對「我們的真理的領域」的批判，其基本的想法在於指出，實存哲學的發展是指向一種更為根本的覺知，也就是說，在曾天從看來，現象學的「經驗」或「直接經驗」，不論是胡塞爾的「知覺」或是海德格的「覺知」，都是一種對象相關的經驗，或者說任何經驗都是對象相關的。然而真理自體就其自身而言，具有雙重本質，它是純粹無、也是純粹有，就前者來看，它無法與主觀相關，就後者來看，它可以與主觀相關。於是作為感動者的真理自體，與主體之間並不全然的不相關，而是形成一種「不相關的相關」。也就是說，在筆者看來，「不相關的相關」，並不表示

---

51 曾天從，《真理原理論——純粹現實學序說》，頁 480。

我們與真理自體毫無相關，毫無相關之物無法有所謂的「感動」，沒有感動，認識也無從開始。然而作為認識之所相關、或認識的關於什麼，只能是其作為「完結之物」的「對象面」。真理存在或現實存在，就其自身而言，始終比「對象」還多，它不是只有「是什麼」（斯有存在），也是比斯有存在還多（進展存在），這一點讓它具有「超對象性」。而由於「多於存在」是「真理存在」在本質上限定，所以即使認識持續擴大，由於認識只能是對象性的認識，能落入相關領域中的唯有「斯有存在」，「進展存在」無法作為相關性存在，這意味著不論我們的認識領域如何地擴張，它始終是「對象認識」，無法將其「超對象性」包攝進來。由「對立的領域」無法上升到「超對立的領域」，真理自體的超對象性就意味著它始終比它被對象化的部分「還多」，「多於存在」就成為真理自體的本質性構造之一。然而當我們的思想受到真理自體的形相原理所規制的時候，這個「多於」的部分，就對真理認識的「持續地進展的可能性」給予了「保證」，在筆者看來，這是曾天從將在努出比徹的真理論中的「多於存在」理解成「進展存在」的原因，而洪耀勳也是如此。然而即使真理認識在持續地「進展」中，作為對立的認識仍然無法認識真理自體的全貌。也就是說，真理存在之為真理存在，它並不直接地就是其「斯有存在」，而是始終指向其斯有存在的「進展存在」。這一點不論是在對象認識的領域，還是在實存哲學的自我認識的領域中都是如此。這樣來看的話，真理自體的超對象性的「超」或「無內容性」的「無」，就表現在它的「進展存在」上，也就是表現在其真理存在始終比它的現實上的是什麼（有）還多。而這個「多於存在」的部分，無法成為認識的完結存在，只能稱之為「無」，於是在真理自體的本質構造中，包含著「純粹無」，在現實存在（真理存在）的構造中，包含著「相對無」。這保證了現實存在作為真理存在，是一種持續進展中的存在。而當我們的思想被「真理的形相原理」所規制的時候，「概念」或「判斷」本身就必須跟隨著現實存在的進展而進展，在這個意義下，曾天從可以討論「實存哲學的必然

性發展」。

　　由於真理論的差異，真理自體本身無法成為認識的對象，但是曾天從也認為，真理自體確實對我們的認識機能有某種「感知」或「感動」的關係，也就是說，在真理自體與認識的主體之間，仍然必須保有某種關係，曾天從用「不相關的關係」來表示。而從真理論差異，我們可以知道在真理認識與真理自體之間，必須保有某種「斷裂」的關係，真理認識雖然可以上升，但是無法從對立的認識，上升到超對立的認識。然而對立與超對立之間，又不是全然無關。這一點我們或許可以這樣來了解，首先曾天從接受拉斯克的想法，真理自體是超對象性的，然而在「感知」中受到了對象化，成為一個完結之物，在這裡我們可以把握到其「斯有存在」，因為認識都是對「斯有存在」的把握，但是在如此把握的同時，我們也自覺地意識到，如此的把握有其局限，自覺到真理自體始終「多於斯有存在」，換句話說，就算承認「真理認識」受到真理自體的形相原理的規制而持續地在進展中，但是真理自體仍然在認識的把握之外，仍然多於對其把握，因為在本質上它是某種不能完全成為對象的、不能與認識的主觀對立之物，是無內容的、無對象的、超對立的。這樣來看的話，「斯有存在」作為一種完結之物，它是一種「客觀化」的結果，這個客觀化領域可以持續地進展、擴張，然而仍然是「相關性的領域」。真理自體就其自身來看，存在於對象化或客觀化的邊界之外，它是無對象的，超相關的，始終有著「不相關的部分」。因而就真理自體而言，我們在承認它與認識相關的同時，又必須承認它具有與認識不相關的部分，於是有「不相關的相關」這樣的措詞。

　　這樣來看的話，真理自體就其自身而言，是「純粹無」，也是「純粹有」。純粹有作為「內容性全般」，仍然不是相對有，因而在措詞上，曾天從傾向於用「超」來形容，而有「超形式」的說法，這是因為認識只能採取對象化，只能針對「有」，無法針對「無」的緣故。而真理自體由於超越了所有的「有」，只能用超形式、純粹有來形容它。真理自體自身雖然無法認

識，但是它卻持續地進入認識之中，又持續地多於認識的斯有，一個就其自身不能被對象化的自體存在，卻只能以對象的方式進入認識之中。這樣來看的話，曾天從先是將真理自體作為一種「事實存在」而提出，它是認識的前提，沒有事實存在，認識將失去其意義。「無真理自體的存在，則無真理認識的成立；無真理認識的成立，則無學問體系的構成。」真理自體的事實存在，可以說是其思想的「前提」，但這不是預設，其目的在指出作為事實存在的真理自體，並不是意識的產物（構成物），而是超越了意識而保有其超然性。他接著用「無相關的相關」表示了真理自體與真理認識的主觀之間仍然保有某種程度上的「相關關係」，這保證了它對認識的「感動性」，它不僅讓真理認識得以開始，並且也讓某種程度上的真理論的認識是可能的，這說明了真理論的真理認識的動機是源自於真理自體。曾天從的這個企圖表現在真理自體所具有的雙重本質，如我們所知，真理自體同時「純粹無」也是「純粹有」，它的「純粹有」的一面即是「全般內容性原理」，這說明了「感動」的可能，因為主觀只能為「有」所感動。換句話說，真理自體就其自身而言，是無內容、無對象、超對立的，但是當它一進入認識之中，就只能以「純粹無」與「純粹有」二重原理的方式而被理解。這讓原本不可思議或無法以對象的方式來理解的真理自體，在真理認識中獲得了二重原理的解明。

在真理自體的感動中，意識獲得了「理念」（Idee），這是真理自體在意識中的表象，倘若以理念原理作為經驗的統制的指導原理的話，那麼真理論的概念就是為其所導引而指向它，受真理自體的理念原理所引導的哲學概念，是主觀的也同時是客觀的，並能夠隨著精神的提升而進展。換句話說，對曾天從來說，倘若我們讓我們的真理認識受真理自體的形相原理所規制的時候，那原本「屬於主觀的範疇」與「在客體中的範疇」就必須是一致的，這個時候主觀的範疇也同時是真理存在的範疇。這說明了在精神的提升或往「無主觀的主觀」的推進當中，原本主觀的判斷內容，轉變成了客觀的內

容,這個時候的主觀的認識不再是屬於主觀的,而成為客觀的認識,或者我們也可以說,原本屬於認識論的主觀的認識問題,轉變成了屬於客體的存在論的關係,原本的「認識的邏輯」,成為「存在的邏輯」。這個時候,同一的存在從現實來看,它是真理自體的自我實現,從邏輯來看,它是邏輯自體的自我實現,而所謂的「邏輯自體」,則是「擬而真理自體」的另外一個名稱。在這裡我們遭遇到「真理自體」與「擬而真理自體」這兩種自體獨立的存在,這也是曾天從哲學的最終指向。

在曾天從看來,如果我們以「現實存在」為基準的話,真理自體可以說是與現實存在「即在」的,而擬而真理自體則是與現實存在「解離」。[52]「即在」與「解離」表示出了「真理自體」與「擬而真理自體」與「現實存在」的關係。整體而言,曾天從原則上是站在實在論的角度來批評傳統的實在論與觀念論,而主張某種自體存在的實體或本體,但是又認為在他的哲學當中的「實體」或「本體」,我們不能用傳統哲學的方式來理解,而應該「超對立地」將兩者理解為「主體客體的統一體」。[53] 換言之,由於「真理自體」與「擬而真理自體」皆是「超對立的」,所以並不能將其思想為是兩個對立的領域,在曾天從看來,兩者必須是「同一的」,然而兩者仍然不同,其間必須保持「差異」。因而在筆者看來,曾天從的哲學也可以說一種形態「同一哲學」,而他確實也有這樣的措詞。「哲學作為在真理認識的理念體系的展開所成立之物,在其中我們之所以能夠區別出『純粹哲學』與『理念哲學』這兩個基本分域的根據的原因,取決於我們將同一的真理理

---

[52] 「相對於前者〔真理自體〕中的形相概念是與實質的本質「即在」的,後者〔擬而真理自體〕的形相概念,則是在於從實質之物全般的純然的「解離」當中,來獨自地維持其形相的純粹性。」曾天從,《真理原理論——純粹現實學序說》,頁 407-408。

[53] 「倘若將生命實存的意識現象作為主觀客觀的統一來看的話,那麼作為如此現象的機體的自我實體,毋寧應該也被思想為是主體客體的統一體。作為現象的自我意識之所以可以作為主觀客觀的統一而存立而被思想,是因為在其根柢中是以如此的主體客體的統一體為前提的緣故。」曾天從,《真理原理論——純粹現實學序說》,頁 479。

念,是純粹邏輯學地或純粹本質學地來看,或者是全般存在論地或實質理念學地來看的區別。」[54] 也就是說,對於「同一的真理理念」,倘若我們從純粹邏輯學的角度入手,這會形成指向「擬而真理自體」的純粹哲學,而倘若我們存在論的角度著手,這就形成指向「真理自體」的存在論。在筆者看來,這一點意味著,就其究極的意義來說,真理自體不能單單從現實存在或觀念存在的角度來看,因為從其現實面來看它是真理自體,從觀念面來看它是擬而真理自體,然而就其自身而言,它包攝了真理自體與擬而真理自體。然而這個「同一」牽涉到曾天從所特有的「絕對否定的自我同一」或「絕對同一」的意思。最後本文借用曾天從自己的陳述,來總結其自身的哲學形態,曾天從說:「作為究極原理學的哲學應該是在這個意義下的究極的絕對同一哲學,在這裡關於究極的全體的哲學的本然的全體的立場得以被追求,站在這樣的立場上,作為遠遠超出觀念論哲學與實在論哲學的全體哲學的理想,才得以被實現。」[55]

---

54 曾天從,《真理原理論——純粹現實學序說》,頁410。
55 曾天從,《真理原理論——純粹現實學序說》,頁605-606。

引用文獻

洪耀勳著，黃文宏譯注 / 導讀，《洪耀勳日文哲學著作集》。新竹：國立清華大學出版社，2020。

胡塞爾著，黃文宏譯注，《現象學的觀念》。新竹：國立清華大學出版社，2017。

曾天從，《哲學體系重建論》，上卷。臺北：青文出版社，1981。

曾天從著，黃文宏譯注 / 解說，《真理原理論——純粹現實學序說》，第一分冊。新竹：國立清華大學出版社，2023。

黃文宏，〈從西田哲學來看現象學的「超越」問題〉，《臺大文史哲學報》第 84 期（2016 年 5 月），頁 143-172。

ハイデガー著，《存在と時間Ⅰ》，原佑、渡辺二郎（翻訳）。東京：中央公論新社，2003。

曾天從，《真理原理論——純粹現實學序說》。東京：理想社出版部，1937。

Heidegger, Martin, "Brief an W. J. Richardson," in W. J. Richardson, *Heidegger, Through Phenomenology to Thought*. The Hague: Martinus Nijhoff, 1974.

Heidegger, Martin, "Brief über den Humanismus," in *Gesamtausgabe*, Band 9, *Wegmarken*, hrsg. von Friedrich-Wilhelm von Herrmann. Frankfurt am Main: Vittorio Klostermann, 1975, S. 313-364.

Heidegger, Martin, *Sein und Zeit*, in *Gesamtausgabe*, Band 2, hrsg. von Friedrich-Wilhelm von Herrmann. Frankfurt am Main: Vittorio Klostermann, 1977.

Meillassoux, Quentin, *After Finitude: An Essay on The Necessity of Contingency*, trans. by Ray Brassier. New York: Continuum, 2008.

論文初出一覽表

第一章：
2017 年 3 月，〈論洪耀勳「真理論的絕對辯證法」的構想〉，《國立臺灣大學哲學論評》第 53 期（2017 年 3 月），頁 1-34。

第二章：
2020 年 3 月，〈論曾天從「真理自體的純粹形相」〉，《中國文哲研究集刊》第 56 期（2020 年 3 月），頁 71-100。

第三章：
2020 年 9 月，〈論曾天從「理念的真理認識」的難題〉，《國立臺灣大學哲學論評》第 60 期（2020 年 9 月），頁 133-166。

第四章：
2022 年 5 月，〈論曾天從對胡塞爾的「意向相關物」的批判〉，《臺大文史哲學報》第 97 期（2022 年 5 月），頁 101-126。

後記

　　本書從撰稿到成書，可以用風波不斷來形容。「序言」是最後寫的，原本想趕在自己的老師榮退的時候，在廣州中山大學發表，但是在審批的時候，有措詞上的疑慮，也覺得沒有必要給朋友添麻煩，就臨時抽換了文本。臺灣曾經有一段屬於日本的時代，而且是我父母生長的年代，這要我如何否認。不過似乎只要是人，就脫離不了因差異而起的紛爭，這在臺灣是另外一種型態，當初「第二論文」在投稿的時候，就曾被編輯要求或建議改為「專業書評」，雖然不太理解為什麼要這樣區分，但是能了解現實取捨間，只要是人都有各自的困難，表示一下認知的差異，就只能改投其他刊物。在臺灣學界，英美與歐陸的爭論從來不停留於只是學術上的，雖然看似無聊，倒也不怪任何人，畢竟各自有各自的判斷，只是當初回國，馬上就被拋入如此的暗潮之中，而且被迫要成為存在問題，大家都知道不好，但是這麼多年來也沒改變多少。現實世界是差異的世界，差異不等同於對立與矛盾，能不能找到中間項是決定性的。以對話作為中間項是理想，因為只要是人類，都有各自堅持的東西，堅持與執著的界線原本就是模糊的。曾天從對任何人類之物的不信任，似乎也不是沒有道理，然而說到底，我們終究也只能是人類，無法脫離這個身分，也就注定要深陷其中，或許應學學康德，偶而仰望星空，看看星羅棋布的宇宙，才能遠離這些煩躁的東西。

　　論文在評審的時候，也有一些插曲，除了「第一論文」之外，其他幾篇論文受到比較多的質疑，很多概念需要回答，有些還是論文的延伸，這在回應的時候有點異樣的感覺。老實說能從另一個角度來思考與發揮，其實是很有意思的事，能在驚險中過關還算是好事，只是當有兩位如此求好心切的評審時候，就制度而言，就阻斷了這個可能性，「第五論文」就是這樣的命運。對於複雜的東西，我們總期待有一個簡單的答案，這一點大家都一樣，

只是當固執一形成,就會忘了現實世界本身就是「驚奇」(θαυμάζειν)。或許要像海德格那樣,將事實理解為一種可能性,理解現象學只能將其把握為一種可能性。因為語言本身就是隱喻性的,絕然不是一一對應,需要構想力的介入才能夠適當地把握。對筆者來說,這意謂著學習就是一個不斷地將自己的思想修正到真理論的可能性的過程,這也是一個能讓真理論的思想落實的可能性。思想的可能性本身是多樣的,但不是隨意的,學術上嚴格的分析論證,反而要在這個時候才能夠完成。在現象學的領域中,理解都是可能的理解,可能性也都是現實的可能性,學問的研究與其說是要展開某個理論,不如說是展開自身的問題,這或許也可以說是現象學式的「六經注我,我注六經」。但無論如何,自己在這裡取得了一種確定性。

哲學自康德以來就明白地認識到,理性需要感覺的支持,才不會形成幻相而正確地展開。單單訴諸於感覺或直觀,雖然可能造成謬誤,但是感覺是哲學思考的動力。曾天從在這裡所提供給我們的,是一種康德哲學所無法理解的「非存在」,因為康德限制住了感覺的意義。相對來看,現象學採取了相關性研究,與某個東西相關,就意味著我們必須在某種程度上感覺或直觀到那個東西,這是自近當代以來,哲學所無法放棄的東西,脫離了經驗、感覺、直觀,我們無法說具體存在。現象學所關心的普遍性,也因而不是透過內容的捨離所獲得的「抽象的普遍性」,而是能在直覺中觀看到的、具內容性的「全般性存在」。於是如何感覺到「非存在」的存在,或者至少能夠區別開「存在與非存在」的差異,就會是個哲學的問題。現象學所提供的相關性研究,固然有其限制,但是經驗、感覺並不是固定不變的,它可以在廣度量上擴張、也可以深度量上拓深,但這仍然不等同於要將一切納入理性,而是為了解奧義之所在。筆者在廣州中山大學發表論文的時候,李明輝老師的一句評論,最能夠表示現象學的這種態度,他說「當現象學將物自體存而不論之後,勢必擴張經驗的意義」。概念不是死的,而是可以沿著可能性而擴大,看來唯有了解康德的人,才能了解現象學。經驗最根本的意義就是感

覺，它提供了最直接的確實性，這也是當初選擇日本哲學的感性論傳統作為翻譯對象的理由之一。感覺不是哲學的全部，但卻是不可棄絕的部分，如果學問的學習，是用來否定感覺的，那肯定會失去很多真實的東西。

　　本書的改寫定稿，是在心情極為低落的情況下完成的，原本是希望藉此轉移心情，但不全然能夠做到，始終起起伏伏。不過已注定無法退回從前，我想在這裡生命都是一樣的，當實存出現危機，只能一路向前，建立新的原理來因應。這中間有很多幫助我的人，無法一一致謝，但是感恩的心不會變，也了解為什麼有人要說，當要感謝人太多的時候，就只能謝天。最感謝的是李明輝老師，上了李老師兩年半的康德課，受用是一輩子的。其次是文哲所的林月惠老師，人活著似乎一定會遭遇到困難，但有自己的老師與朋友無條件的支持，才會發現自己並不孤單。再者也要感謝文哲所的呂政倚老師，以及暨南國際大學的陳繪宇老師，這次去大陸廣州，前一天還在忙學校的事，意志消沉中什麼也沒準備就出國了，要是沒有兩位老師的幫忙，還真不知道怎麼去、怎麼回。此外也要感謝清華大學出版社給予我極大的自由，編輯劉立葳提供了許多編輯上的建議。最後，最感謝的還是婷琪與久晏，生活雖然漸趨平淡，家人的支持始終堅定不移，世間幸福不過如此。

國家圖書館出版品預行編目 (CIP) 資料

日治時期臺灣哲學的原點：眞理原理論研究/黃文宏著. -- 初版. -- 新竹市：國立清華大學出版社, 2024.12

242面 ; 17×23 公分

ISBN 978-626-98531-3-7(平裝)

1.CST: 洪耀勳 2.CST: 曾天從 3.CST: 學術思想 4.CST: 現代哲學

128.8　　　　　　　　　　　　　　　　113008255

日治時期臺灣哲學的原點
——真理原理論研究

作　　者：黃文宏
發 行 人：高爲元
出 版 者：國立清華大學出版社
社　　長：巫勇賢
執行編輯：劉立葳
校　　對：羅惟馨
封面設計：陳思辰
地　　址：300044 新竹市東區光復路二段 101 號
電　　話：(03)571-4337
傳　　眞：(03)574-4691
網　　址：http://thup.site.nthu.edu.tw
電子信箱：thup@my.nthu.edu.tw
其他類型版本：無其他類型版本
展 售 處：紅螞蟻圖書有限公司 (02)2795-3656
　　　　　http://www.e-redant.com
　　　　　五南文化廣場 (04)2437-8010
　　　　　http://www.wunanbooks.com.tw
　　　　　國家書店 (02)2518-0207
　　　　　http://www.govbooks.com.tw
出版日期：2024 年 12 月初版
定　　價：平裝本新臺幣 350 元

ISBN　978-626-98531-3-7　　GPN 1011301736

本書保留所有權利。欲利用本書全部或部分內容者，須徵求著作人及著作財產權人同意或書面授權。